高等院校教师教育公共课教材
教育部教师队伍建设示范项目——
“四习一体教育实践模式建构与实践”研究成果

教师专业发展

Jiaoshi Zhuanye Fazhan

主编　周成海

中国教育出版传媒集团
高等教育出版社·北京

内容提要

本教材根据国家发布的相关文件的要求，结合职前教师的实际需要编排了九章内容。第一章“认识教师职业”介绍了教师职业的发展历史、教师工作的特点以及教师角色，此章与第二章“教师专业化与教师专业发展”均侧重基本概念的阐释，为后面的内容做好铺垫。第三章“教师专业知识”、第四章“教师专业能力”和第五章“教师专业伦理”阐明了教师专业发展的内容，旨在回答“教师专业发展到底要发展哪些方面”这一问题。第六章“通过实践反思实现教师专业发展”和第七章“通过互动合作实现教师专业发展”阐明了教师专业发展的途径或方法，旨在回答“怎样才能实现教师专业发展”这一问题。第八章“教师专业发展的过程”对教师专业发展进行了动态考察，阐释了不同阶段教师专业发展的内容和特点。第九章“影响教师专业发展的外部因素”则将教师专业发展置于更大的社会背景之下进行考察，揭示了教师职业之外的因素对教师专业发展的影响。

本书可作为高师院校本科生教材，也适合中小学、幼儿园在职教师和教育管理者阅读。

图书在版编目(CIP)数据

教师专业发展/周成海主编. --北京:高等教育出版社,2024.7

ISBN 978-7-04-054015-4

Ⅰ.①教… Ⅱ.①周… Ⅲ.①师资培养-研究 Ⅳ.①G451.2

中国版本图书馆 CIP 数据核字(2020)第 061611 号

策划编辑 魏延娜 贾玉玲　责任编辑 贾玉玲　封面设计 李小璐　版式设计 马 云
责任绘图 于 博　责任校对 胡美萍　责任印制 刁 毅

出版发行 高等教育出版社
社 址 北京市西城区德外大街 4 号
邮政编码 100120
印 刷 涿州市京南印刷厂
开 本 787mm×1092mm 1/16
印 张 13.25
字 数 290 千字
购书热线 010-58581118
咨询电话 400-810-0598
网 址 http://www.hep.edu.cn
http://www.hep.com.cn
网上订购 http://www.hepmall.com.cn
http://www.hepmall.com
http://www.hepmall.cn
版 次 2024 年 7 月第 1 版
印 次 2024 年 7 月第 1 次印刷
定 价 31.40 元

物 料 号 54015-00

前　言

近些年来，冠以《教师专业发展》之名的教材日渐增多，反映了人们对教师专业发展与学生学习质量、教育改革成败的高相关性有了更加充分的认识。

分析诸多既有的《教师专业发展》教材，一个较为强烈的感受就是：相较于其他学科的教材，《教师专业发展》教材在内容安排方面更为多元。这一现象说明，对于“教师专业发展”这门课程该教授哪些内容这一问题，存在多种不同的意见。那么，本教材根据什么原则或标准来确定内容的取舍呢？

首先要考虑的是本教材的使用者——职前教师——的特点和需要。职前教师没有太多机会亲历教育现场、积累实践经验，因此在教材编写时不能将其与在职教师等同视之，凡是必须依托充分的执教经验方能深入理解的内容，均被排除在外。同时，对于修读“教师专业发展”课程的职前教师来说，处于优先地位的学习需求包括：全面了解自身专业发展的目标和方向；评估自身专业知识、能力和道德与专业标准的符合程度；掌握自我发展和完善的主要方法；为顺利地通过入职阶段的考验做好准备；熟悉与自身专业发展相关的各项制度；等等。所以本教材内容的选择努力满足这些学习需求。

其次要考虑的是与教师专业发展相关的政策文本的要求。2011 年教育部颁布的《教师教育课程标准（试行）》，将“具有发展自我的知识与能力”列为教师应具备的“教育知识与能力”之一，具体包括“了解教师专业素养的核心内容，明确自身专业发展的重点”“了解教师专业发展的阶段与途径，熟悉教师专业发展规划的一般方法，学会理解与分享优秀教师的成功经验”“了解教师专业发展的影响因素，学会利用以课程学习为主的各种机会，积累发展经验”等。毫无疑问，这些要求是确定本教材内容的又一个依据。

教材的编写不仅要考虑内容问题，而且要对其呈现形式进行精心设计。本教材内容的选编主要解决的是教师“为何发展”“发展什么”“怎样发展”等问题，形式的设计主要考虑“怎样实现更好的教”“怎样促进更好的学”这些问题。因此本教材遵循“问题本位学习”（Problem - Based Learning，简称 PBL）的理念，将学习者视为能动的建构者，以“问题”来驱动学习，着力发展职前教师的问题解决能力以及他们在团体中进行对话与合作的能力。“问题”的呈现方式有“课前”“课中”“课后”三种。本教材每章的开始，都是一个较为完整的“导入案例”，案例之后的问题会尽量将本章所涉及的大观念都贯穿起来。行文中又结合章内的学习主题设计若干“思考交流”模块,作为课堂讨论之用。每章结束后又设有“思考与练习”模块,结合本章的学习重点来设计问题,以收巩固知识、培养思维之成效。

有效的职前教师教育,在课程与教学的安排上,均应指向“理论联系实践”的目标,而“教育理论实践化”和“教育实践理论化”是达成这一目标的基本策略。本教材各章插入的“教育实例”,即为“教育理论实践化”策略的落实。将抽象的教育理论事例化、情境化,既符合由具体到抽象的一般认知规律,又能为职前教师积累个人实践知识提供条件。为了充实学习内容,扩展职前教师的视野,本教材还设计了“拓展阅读”二维码。

需要特别说明的是,本教材以问题本位学习理念贯穿始终,还有推行示范教学的考虑。根据示范教学理论,“教师按照他们被教的样子去教”,问题本位学习以及与问题本位学习有“家族相似”关系的探究式教学、项目学习、对话学习等已经成为中小学教学改革的重要方向,如果教师教育者只向职前教师讲解这些教与学方法的理论或程序,很难确保职前教师在入职后能有效地运用它;而如果教师教育者能在“教师专业发展”这门课程中广泛地应用问题本位学习,无疑也为职前教师做出了如何进行问题本位学习的示范,教师教育者只有示范其所宣讲的理论,职前教师才可能形成自己所期待的行动能力。汤姆·拉塞尔指出:“大学里的教师教育者没有权力去向职前教师推介任何他自己尚未成功地运用过的教学实践形式。”对很多教师教育者来说,这的确是警醒之言。让我们从问题本位学习的应用开始,努力扮演好一个示范者的角色吧。

本教材的编写得到了东北师范大学国际与比较教育研究所饶从满教授、辽宁师范大学教育学部杜岩岩教授、高等教育出版社教师教育出版事业部魏延娜编辑等的大力支持。同时,本教材在编写过程中参考了许多学者的研究成果,在此一并向他们致以谢意。由于个人水平和经验有限,本教材可能还存在一些不足,敬请广大读者批评指正。

周成海

2024 年 4 月于辽宁师范大学

目　录

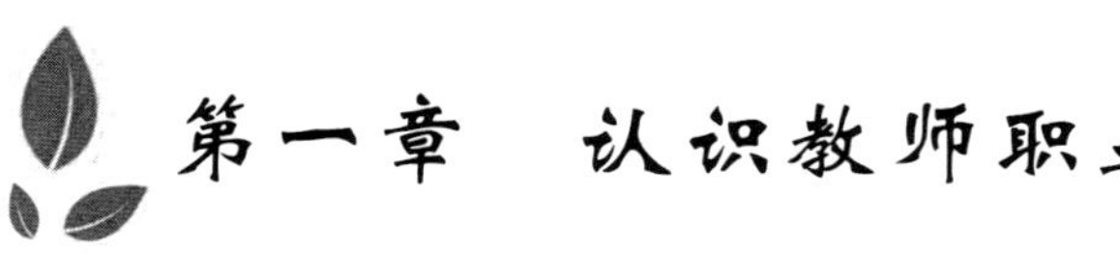

第一章　认识教师职业

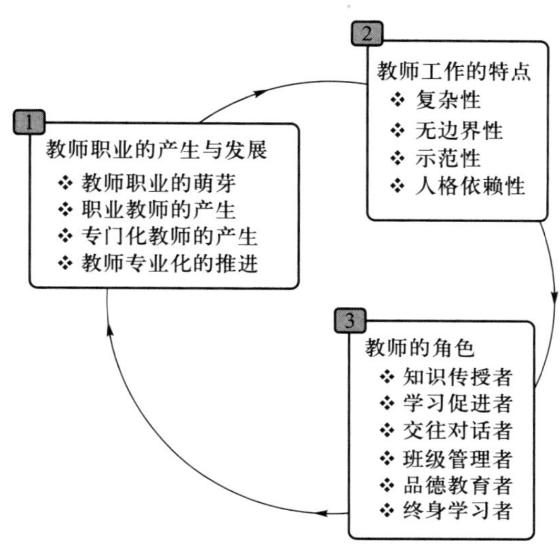

本章导入

材料1：钱梦龙是我国的一位教育专家、中学特级教师，他谈过这样一件事："我也曾是'差生'，我在小学留过三次级，老师断言我将来肯定没出息，别人都认为我无可救药了。这时学校来了一位吴老师，他说：'钱梦龙，我只教你查四角号码字典，如果你能学会，就肯定是一个非常聪明的孩子。'当我用四角号码法查出我的名字时，我非常高兴，对查字典也有了极大的兴趣。以后，每当进行新课以前，吴老师总是让我把该课的生字查出来写在黑板上，我高兴得不得了。我崇拜吴老师，同时也爱上了国文课。一个学期结束后，在吴老师给我写的评语中有这样一句话：'该生天资聪明。'这使我受益无穷，终生难忘。现在回想，也许当时吴老师是故意这么写的，但他的做法影响了我一辈子，激励了我一生。"①

材料2：小学一年级的数学考试中有一道看图题，上面画着一些火柴，共分4份。前3份中每份都有若干根火柴，而第4份只画着1根火柴。问题是："图上共有几堆火柴？"标准答案："4堆。"大多数同学也是这么回答的。有一个小男孩的答案却是："3堆+1根。"他认为1根不算"堆"。教师甲给这道题判错，理由是："从小就要训练

① 刘晓明．关注教师的心理成长：教师专业能力的心理提升[M]．长春：东北师范大学出版社，2006：145.

孩子按标准答案答题，不然将来考不上好学校。”这当然是一种现实主义的态度。教师乙给小男孩的答案判对，理由是：“题目有缺点，孩子的思维严密，难能可贵。”这也是一种现实主义态度，只不过侧重点是在学生的思维能力上，长远来看，这对提高考试分数的益处更大。①

思考问题：

1. 材料1中的吴老师是怎样使一位被认为“无可救药”的学生发生改变的？吴老师的所作所为反映出教师工作具有哪些特点？

2. 材料2中的甲、乙两位教师所扮演的教师角色有何不同？

3. 你觉得有哪些教师工作的重要特点和重要的教师角色值得关注？

4. 厘清教师工作的特点和教师的角色，对于规划教师专业发展有何意义？

人类要生存、发展，就需要有人从事各种社会劳动，如务农、经商、从医、执教等，从而形成不同的职业。所谓职业就是劳动者能够稳定从事的有酬工作。教师职业具有悠久的历史，并具有一些相较其他职业更为显著的特征。教师职业是与其特定的职责联系在一起的，在履行职责的过程中又产生出丰富多样的教师角色。从多个角度认识教师职业，是理解教师专业发展问题的重要基础。

第一节　教师职业的产生与发展

教师职业是人类社会最古老的职业之一，其产生和发展大致经历了以下四个阶段。

一、教师职业的萌芽

在原始社会，出于生存与发展的需要，人类必须将生产经验、生活经验、风俗习惯、行为准则等传授给年轻一代。部落中富有经验的年长者与其他能干的人，就自然地承担起教师的职责。这一时期的“教师职业”有以下特点：教育主要围绕生产劳动和生存训练进行，是一种原始性的、自发性的活动，没有固定的教育场所，也没有脱离生产劳动的专职教师和学生，教师的职责由既从事教育活动又从事社会生产和社会生活的能者或长者完成。

二、职业教师的产生

随着人类社会的发展，当社会生活本身变得越来越丰富、社会生活对未来一代在道德和理智上的要求越来越高的时候，单靠在日常生活中通过口耳相传、观察模仿所进行的教育就难以为继了，因此出现了专门的学校教育。学校教育的产生要求有较为稳定的教育内容和师生关系，职业教师随之产生。在中国古代社会，官学和私学并

① 王晓春．王晓春给青年教师的100条建议[M]．北京：中国轻工业出版社，2012：13.

举,职业教师收徒讲学,其中以孔子影响最大,他被尊奉为“万世师表”。在西方,古希腊智者的出现,标志着职业教师开始登上西方教育的历史舞台。智者是公元前5世纪至公元前4世纪古希腊的一批收徒取酬的职业教师的统称。智者们周游古希腊各城邦,向青年人传授修辞学、政治学、哲学等内容,并收取一定的学费。普罗塔哥拉、伊索克拉底等学者都是智者学派的著名代表。到了中世纪,由于基督教的势力非常强大,“学在教会”成为西方学校教育的主要特征之一,与此相应,僧侣、神父、牧师逐渐成为教师的主体。

这一时期的教师职业有以下特点:教师开始从生产劳动中分离出来,成为专门从事脑力劳动的人员;教育需要教授的内容趋于丰富和复杂,教师需要专门的知识积累和准备工作才能胜任自己的工作;教师不是通过专门的培养,而是从知识分子中分化出来的,他们的教育教学技能主要在实践中形成。

【拓展阅读1-1】

孔子的教师观

学而不厌。孔子说:“德之不修,学之不讲,闻义不能徙,不善不能改,是吾忧也。”意即教师如果不能修养德性,钻研学问,追求道义,改过迁善,那是很令人担忧的事情。

温故知新。孔子说:“温故而知新,可以为师矣。”意即教师肩负着传递和发展文化知识的使命,既要注意继承,又要探索创新。

以身作则。孔子说:“其身正,不令而行;其身不正,虽令不从。”又说:“不能正其身,如正人何?”意即孔子认为教师对学生进行教育的方式,不仅有言教,还有身教。言教在说理,以提高道德认识;身教在示范,实际指导行为方法。

因材施教。孔子强调教师教育学生时要针对学生的不同个性,发展学生独特的才能。

启发诱导。孔子十分强调教师应具备“启发诱导”的能力,他说:“不愤不启,不悱不发,举一隅不以三隅反,则不复也。”

三、专门化教师的产生

18世纪下半叶开始的第一次工业革命,改变了人类的生活,同时也改变了学校教育发展的方向。随着义务教育的普及和班级授课制的实施,教育的受众面不断扩大,社会对教师的需求量大大增加,同时对教师的素质也提出了更高的要求。人们清楚地意识到,知识丰富是教师职业的基本条件,但教师没有或缺乏专门的职业培训,就很难取得理想的教育效果,教育质量也会因此受到影响。由此,师范院校培养教师的模式正式走上历史的舞台。许多国家纷纷开始尝试建立专门的师范教育机构来培养和培训专门的教师。

1681年,世界上第一所师资培训学校在法国兰斯诞生,由"基督教兄弟会"的神甫拉萨尔创建,这开创了师范教育的先河。1695年,德国的弗兰克(1663—1727)在哈雷创办了教员养成所,他因此成为德国师范教育的先驱。早期的师资培训机构主要采取"学徒制"的教学方法,教育理论知识还没有进入到培训内容中。在我国,盛宣怀于1897年在南洋公学设立"师范院",这标志着我国师范教育的诞生。1902年,清政府在京师大学堂内开办"师范馆",这是我国高等师范教育的开端。

师范教育是培养师资的专门教育,它是现代社会的产物,它的诞生与变革,标志着教师职业经验化、随意化时代的终结,以及教师职业专门化的开始。这一时期的教师职业有以下特点:由于各国都在推动普及义务教育,入学率有较大程度的提高,由此带来教师人数的大量增加,教师逐渐成为一种独立的、专门的职业;社会上出现了专门培养教师的师范教育机构,并且师范教育机构数量不断增加;在赫尔巴特等教育家的努力下,教育科学获得长足的进展,教育学、心理学、学科教学法等逐渐成为师范教育机构的重要课程;部分国家着手建立教师资格证书制度,使教师职业也有了一定的准入要求。

[拓展阅读]赫尔巴特的教师教育思想

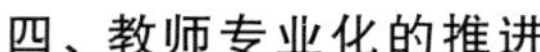

四、教师专业化的推进

第二次世界大战之后,全球政治、经济和科技领域发生的重大变革对学校教育和教师培养都产生了深远的影响,教师质量是影响学校教育质量的关键因素的观点,也获得了广泛的认同。在这种背景下,将教师职业由普通职业提升为专门职业,实现"教师专业化"就成为这一阶段的中心工作。1966年,国际劳工组织和联合国教科文组织通过的《关于教师地位的建议》明确规定:教学应被看作一种专业(profession),它是需要教师的专业知识和专门技能的一种公共服务,而这些专门知识和专门技能只有通过严谨而持续的研习才能获得。这一历史性文件,对确认教学的专业地位、提高教师的社会地位产生了深远影响。此后,围绕推动教师专业化这个中心,世界各国推出许多改进教师培养、提升教师质量的政策和措施。

这一时期的教师职业具有以下特征:"教师教育大学化"基本完成,在大学里培养教师成为主流,尤其是综合性大学在教师培养中发挥着越来越大的作用;教师培养的年限有不断延长的趋势,在部分发达国家,教师培养已经提升至硕士层次;为了确立教师的专业地位,规范教师的培养,各国普遍制定教师专业标准,明确专业化的教师在职业道德、专业知识和专业能力等方面所应达到的要求;为了实现职业的统一,20世纪后半叶以来,很多国家都延长了小学教师的专业准备时间,使之与中学教师的培养一样,都必须达到大学本科毕业的水平,"教师队伍中各种不同层次的师资已走上了日趋统一的轨道"[①]。

① TORSTENHUSEN. 国际教育百科全书:第9卷[M]. 贵阳:贵州教育出版社,1991:18.

思考交流 1－1

1962年，当世界上诞生了第一台程序教学机时，技术乐观主义者就曾预言：教师职业在不久的将来会消失，机器将完全代替教师。这就是盛行一时的“教师消亡论”。今天，随着人工智能技术的飞速发展，许多职业已经或行将消亡，有关人工智能将取代教师的观点再度出现。但也有很多人认为，人工智能的出现的确能令很多职业消亡，但人工智能终究无法替代教师，教师职业会始终与人类社会共存。上述两种观点你支持哪一种？根据是什么？

第二节　教师工作的特点

在很多国家，教师职业已成为社会中从业人数最多的职业群体。教师工作相较于其他职业的工作，具有一些更为突出的特征，这些特征通常被概括为以下四个方面。

一、复杂性

教师工作的复杂性主要是由教师工作对象和工作过程的复杂性造成的。教师职业的对象——学生，是有思想、情感和个性的活生生的人，他们遗传了不同的基因，出身于不同的社会阶层，拥有各自丰富、独特、变化的精神世界，这意味着教师在面对工作对象时，必须深入地了解学生，敏锐地把握学生的心理状态和个性特点，有针对性地采取教育措施，并对学生的各种超出预期的反应方式做出审慎的应对。教师工作的过程也是复杂的。“学习是一种涉及文化、心理和政治因素的复杂统一体，不同的权力使得所有的人类关系（包括师生之间的关系）更加复杂化，这意味着教学绝不可能是件简单的、天真的事情。”①除教学外，教师还承担着道德教育、班级管理等工作，这些工作同样涉及复杂的影响因素，也正因为如此，才有学者发出“教书育人从来就不容易”②的感慨。

教师工作的复杂性集中地体现在教师工作充满了不确定性这一点上。日本学者佐藤学指出：“比之专业的许多问题的解决都基于科学的见解与合理技术的‘确凿性’，教师的工作几乎是由‘不确定性’所支配的。某教师在课堂里有效的计划，不能保障在另一个教师、另一间课堂里有效；在某种语脉中有效的理论难以在另一种语脉中通用。”③

美国学者舍恩用“低洼湿地”来形容充满了不确定性的教师工作环境。他将专业实践划分为两类：在某些专业实践领域，问题是清晰的，达成目标的手段也可以清晰地确定，这些领域的实践者犹如在“干爽的高地”上行走，他们只需熟练地应用业

① STEPHEN D，BROOK FIELD. 批判反思型教师ABC［M］. 张伟，译. 北京：中国轻工业出版社，2002：1.

② 刘铁芳. 什么是好的教育［M］. 北京：高等教育出版社，2014：127.

③ 佐藤学. 课程与教师［M］. 钟启泉，译. 北京：教育科学出版社，2003：212.

已掌握的知识、技能来解决面临的问题；而在另外一些专业实践领域，实践者面临的是独特的、复杂的、充满冲突的情境，在这片泥泞的“低洼湿地”中，专业工作者无法有效地应用通过科学研究产生的各种理论与技术。① 对教师而言，他们的工作有行走在“干爽的高地”上的时刻，但更多时候是在“低洼湿地”中不断做出“即时抉择”。

也就是说，在教育情境中（如课堂上），问题一旦出现，教师最先的反应就是迅速采取行动解决问题，而不是先运用理论进行分析和解释，这使得教师的教学实践成为一种复杂情境中的“下意识”行动，这方面的例子不胜枚举：

一位教师批改作业时被一篇题为《一块手帕》的作文吸引住了，他决定利用作文讲评课朗读这篇优秀作文。可是，当教师在课堂上刚读完作文时，一位同学“刷”地举起手说：“这篇文章是抄来的！”话音刚落，全班哗然。同学们议论纷纷，并把目光投向那位被指抄袭的同学……②

在这种情况下，预先设定的步骤显然不能顺畅地执行下去了。此时，教师是放弃作文讲评，对抄袭作文的学生进行教育，还是将全班的学生引导到对作文的欣赏上来？哪种抉择才是对学生的学习有益的？这需要教师做出即时的临场判断和抉择。

教师工作的复杂性及其衍生出的不确定性、“即时抉择”特征意味着：“有关儿童研究、心理学和社会环境的知识，可以补充教师个人对学生的了解。但是各种方法永远是个人的事情，个人处理问题和解决问题的方法形式多样，种类繁多，没有一个目录可以把它们罗列完整。”③教师工作的复杂性、不确定性也给教师带来很大的压力，因为教师必须不断地针对涉及众多因素且变动不居的实践情境做出即时的临场判断和抉择，而这正是教师工作的魅力所在。相较于生产线上的工人，教师工作质量并不高度依赖预定的程序，而是更需要灵感和创造性，更需要展现自己的教育机智。并且，在应对各种情境并不断总结、反思的过程中，教师也会逐渐建构起属于自己的“缄默”形态的理论作为自己的实践指南。

【拓展阅读 1－2】

教学是一项复杂的事业④

教学并非像某些人所想象的那样，是一项简单的、容易的事业。事实上，在职业复杂性的排序中，教学排名在前 1/4，好几项分析将教师与会计、建筑师、计算机程序员、咨询师、工程师、律师归为同一个职业组。Marilyn Cochran－Smith 多年来担任《教师教育杂志》（Journal of Teacher Education）的编辑，她认为教学“复杂得不可思议”。教学复杂的原因很多，有两点尤其突出。教师面对的学生

① 舍恩．反映的实践者：专业工作者如何在行动中思考［M］．夏林清，译．北京：教育科学出版社，2007：35.

② 黄伟，谢利民．教学机智：跳荡在教学情境中的燧火［J］．北京大学教育评论，2005，3（1）：58－62.

③ 杜威．民主主义与教育［M］．王承绪，译．北京：人民教育出版社，2001：189.

④ JACK SNOWMAN，RICK M. C. 教学中的心理学：第 14 版［M］．庞维国，译．上海：华东师范大学出版社，2019：5.

是一个个形形色色的个体,他们可能有着不同的甚至截然相反的需求,而每一个学生都需要作为独立的学习者得到理解。但是,从根本上来说,教学的复杂性来自其决策本质。教师需要持续不断地做决策,在教学前、教学中、教学后都需要做出决策。杰出的教师教育者 Linda Darling - Hammond 这样写道:"教师需要理解和应对课堂情境的多面性、繁复性,平衡多元化的学业目标与社会要求,这就要求教师随时随地做出各种权衡。"下面一段富有见地的描述,深刻地阐释了教学的复杂性:数学家只需要从自己的角度理解一个数学问题,而数学教师不仅需要从自己的角度理解一个数学问题,还需要从 30 多个不同头脑的角度来理解(也许是误解)这个问题。他们需要教会每一个头脑去掌握这一问题,而且他们需要在 45 分钟甚至更短时间内完成这一任务。

二、无边界性

从工作的内容和责任来看,教师的工作在时空和深度两个方面都具有无边界性的特征。教师工作的内容繁杂:既要教书,又要育人;既要教学,又要管理;既要关心学生的学习,又要关心学生的健康;既要面向全体施教,又要照顾个别差异……因此,从时间上来看,尽管学校有固定的出勤时间表,但是这并不意味着所有工作都能在教师正常的上班时间内完成,有责任心的教师即使在下班之后,其思绪仍然会被课堂生活所牵引;从空间上来看,教学工作也并不仅仅局限于课堂和学校,而是会延伸到教师的私人生活空间里。从教育教学的深度来看,为了使学生获得更好的发展,教师的工作总是处于"还可以再做一些"的状态,这正如日本学者佐藤学所说,"教师的工作是没有结局的故事"[①]。在教育实例 1 - 1 中,教给学生一些生活知识并不是教师必须完成的工作内容,但是对有责任心的教师来说,只要这些生活知识关乎学生未来的生活,他就会义无反顾地为此投入时间和精力。类似这样的教育内容还有很多,对于教师来说,为了促进学生的成长,他/她可以做的事情几乎是不计其数的,这是教师工作无边界性最重要的体现。

[拓展阅读]佐藤学论教师职业的"无边界性"

教育实例 1 - 1

教授生活习惯的小学班主任[②]

[拓展阅读]经济学的天空:教孩子终其一生都派得上用场的技能

小学四年级时,我们的班主任是数学老师顾老师,她是我所敬爱的第二位小学老师。顾老师是一个耿直的人,非常有正义感,我从她身上学到了许多比数学公式更为重要的东西。在授课之余,她经常为我们讲述一些有用的生活常识。有天下午,某个坐在前排的同学在上课时打了个饱嗝,喷出一股大蒜味道。快要下课时,顾老师特意

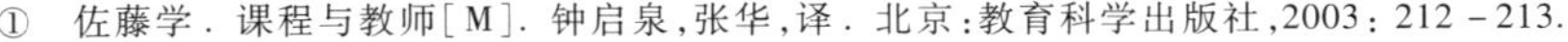

① 佐藤学. 课程与教师[M]. 钟启泉,张华,译. 北京:教育科学出版社,2003:212 - 213.

② 蒋保华. 小学学什么:英才是这样炼成的[M]. 北京:教育科学出版社,2010:28.

抽出几分钟时间，给我们讲了几条生活常识，其中的两条我现在依然记得，而且终生不会忘记，那就是：第一，在去公共场所活动之前，千万不要吃大蒜；第二，和别人一起吃饭或喝汤时，嘴里不要发出响声。如今，每当我去饭店吃饭，听到其他食客吧嗒嘴巴的声音，我都会替他们感到遗憾，因为他们在小学时没有遇到像顾老师这样的人。

三、示范性

教师劳动与其他劳动最大的不同点，就在于教师主要是用自己的思想、学识和言行，通过示范的方式去直接影响劳动对象。[①] 教师的工作虽然也借助一些分离的工具，如教材、直观教具等，但教师工作的另一个重要工具是教师自己的思想、学识、能力、人格、言行等，这些作为教育手段和影响的工具本身为教师所独有。

教师工作的示范性特征与学生的向师性和模仿性是分不开的。美国心理学家班杜拉（A. Bandura）等人认为，儿童的行为方式常常是模仿其所相信和崇拜的榜样人物而逐步形成的。不管教师愿不愿意，有无知觉，教师都有成为这种“榜样”的最大可能性。正因为教师工作的示范性特征，在中国社会，教师一直被视为道德家，“身正为范”“为人师表”是公众对教师的普遍期待。教师要起到引导他人发展的作用，促使受教育者达成特定的社会化要求，服从、依循所属社会群体的道德规范，他自身首先就应该成为他所要求学生成为的那种人。

 思考交流 1－2

请分析一下，一位优秀的教师能够为学生做出哪些方面的表率？

四、人格依赖性

教师在工作情境中的行为在很大程度上是教师自身人格的延伸，一个人是怎样的教师，取决于这个人是怎样的人。由于人格的多样性，教师在人际交往方式、教学和管理风格等方面都独具特点。

例如，一位教师在人格特质上倾向于权威人格，这种人格特质具有保守、思想封闭、观念狭隘等特征，在为人处事上表现为崇尚权威、等级意识强以及不善于容忍和沟通等。这种人格特质使这位教师认为，教师是应该受到尊重、享有专业权威的职业，他不能忍受权威受到挑战，在教学上建立严格的常规和赏罚制度，对学生要求严格，对学生做不到的事情很少迁就。[②]

美国学者哈马切克认为：“或许没有哪个专业像教学工作这样高度倚赖从业者的人格。”[③]对于教师职业来说，一些人生来就比另一些人更适合当教师，具有某些天

---

① 傅建明，李勇．教育学基础［M］．北京：高等教育出版社，2011：225.

② 吴慎慎．教师专业认同与终身学习：生命史叙说研究［D］．台北：台湾师范大学，2002：155－160.

③ RICHARD P. L.，THOMAS M. B. The role of self in teacher development［M］. New York：State university of New York press，1999：192.

赋及个性特征的人比缺乏这些天赋及个性特征的人更有可能成为优秀教师。有进取心、亲和、勤奋、机智、合作、乐于向其他人学习、主动迎接挑战等人格特征能使一个人快速地适应教学工作,并容易获得成功。相反,有些人格特征则会阻碍一个人更好地从事教师职业,特拉弗斯就曾指出:“对一个师范生来说,假如他个性里充满着潜在的敌意,那他就难以形成教师所应表现的那种热情的、有支持力的而又有条理的行为模式。”①

在现实中,一些教师之所以缺乏效能感或者不够成功,很多时候并不是因为缺乏知识或者不够聪明,而是由于他们在人格方面存在着一定的缺陷。有鉴于此,一些教育家致力于“理想教师人格”的探讨,试图确定那些最能影响教师工作的人格品质。早在20世纪20年代,就有研究者采用较为严密的实证研究方法对教师的理想人格进行分析,并将研究结论作为改进师资培训课程的依据。根据他们的研究,优秀教师应具备的人格特征包括:兴趣广泛、细心、体谅别人、合作、热心、判断力强、领导才能、有吸引力、整洁、创造能力、好学和自制等。② 德国教育家凯兴斯泰纳则将理想的教师人格特征归纳为四个主要方面:③

第一是移情能力。凯兴斯泰纳认为,移情能力就是“能够从人的每一个细小的表现与动作中,预感地、直觉地把握人们心灵的能力”,是否具备移情能力可被视为“是否适宜从事教师职业的基本条件”。

第二是敏感性。凯兴斯泰纳认为,如果教师缺乏敏感性,那么他就会对学生的需求毫无觉察、对学生表现出来的各种细微的反应和变化无动于衷,这种麻木和迟钝会缩减教师关注的范围,使教师丧失大量的教育时机。

第三是客观公正。凯兴斯泰纳认为,教师还应具备一种“面对形形色色已成形的人继续保持客观性的素质”,这种客观性会使教师以“同样的爱对待每一个人”。

第四是永恒价值。凯兴斯泰纳认为,“正义、真理、忠诚、友爱或者人与人之间的爱、友谊、忘我精神、善良、同情感等”都属于人类社会的永恒价值,教师必须建立起对永恒价值的认同,成为永恒价值的承载者。

思考交流　1－3

教师工作的复杂性、无边界性、示范性和人格依赖性对教师培养提出了哪些要求?

[拓展阅读]麦金泰尔:教师角色以及扮演各种角色所需的能力

第三节　教师的角色

所谓教师的角色,就是处在教育系统中的教师所表现出来的由其特殊地位决定的符合社会对他们期望的行为模式。教师生活在多个空间里,承担着多种职责,因此

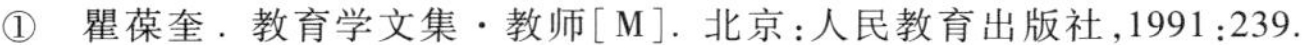

① 瞿葆奎.教育学文集·教师[M].北京:人民教育出版社,1991:239.

② 王荣德.现代教师人格塑造[M].天津:天津教育出版社,2004:53.

③ 周成海.凯兴斯泰纳教师教育思想研究[J].外国教育研究,2014(1):104－111.

社会对教师的期待也多种多样，这就要求教师必须同时扮演多种不同的角色。约翰·麦金太尔在《教师角色》一书中列举了十种教师角色：组织者角色；交流者角色；激发者角色；管理者角色；革新者角色；咨询者角色；伦理者角色；职业角色；政治角色；法律角色。由于教师要扮演的角色非常之多，一些研究者根据一定的标准将教师的各种角色纳入若干"角色丛"中。表1-1呈现的就是其中的一项研究成果。

表1-1 教师角色丛①

视角	具体的教师角色
社会视野中的教师角色	人类文化的传递者；新生一代灵魂的塑造者；学生心理的保健者；学习者和学者；人际关系的艺术家；教学的领导者和管理者
师生关系视野中的教师角色	知识的输出者；学生自主学习的引导者；学生创新能力的培养者；学习方法的给予者；因材施教者
专业化视野中的教师角色	专业工作者；终身学习者；反思者和研究者；合作者；自身专业发展的主人

教师的角色固然众多，但从教师履行职责以及教师发展的需要看，以下五种角色是最为重要的。

一、知识传授者

知识是人类思想的成果，是前人积累下来的经过了系统的理性思维并以"符号"的形式保存下来的过往经验。在现代学校中，人类积累的浩瀚的知识被筛选并编纂成不同学科的教材。学校教师的首要责任就是广泛、透彻地掌握执教学科的知识，同时采取有效的方法，帮助学生尽可能多地理解、掌握知识，从而摆脱无知的状态。

传授知识是教师的首要的职责，"知识传授者"是教师的第一角色，这是由知识在教育目标中的首要地位决定的。各项教育目标——如能力、思维、品德、态度、审美、公民能力等——的实现，均依托于知识的掌握。正是在掌握知识的过程中，学生进行思考、感悟、鉴赏、省思、澄清等活动，达成上述教育目标。

作为知识传授者，教师需在以下方面有所作为。

第一，教师必须充分地占有知识。教师所占有的知识，在"量"上应是渊博的，在"质"上应是精深的。脱离了教师的知识积累去谈知识传授，无异于缘木求鱼。作为教师，应当成为所执教学科的专家，像一部内容丰富的教科书一样，成为学生获取新知的重要来源。

第二，教师必须有效地组织和转化知识，使之成为能够被学生方便地获得和理解的学习资源。在现代社会中，有助于学生发展的知识不仅存在于教科书中，而且广泛地分布在各种图书资料、网络中，教师必须对这些分布的知识进行搜集、筛选和整理，使之成为学生学习的重要资源。此外，教师传授学科知识的过程并不是简单地把知识"传递""灌输"到学生头脑中，其间知识要经历两次转化：第一次转化是从"法定的

① 饶从满，杨秀玉，邓涛．教师专业发展[M]．长春：东北师范大学出版社，2005：14-20.

课程知识”到“教师实际传授的课程知识”的转化,亦即教师在教授官方确定的课程知识之前,要对其进行解读和重构,对其进行组织、增减、置换和加工;第二次转化是从“教师实际传授的课程知识”到“学生最终学到的课程知识”的转化,这是学生在教师的协助下,基于已有的知识经验进行个人化的知识建构的过程。上述两次转化,体现了教师工作的复杂性。在现实中,有的教师未能很好地完成知识转化的工作,结果导致学生通过“表层学习”而不是“深层学习”获得知识,造成美国学者珀金斯(David Perkins)所说的“脆弱知识综合征”——学生掌握了许多不知如何应用的惰性知识,或是停留于直觉性理解的幼稚知识。[①] 在历史上,很多杰出教育家都对这种“脆弱知识综合征”进行过揭示和批判。

【拓展阅读 1-3】

教育家对“脆弱知识综合征”的批判

杜威:“脱离深思熟虑的行动的知识是死的知识,是毁坏心智的沉重负担”;“学校中过分重视学生积累和获得知识资料,以便在课堂问答和考试时照搬。‘知识’作为一种资料,意思就是进一步探究的资本,必不可少的资源。知识常被视为目的本身,于是,学生的目标就是堆积知识,需要时炫耀一番。这种静止的、冷藏库式的知识理想有碍教育的发展。这种理想不仅放过思维的机会不加利用,而且扼杀思维的能力。在乱糟糟地堆满废弃破烂的场地上,没有人能建造房屋。学生‘脑子’里装满了各色各样从来不用的材料,当他们想要思考时,必然受到障碍。他们没有做过选择适当材料的练习,也没有标准可以遵循;每样东西都处在同一个呆板、静止的水平上。”[②]

怀特海:“空泛无益的知识是微不足道的,实际上是有害的。知识的重要意义在于它的应用,在于人们对它的积极的掌握,即存在于智慧之中。人们习惯上认为,知识本身——而不是和智慧一起——会使知识的拥有者享有一种特殊的尊贵。我对这种知识却缺乏敬意。”[③]

第三,有效的知识传授需要教师具备较强的教学能力,这种教学能力既包括传统的讲授能力,也包括建构主义教学理论要求的各项能力。建构主义教学理论对教师进行知识传授提出了四项基本要求:教师必须根据学生已有的知识基础来设计和实施教学;教师在教学中要运用不同的例子、比喻、类比来解释教学内容,给学生提供复杂的学习体验,引导学生从不同的角度考察知识,获得知识的各种表征形式;教学过程应包括师生之间、生生之间的广泛互动;教师要通过创设情境、开展活动等方式,帮助学生掌握他们能够灵活运用的知识。[④]

---

① 费德恩. 教学方法:应用认知科学,促进学生学习[M]. 王锦,译. 上海:华东师范大学出版社,2006:21.

② 杜威. 民主主义与教育[M]. 王承绪,译. 北京:人民教育出版社,2001:167,173.

③ 怀特海. 教育的目的[M]. 徐汝舟,译. 北京:三联书店,2002:57,55.

④ MATHESON D. An introduction to the study of education[M]. London:Routledge,2015:47-48.

总之,知识传授者角色是教师的首要角色,教师要扮演好这一角色,需要具备极高的个人素养和工作能力,尤其必须了解学生的认知心理,只有这样,才能避免复杂的知识传授过程被简化为知识灌输的过程,才能使学生真正理解教师所传授的知识。

二、学习促进者

教师和学生在教育活动中均为能动的主体,各种教育哲学,如人本主义教育哲学、建构主义教育哲学等都特别强调,在学校教育的过程中,学生不是被动的"知识容器",脱离了学生的主动性,任何知识建构、道德成长都是难以实现的。当我们承认学生的主体性地位时,也要明确教师的学习促进者角色。

[拓展阅读]学习促进者的品质

人本主义教育家罗杰斯指出,教师作为学习促进者,其作用应表现为:帮助学生明确他们要学习什么,帮助学生安排适当的学习活动和材料,帮助学生发现他们所学东西的个人价值,建立并维护能促进学习的心理气氛。建构主义理论也主张教师作为学习的促进者,帮助学生基于已有的知识和经验,通过"同化"与"顺应"的过程来建构新知。根据建构主义理论,作为学习促进者的教师,在教学过程中要将课堂的中心由教师转向学生,教师更多地作为"问题设计者""学习资源提供者""对话组织者"和"学习评估者"发挥作用,更多地采用问题本位教学、对话教学、探究教学等以学生为中心的教学方式。

【拓展阅读 1 -4】

问题本位教学各阶段教师的促进行为①

阶段	教师的行为
阶段 1:让学生面对问题	教师确定课程目标,描述重要的逻辑要求,并激发学生参与到自我选择的问题解决活动中
阶段 2:组织学生进行研究	教师帮助学生界定和组织与问题相关的研究任务
阶段 3:协助独立调查和小组调查	教师鼓励学生收集恰当的信息、进行试验并寻找问题的答案和解决方案
阶段 4:建立并展示人工制品	教师协助学生计划并准备恰当的人工制品,如研究报告、视频以及模型等,帮助他们与其他同学分享他们的成果
阶段 5:分析并评价问题解决过程	教师帮助学生反思他们的调查及其过程

作为学生学习的促进者,教师尤其要重视促进学生思维的发展。思维作为人的智力的核心,是人的智慧的集中体现。发展学生的思维能力,无论对于社会还是个人都具有重要意义。从宏观角度看,通过教育培养出善于思考的、具有创新能力的人

① 伍尔福克. 伍尔福克教育心理学[M]. 伍新春,译. 北京:中国人民大学出版社,2012:274.

才，是提高民族创新水平的关键。从微观角度看，促进学生的思维发展，才能使学生具备独立思考的能力、问题解决的能力、进行批判性思考和创造性思考的能力。教师所教授的各门课程，均渗透着思维的训练，教师必须充分利用课程资源，发挥其促进学生思维发展的功能。在实施“思维型教学”的过程中，最为重要的是转变教师角色，教师真正将学生视为能动的学习主体，并摆正自己的位置，作为学生学习的促进者发挥作用，有研究者还为教师扮演好“学生思维发展的促进者”这一角色，设计了具体的操作标准。

【拓展阅读 1－5】

思维型教学的操作标准①

思维型教学的方法可以是多种多样的，但要强调如下几个基本操作标准。

第一，情境与问题。思维型教学强调创设良好的教学情境，产生需要思考和探究的问题，从而激发学生的积极思维。

第二，探究与合作。思维型教学要求引导学生基于问题自主探究和合作交流，强调学生在独立探究的基础上开展合作交流，或者学生在独立思考的基础上开展合作探究。

第三，总结与反思。思维型教学要求引导学生对所学的知识和方法进行系统的概括与总结，建构合理的知识结构、认知结构和学科结构，并反思学习过程中的经验和教训，提高学生的自我计划、自主实施、自我反思能力。

第四，应用与迁移。思维型教学强调将所学的知识与方法应用迁移到真实情境和其他领域中去，以及在学习过程中形成的积极态度、创新精神、行为规范和价值观以不同形式迁移到日常生活中。

思考交流　1－4

“知识传授者”和“学习促进者”两种教师角色的背后隐藏着两种不同的教育哲学，请对此进行分析和揭示。

三、交往对话者

“任何教育都发生在语言中，没有语言就没有教育。语言之所及即教育之所及，语言的界限即教育的界限，语言之外无教育。”②从本质上看，学校教育乃师生之间、师师之间、生生之间借助语言而展开的交往对话活动，这意味着“交往对话者”乃教师的基本角色之一。

---

① 衣新发．教学反思能力实训[M]．北京：高等教育出版社，2019：序 4－5.

② 刘铁芳．语言与教育[J]．河北师范大学学报（教育科学版），2001(2)：20.

著名教育家雅斯贝尔斯指出："所谓教育，不过是人对人的主体间灵肉交流活动。"①另一位著名教育家布鲁纳也认为："学校就是（至少在较先进的文化中）教师和学生们所碰面的地方，并且一场重大而神秘的相互交换就会由兹发生，而我们给它的名堂就叫作'教育'。"②学校教育首先是教师和学生之间的交往对话过程，学生知识的掌握、思维的发展、美德的形成以及社会化的实现，都离不开与教师的交往和对话。为了使师生之间的交往和对话更具教育意义，教师必须具有更丰富的知识，拥有更开阔的视野，只有当教师"有料"时，才会在教学中给学生"惊喜"，这个"惊喜"就是"既出乎学生意料的，又能够让学生感觉很有收获的一些东西"，或者是学生"压根就没想到，结果老师给了一个他前所未有的想法、观念，或者挖掘出了他自己都没有意识到的一个想法、观念，而且这个想法和观念有相当的合理性和说服力"③。为了使学生能够从交往对话中获得更多内容，教师还应扩展师生交往的广度和深度，为此，教师应对以下三个方面予以关注：首先，教师应致力于营建积极的师生关系，要成为被学生信任、接纳的人；其次，教师应充分理解教学的交往本质，掌握开展对话教学，尤其是将师生对话引向深入的技能技巧；最后，教师应有较强的沟通能力以及坦诚、耐心、倾听、尊重等品质。

教师交往对话的另一个重要对象是自己的同事。"同事的共同体中有着丰富的教师成长所需要的资源。"④与同事进行交往和对话，分享同事的专业知识和经验，获得同事对自己工作的评价和反馈，是教师专业成长的重要途径。为了有效地与同事进行交往和对话，教师必须警惕自己的封闭心态和自满心理。封闭心态会使教师抱残守缺，不能通过汲取外部经验和智慧来丰富自身；自满心理又会使教师不能虚心地接受"重要他人"的影响，不能参照他人对自己的评价来反思自身。教师与同事的有效交往和对话，还需要一个支持性的学校环境，很显然，个人主义的、孤立的、缺乏信任的教师文化会阻碍教师之间的交往和对话。此外，为了促进和保障教师之间的交往和对话，一定的伦理准则也是必要的。幸运的是，随着互联网的普及，教师的交往和对话已经扩展到线上，教师可充分借助各种社交媒介，进行更为便捷、有效的交往和互动，这对教师的成长与发展非常有利。

【拓展阅读 1－6】

教师在线交流群学习

教师在线学习是指利用各种网络平台进行在线学习。在线学习的优点是能打破时间、地域等的限制，实现交流、研讨和分享，是教师实现随时随地学习的基本方式。

---

① 雅斯贝尔斯．什么是教育[M]．邹进，译．北京：生活·读书·新知三联书店，1991：3.

② 布鲁纳．布鲁纳教育文化观[M]．北京：首都师范大学出版社，2011：159.

③ 魏勇．怎么上课，学生才喜欢[M]．北京：中国人民大学出版社，2017：10.

④ 帕尔默．教学勇气：漫步教师心灵[M]．上海：华东师范大学出版社，2005：144.

教师可以在网络平台上创建交流群，诸如“教师课程研究群”“教师教育学术交流群”“教师教育自由谈”“教师联盟”，等等。教师可以在群里分享、交流、讨论彼此的教育教学、研究、成长等各个方面的心得和体验，可以就某个热点问题、难点问题进行集中的讨论，也可以就自己的困惑抛出问题引起群成员进行反思，还可以定期或不定期通过交流群的某些功能召开群讲座。此外，教师还可以通过群共享的方式上传一些有意义、有价值的电子资源，或是自己对一些教育问题和教育现象的看法，有需要、有兴趣的教师可以及时进行下载以方便进行学习讨论等。总之，在线学习为在线成员提供了时时刻刻学习与交流的机会和空间，群内成员在时间允许的情况下，就能在线与全国各地的教师一起对话交流。①

四、班级管理者

班级管理是教师或师生在班级这一社会空间中，遵循一定的准则规范，适当而有效地处理班级中的人、事、时、地、物等各项事务，以建构良好的班级气氛，确保有效教学，并实现学生全面发展这一目标的过程。班级管理是教师工作的重要内容，有效的班级管理，能够为学习活动创设出一个有序、安全、和谐的环境；能发展学生的自制力与责任心；也能帮助学生初步认识班级这个微型社会的运作机制，进而了解社会权力的分配过程。

有效地管理班级是学生对教师的重要期望。《小学课堂管理》和《中学课堂管理》两部有影响力教材的作者、美国学者温斯坦通过调查发现，美国学生在师生关系方面对教师的希望是“尊重”，在学习指导方面对教师的希望是“激励”，而在管理方面对教师的希望则是“限制”。所谓“限制”就是“教师有必要建立并执行规章制度”“教师必须有很强的权威性”“教师要表现出力量”“教师需要严格（但不是苛刻）”“教师要成为有控制能力的人”。国内有研究者也进行过同样的调查，结果发现，中国的绝大多数学生和美国学生意见一样，都希望教师“严一点”。可以说，学生们都希望能在一个安全、有序的班级里生活，都希望教师能作为有效的班级管理者发挥作用。即使教师为了维护纪律，对违纪者采取惩戒措施，也能获得学生的理解与认同。

作为班级管理者，教师除管理纪律外，还有非常丰富的工作内容，如：深入了解学生，把握学生的心理特征和社会特征；开展班级组织建设，明确班级成员的角色和职责；引导学生制订班级规则；设计和管理班级物质环境；开展多种多样的学习活动和教育活动；引导班级内的非正式群体；营建教师与学生、教师与家长之间的良好关系；创设适宜学习的环境氛围等。只有经过经验的积累以及持续的学习，教师才能更好地扮演班级管理者的角色。

---

① 刘义兵．教师专业发展［M］．北京：高等教育出版社，2017：109－110．

五、品德教育者

美国德育专家凯文·瑞安在其著作中指出："纵观历史，在全世界的所有国家，教育都有两大目标：帮助人们变得明智和帮助人们向善"，"教师的工作即培养品德"，教师必须"建立对品德教育的承诺"。[①] 瑞安还明确提出教师是"品德教育者"，并对教师如何扮演"品德教育者"的角色进行了较为系统的论述。

瑞安指出，如果教师要强有力地促进学生的道德发展，应采用"6E"的方法，"6E"即榜样（Example）、解释（Explain）、风气或道德环境（Ethos，or the Ethical Enviroment）、经验（Experience）、劝告（Exhortation）和期待杰出（Expectation of Excellence）。瑞安还认为，"教师要成为品德教育者需要发展几种特别的能力"。

【拓展阅读1-7】

教师作为品德教育者应发展的七种能力[②]

1. 教师本人必须能够以身作则地展示好的品德。他们不需要成为美德模范，但是他们必须努力发展自己的品德，提升自身修养。

2. 教师必须把帮助学生获得道德生活和品德发展作为专业责任及优先任务。

3. 教师必须能使学生参与到有关生活中的"应当"的道德对话中；他们必须能对学生谈论什么是对的和什么是错的。

4. 教师必须能在一些道德问题上清楚地表明自己的立场，当然不必把自己的观点强加于学生。

5. 教师必须能帮助学生理解别人的经验——事实上是帮助他们走出自己的世界而走入别人的世界。

6. 教师必须能在教室中确立一种积极的道德风气，一种以高道德标准和尊重所有人为特征的环境。

7. 教师必须能在学校和社会中组织一些活动，这些活动能给学生提供一些经历，以及一些道德行为和利他行为的实践。事实上，他们必须帮助学生成为道德行动者。

强调德智体美劳全面发展，德育为首，也是我国教育的重要原则，"教书育人"历来被视为我国教师的基本职责，"育人"的职责要求教师扮演"品德教育者"的角色。作为教师，必须具有强烈的德育意识，不仅要不断追问自己"到底要培养学生哪些美德"，还要不断反思自己"是否充分利用了各种德育资源和手段来促进学生的道德发

---

① 瑞安．在学校中培养品德：将德育引入生活的实践策略[M]．苏静，译．北京：教育科学出版社，2010：143，202，129，144.

② 瑞安．在学校中培养品德：将德育引入生活的实践策略[M]．苏静，译．北京：教育科学出版社，2010：143-144.

展”，充分挖掘所教学科的德育价值，利用各种契机，采用多种方法，耐心地对学生进行道德上的解释、说服、引导，激起学生的道德反思，扩充学生的道德体验，从而真正肩负起“立德树人”的使命。

在现实的中小学教育中，部分教师缺乏德育意识，主要表现为“教而不育”和“以管代育”两个方面。“教而不育”的教师，只看重课业成绩，忘记了“教学永远具有教育性”的规律，因而忽视了学生的品德发展；“以管代育”的教师，则混淆了“育人”和“管理”的区别，把着眼于制止行为的“管理”当成了“育人”，忽视了道德认知的引导才是学生道德品质形成的关键。无论是“教而不育”还是“以管代育”，都是对教师“品德教育者”角色的放弃。

教育实例 1-2

一位有德育意识的教师[①]

张老师是我们五年级时的班主任。他第一次进班时，一言不发，而是在黑板上写下了“己所不欲，勿施于人”八个大字，然后问我们谁能解释一下这句话的含义。在几位同学发言后，张老师把这八个字的含义和要求详细地解释了一遍，并对我们说：希望你们把这八个字当作自己做人的准则。在以后的日子里，张老师经常将这八个字与同学们身上实际发生的事件结合起来，在分析和评论的过程中，加深我们对这一道德准则的理解。例如，当时班级里有个同学长得白白胖胖，同学们便给他起了绰号，张老师知道后，很严肃地对我们说：“你们有谁愿意被别人起绰号、成天被别人叫绰号？我想没有人愿意。既然你们自己不愿意，为什么要去给别人起绰号、成天叫别人绰号呢？己所不欲，勿施于人啊！”就这样，虽然张老师教我们的时间只有一年，但是他把“己所不欲，勿施于人”八个字深深地烙在了我们的心里。

六、终身学习者

早在一百多年前，德国教育家第斯多惠就睿智地指出：“一个人一贫如洗，对别人决不可能慷慨解囊。凡是不能自我发展、自我培养和自我教育的人，同样也不能发展、培养和教育别人”；“进行终身自我教育，这对教师来说是一种义不容辞的神圣职责。”[②]在今天，由于受终身教育思潮的影响，人们已经充分认识到：教师发展是一个终身学习的过程。2002 年 12 月，经济合作与发展组织在一份题为《终生学习时代的教学生涯和教师教育》的文件中指出：“对于教学生涯来说，最初的专业培训无论如何都是不够的。为了有效地指导所遇到的大批年轻人，教师需要与知识和教学法的发展保持同步。为了帮助和促进学生成为终身学习者，教师需要以自身的行为和态

---

① 本书的教育实例，如果未特别标明出处，均来自作者教过的师范生所撰写的教育自传。

② 第斯多惠．德国教师培养指南[M]．袁一安，译．北京：人民教育出版社，2001：24－25.

度示范终身学习的特点。为了实现潜在的既定教育改革，教师应当注重教学专业的不断更新。”①

“除非教师仍然自己学习，否则就不能真正教学。一支蜡烛除非自己继续燃烧，否则就不能点亮另一支蜡烛。”②在当今的信息社会里，学生获取知识的渠道更加多样化，教师对知识的垄断地位已经动摇，教师若满足于已有的知识而不思进取，则难以满足学生的学习需求，也很难获得学生的尊重和信任。教师如能实践终身学习的理念，也能为学生树立典范。

【拓展阅读 1-8】

陶行知先生倡导教师终身学习③

做先生的，应该一面教一面学，并不是贩卖些知识来，就可以终身卖不尽的。现在教育界的通病，就是各人拿从前所学的抄袭过来，传给学生。看他书房里书架上所摆设的，无非是从前读过的几本旧教科书；就是这几本书，也还未必去温习的，何况乎研究新的学问，求新的进步呢？先生既没有进步，学生也就难有进步了……时常研究学问，就能时常找到新理。这不但是教诲丰富，学生能多得些益处，而且时常有新的材料发表，也是做先生的一件畅快的事体。因为教育界无限枯寂的生活，都是因为当事的人故步自封，不能自新所致。

以上列举的只是教师角色的一部分，随着社会的进步，教师角色将会更趋复杂多样，从事教师职业的人必须具备较强的适应性和灵活性，“最成功的教师能够根据需要从一种角色不留痕迹地迅速转换到另一种角色”，④这也对教师素质以及教师培养工作提出了更高的要求。

思考与练习

1.“教学不像引起一个化学反应，它更像画一幅画或作一首曲子，或更简单些，就像种植一个花园或写一封友好的信。你必须投入到里面，你必须意识到它不能完全根据一套程式来进行，否则的话，你就会把工作搞糟，也会损害你的学生和你自己。”⑤

① 方乐．终生学习时代的教学生涯和教师教育[J]．外国中小学教育，2003(8)：27-30.

② 帕克，斯坦福．如何成为优秀的教师[M]．朱旭东，译．北京：中国人民大学出版社，2014：38-40.

③ 陶行知．陶行知选集：第2卷[M]．北京：教育科学出版社，2011：305.

④ ERIC J. 超级教学[M]．尹莉莉，译．北京：中国轻工业出版社，2010：68-69.

⑤ 瑞安．在学校中培养品德：将德育引入生活的实践策略[M]．苏静，译．北京：教育科学出版社，2010：144-145.

思考问题：

（1）这段话说的是教学的艺术性特征，教学没有固定程序，需要教师的艺术创造。这反映了教师工作的什么特点？

（2）教学是一门艺术对教师自身以及教师培养意味着什么？

2. 以下是 James H. Stronge 的一段论述：

人们天生就能当教师吗？一般人可以发展成为有效教师吗？有没有人永远都不能做教师？如果加上一些限定的话，以上每个问题的答案可能都是肯定的。对于教书这样的职业，有些人天生就有这方面的才能；有些人可能有这方面的倾向，但是需要发展一些必要的技能；而有些人可能完全不符合这种角色的要求。[①]

思考问题：

（1）“有些人天生就不适合当教师”这一观点成立吗？根据是什么？

（2）教师具有“天生”的一面，这对教师培养和聘用有何启示？

3. 阅读摘录的文献并思考问题：

洞穴比喻：教师是解放者和启蒙者[②]

洞穴比喻是柏拉图提出的一个重要命题。柏拉图在《理想国》卷七的开篇，讲述了一个著名的洞穴比喻。

有一部分人，从小就居住在一个地洞里，他们从出生起，就被全身捆绑固定在洞穴内，连脖子也被捆绑着，无法动弹，不能扭头，眼睛只能向前，看着洞穴的后壁。在他们的背后，有火光，在火光与他们之间有一道矮墙。在矮墙后面，另有一些人举着各种石制、木制的人、兽玩偶，沿矮墙穿行。火光将这些玩偶投影在囚徒们所看到的墙壁上，形成各种影像。囚徒们每天看着眼前洞壁上变换着的各种影像，他们把这些影像看作是真实的物体。他们天生如此生活，并没有感觉到悲哀，也没有挣脱捆绑绳索的欲望。

直到有一天，其中一个囚徒，由于某种原因，挣脱了绳索。他生平第一次扭转头，看到那些石制、木制的玩偶，也看到了火堆。刺眼的火光让他很痛苦，但经过一段时间的适应，他终于能够分清影像和真实的玩偶，明白玩偶才是真实的，影像是火光形成的投影。

接着，他走向洞口，刺眼的阳光，让他十分痛苦，经过长时间适应之后，他第一次看到了阳光下真实的事物。之后，他仰望天空，“直接观看太阳本身，看见他的真相了”。此时，他真正明白了先前洞穴生活的悲哀，并“庆幸自己的这一变迁，而替伙伴

① JAMES H. S.，PAMELA D. T.，JENNIFER L. H. 有效教师素质手册[M]. 李伟，译. 北京：中国轻工业出版社，2007：23.

② 谢延龙. 西方教师教育思想：从苏格拉底到杜威[M]. 福州：福建教育出版社，2015：34－35.

们遗憾”。[①]

此时，这个从洞穴里走出来的囚徒，并没有独自离开洞穴，追求个人的幸福。而是义无反顾地返回洞穴，试图启蒙和解救那些陷于假象包围的同胞。

思考问题：

（1）根据柏拉图的“灵魂转向说”，教师的根本使命是作为启蒙者和解放者去引导学生实现心灵转向，请分析这一使命对教师提出了哪些要求。

（2）柏拉图的“灵魂转向说”将教师角色定义为“解放者”和“启蒙者”，这与当代“解放教育学”的代表人物、巴西教育家保罗·弗莱雷的观点有相通之处。请阅读弗莱雷的经典著作《被压迫者教育学》[②]的第二章，重点了解弗莱雷对“银行职员式的教师”的批评，以及他所倡导的“提问式教育”的理念与方法，并阐明弗莱雷的思想对于你理解教师角色的启示意义。

4. 特级教师魏勇有一段关于教师角色转变的论述：

原来在课堂上，几乎是老师“一言堂”，从头讲到尾，老师扮演了领航员及舵手的角色。老师就是真理，就是先知，学生们只需要听，不懂的内容问老师，老师再给学生详细地解释，甚至还可以给学生补课，让学生把老师所讲的全部知识消化吸收，所谓“传道、授业、解惑”，这就是过去意义上的“好老师”。

现在，好老师的意义已经发生了变化，老师很多时候更像电视台的节目主持人，在策划一次学习活动中，把自己所掌握的学习资源，例如网络资源、图书资源、学生自己的资源等，整合在一块儿，让学生通过各种方式，尤其是顺应他们自己的好奇心和天性的方式高效率地来学习。而且这种学习不是单向一维的，是多向多维的；不是只有正面没有反面的，而是正反方向都可以平衡地去了解的。[③]

思考问题：

（1）教师角色由“领航员及舵手”转向“节目主持人”，这背后隐含着教师自身对于学生观、学习观以及教学观的改变，试对此进行分析。

（2）在教育界还流行着很多关于教师角色的隐喻，如“灵魂工程师”“园丁”等，请再提出至少一个关于教师角色的隐喻，并进行说明。

---

① 柏拉图．理想国[M]．郭斌和，张竹明，译．北京：商务印书馆，1996：274－275.

② 弗莱雷．被压迫者教育学[M]．顾建新，赵友华，何曙荣，译．修订版．上海：华东师范大学出版社，2014.

③ 魏勇．怎么上课，学生才喜欢[M]．北京：中国人民大学出版社，2017：20.

第二章　教师专业化与教师专业发展

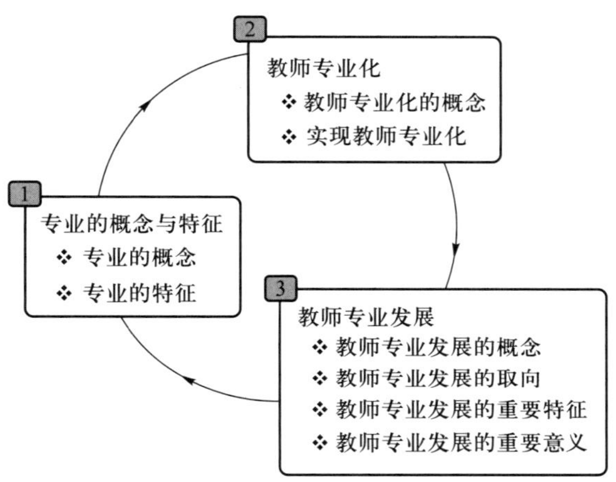

本章导入

吴俊升(1901—2000)是我国著名教育家,他1928年赴法国巴黎大学留学,1931年获教育哲学博士学位。吴俊升、王西征编写的《教育概论》一书对当时社会上有人怀疑小学教师不是专业人员,也不需要专门培养的说法进行了反驳。①

在现在各国学制中,师范学校虽然成为普通的制度,专业准备本已不成问题,可是在理论方面,还不免有人怀疑小学教员是专业人员,怀疑有专业准备的必要。这些人的怀疑所持的理由,不外几端:第一,好教员是天生的,不是人力造就的。第二,教育的事业但凭常识即可应付。第三,教员熟习教材,即可教人,教法的研究是不必需的。这三种理由,其实都不足以反对教员的专业训练。

教员的才能,固然有一部分是天生的,可是这天生才能,也必须加以相当的训练,才可以充分表现。一个天生的画家,如其对于图画的技术不受相当的训练,他的图画的天才便无从表现。一个天生的好教师,如其对于教育的技术不受相当的训练,他的教育的天才也必然不能充分表现。明白了这个道理,可见即是天才也是需要专业训练的。何况天才只是极少数。我们所需要的教员数目很大,只能求得中资已足。对于这班中才的教师,如其给以充分的训练,岂不也可补天才之不足?

若说教育事业但凭常识便可应付,固然不无一部分的真理。凡是做家长做父母的人,虽然没有受过专业训练,也在教育他的子女。可是我们要知道,但凭常识而施

① 吴俊升,王西征. 教育概论[M]. 福州:福建教育出版社,2010:187－188.

教育，效率一定是有限的。一切艺术的实施，在最初全凭常识，可是后来渐渐从实施中产生专门学问；艺术家学习了这种专门学问，便可促进艺术的进步，脱离经验的阶段，进入科学的阶段。关于这一层，我们可以医事为例。最初的医事大体是凭常识的，当然也可以治病生效，可是这只是经验医，他的效力不一定是准确可靠的。唯有医事的研究逐渐改进，产生了医学而后，经验医才转变为科学医而增加他的效率。现在若还有人说医事但凭常识即可应付，无须专业准备，那便没有人不说他是愚妄的了。可是有人若说教育但凭常识即成，不用准备，他的愚妄也正是一样。因为一切艺术，要从经验的进而为科学的非赖专门准备不为功。

也许有人要说做医生须受专业准备，乃是因为医学本身已经成立的缘故。教育学至今尚无显著的进展，未可与医学相提并论，所以也不能主张教员须和医生一样受专业的训练。这句话也不尽然。教育学不如医学的发展，这是事实，可是我们不能承认教育学根本不成立。近几十年来，因为心理学和社会学的继续发展，教育学已经有了它的稳固的基础和内容，这是不可抹煞的。难道我们还可再以常识目之吗？并且即使我们让一步，不敢拿教育和医事相比，难道教育还不能和园艺和畜牧相比吗？在现时栽一朵花，养一只羊，全要凭专门的学术，有赖于专业的准备，难道教育一个儿童，倒完全可以凭常识，无需专业的准备吗？这个道理是讲不过去的。

第三个怀疑教员的专业准备的理由也未见充分。教员教学，对材料固然需要熟悉，但是熟悉了教材，不一定就能成为好教员，因为教法的好坏，也是一个关键。我们可以说，越是教小学，教法越重要，越是小学教员越需要专业的准备。在最近的过去，小学教育界未免专讲方法，忽略了教材的选择、组织和熟练，诚然是一种缺陷，可是因此而起的反动，一概抹杀教法研究和训练的趋势，也是要以此为戒的。

思考问题：

1. 面对“小学教师不是专业人员，不需要专业训练”的质疑，吴俊升是从哪些方面进行反驳的？

2. 时至今日，教师职业还会经常遭到“是不是一个专业”的怀疑，从教师职业自身来说，出现这些怀疑的原因是什么？要消除这些怀疑，对教师群体和教师个人又提出了哪些要求？

3. 在当代，小学教师的专业发展呈现出哪些重要特征？

自20世纪后半叶以来，具有悠久历史的教师职业，开始进入各种“专业”话语的包围。将教师“职业”打造成一个“专业”，实现“教师专业化”，促进“教师专业发展”，成为教育政策和实践领域的焦点问题之一。

第一节　专业的概念与特征

一、专业的概念

专业的英文 profession 一词最初由拉丁语 professio 演化而来，其本义是“在众人面前声称做好自己分内之事",与之相对的是秘而不宣、只能基于血缘或门派关系进行传递的那些行业。在欧洲中世纪时期,大学分化出四种原始的学科:文学、法学、神学、医学。律师、医生、神甫这几种职业在当时被人们认为是典型的专业。随着工业革命、知识与技术的发展,社会分工日趋精密,各种新兴职业不断涌现,其中不少职业能够争取到"专业"的称谓。

1933 年,社会学家卡尔·桑德斯和威尔逊在他们的经典之作《专业》一书中首次为"专业"下了定义。他们认为:所谓专业,是指一群人在从事一种需要专门技术的职业,是一种需要特殊智力来培养和完成的职业,其目的在于提供专门性的服务。[①] 国内有学者将专业定义为:专业是指一群人经过专门教育或训练、具有较高和独特的专门知识与技术、按照一定专业标准进行专门化的处理活动,从而解决人生和社会问题,促进社会进步并获得相应报酬待遇和社会地位的专门职业。[②] 当然还有许多对"专业"的解释,正如社会学家莫里斯·科根所说,"有多少个研究专业这个课题的学者,便有多少个专业的定义"[③]。

二、专业的特征

关于"专业"应具备的特征,学者们进行了广泛的探讨,其中利帕曼关于专业标准的研究影响很大。在他看来,所谓"专业"应当满足如下 8 项基本条件:范围明确,垄断地从事于社会不可缺少的工作;运用高度的理智性技术;需要长期的专业教育;从事者无论个人、集体均具有广泛的自律性;专业的自律性范围内,直接负有做出判断、采取行为的责任;非营利,以服务为动机;形成了综合性的自治组织;拥有应用方式具体化了的伦理纲领。[④]

参考众多学者的意见,一种职业要被认定为专业,应满足以下七个条件。

(一)提供的是一种独特的、明确的和必不可少的社会服务

专业人员提供的某种服务被认为是非常重要的,对社会所有人员都是有价值的和可得到的。例如,只有律师才能提供法律方面的服务。

(二)坚实而完善的专业理论知识和熟练的专业技能

这是专业具有排他性和垄断性的基本条件。一种职业所要求的专业知识越完善、专业技能越成熟,它的专业化程度就越高,专业的排他性就越强。这些特有的知识与能力系统形成了无形的"场","场内"的人熟知知识的运作流程与规范要求等,而"场外"的人则无法或很难进入。

(三)需要较长时间的学习和培训

成熟专业一般具有系统、深刻且实用的知识和技能体系,所以想成为专业人员,必须要经过一个漫长且艰苦的教育培训阶段。"职业"的本质在于"重复"某一个行

---

① 台湾师范教育学会. 教师专业[M]. 师大书苑,1992:序.

② 余文森,连榕. 教师专业发展[M]. 福州:福建教育出版社,2007:8.

③ COGAN M. L. Toward a definition of a profession[J]. Harvard Educational Review, 1953(1):33 - 50.

④ 筑波大学教育学研究会. 现代教育学基础[M]. 钟启泉,译. 上海:上海教育出版社,1986:442 - 443.

业的基本操作行为,并不需要过多的“心智”劳动。“专业”的本质却在于不断地改进、完善和创造。因为从事专业工作的劳动者通常为脑力劳动者,他们的工作对象和工作环境经常复杂多变,需要一定的“专业精神”“专业理论”“专业技能”的综合运用。

(四)专业个体与专业组织都享有相当大的自主权和决策权威

鉴于工厂工人只有有限的决策能力并在工作期间接受严密的监督,专业人员往往被认为应更多地自主做出决策并不受相关人员的监督。

(五)严格而规范的准入制度

准入制度,也可称为资格证制度,是进入某一专业的基本要求。严格而规范的准入制度将不是该领域的人员排除在外,具有非常强的排他性。同时,准入制度也是国家对专业内人员的一种保护制度。

(六)具有一套被广泛认可的伦理规范

在任何专业活动中,专业人员与服务对象之间的关系都不是自愿或对等的,其中专业人员多居于支配地位,而服务对象往往处在被动的地位,这种非对等或支配性的关系,意味着专业人员可能会滥用或误用自身的专业权威,从而对服务对象的权益造成侵犯或伤害。正因为如此,所有的专业都会建立一套在业内被广泛认可的伦理规范,明确界定专业服务恰当与否的标准,以此约束和规范专业人员的行为。

(七)享有较高的经济待遇和良好的社会声望

专业成熟度高的职业有较高的经济待遇和良好的社会声望,也能吸引优秀人才进入这一专业服务领域。

【拓展阅读2-1】

职业与专业的区别与联系[①]

维度		职业	专业
区别	是否需要高深知识	无需高深知识,只按例规行事	具有非同寻常的深奥知识和复杂技能
	是否接受专业训练	主要通过个人体验与经验总结	接受长时间的专业化训练
	社会功能	主要是谋生的手段	提供一种独特、明确、必要的社会服务和奉献
	工作特点	强调“工匠式”的重复	强调不断学习、研究与创新
联系		职业是专业的基础,专业是职业发展到更加专门化程度的产物,当某一职业专门化之后,逐渐具备了“专业”的意蕴,被认定为专业	

① 刘义兵. 教师专业发展[M]. 北京:高等教育出版社,2017:7.

第二节　教师专业化

一、教师专业化的概念

在现代社会中，职业和专业之间存在着较大的差别，特别是专业人士的社会地位、声望、经济报酬等远高于一般的职业从业者，这就导致了一般职业向专门职业"升格"——即实现专业化——的冲动。社会学认为，专业化是指一个职业群体在一定时期内，逐渐符合专业标准，成为专门职业并获得相应的专业地位的过程。专业化的一个重点就是提升某一职业的社会地位，使这一职业能够与医生、律师这些已经获得专业资格的职业平起平坐。

一些研究者在参照专业的标准来衡量教师的工作及其职业地位时，发现教师职业缺乏专业的大部分特点。因此，奥恩斯坦认为，"在某些方面，教师应被看成是一种'半专业'或'成长性专业'，正处在获得这些特征的过程中"①。也有日本学者认为，"教师仅在非营利服务这一点上符合专业标准，在专业技术和长期训练、特别的才能与素质这一点上，还逊于其他专门职业，教师的工作只能称为'准专业'"。②

教师专业化关注的是如何缩短"半专业"的教师职业与成熟的"专业"之间的差距，所谓"教师专业化"是指教师这一职业由非专业、半专业向专业转变，符合专业标准的发展过程，它包括教师职业专业化和教师个体专业化两个方面。教师职业专业化指教师职业由普通职业向专门职业转化的过程，亦即一个普通职业群体获得专业身份和地位的过程。教师个体专业化是指教师个人在自己整个的职业生涯中，通过终身的专业训练，习得教育专业知识与技能，实现专业自主，表现专业道德，成为一个良好的教育专业工作者的专业成长过程。

二、实现教师专业化

从 20 世纪 60 年代开始，教育界采取了一系列措施，努力提升教师的专业地位，实现教师专业化，这些措施主要包括以下七个方面。③

（一）扩充教师职业的知识基础

专业与非专业的根本区别在于专业活动有一套完善的、专门的知识体系作为支撑，倘若要推进教师专业化，就必须证明教师工作中存在着保障其专业属性的"知识基础"。近些年来，在舒尔曼等学者的努力下，作为专业工作者的教师所应具备的知识基础不断得以确认和扩展，这无疑会推进教师专业化的进程。

（二）制订教师专业伦理规范

专业伦理是评判一个行业是否算得上一个"专业"的重要标准。20 世纪 60 年代

---

① 奥恩斯坦，丹尼尔．教育基础[M]．杨树兵，译．南京：江苏教育出版社，2009：32 – 36.

② 筑波大学教育学研究会．现代教育学基础[M]．钟启泉，译．上海：上海教育出版社，1986：443.

③ 胡惠闵，王建军．教师专业发展[M]．上海：华东师范大学出版社，2014：10 – 11.

以后,世界各国都开始拟定教师伦理规范,以此作为促进教师专业化的重要手段。现在,“教师不应因学生的种族、民族、性别、宗教、父母职业、经济状况的差异,以任何形式歧视学生”“教师应为每一个学生提供充分的受教育机会,并关照有特殊需要的儿童”“教师应公平、公正地评价学生,不应以个人恩怨或偏好影响对学生的评价”,等等,已经成为普遍的教师专业伦理规范。

(三)在舆论或法规上承认教师的专业地位

1966 年 10 月 5 日,国际劳工组织和联合国教科文组织发布了《关于教师地位的建议》的报告,认为教师应该被视为一种“经过严格地、持续地学习,获得并保持专门的知识和特别的技术”的“专门职业”。1986 年,我国颁布的《国家标准职业分类与代码》文件中,正式把教师列入“专业技术人员”之列。

(四)延长未来教师的修业年限

为了使职前教师在教育大纲和教学水平上向医学教育看齐,近几十年来,在教师职前培养阶段所开设的课程越来越多、越来越深,因此导致了职前教师修业年限的延长。

(五)确立和完善教师资格认定制度

教师专业化的努力方向之一,是让那些原先没有教师资格证书制度的国家纷纷确立本国的教师资格认定和审查制度,以确保只有合乎一定标准的人员才能担任教师(除学历外,这些资格认定通常还包括教育实践经验、相应的教育学或心理学准备甚至语言表达能力等)。而 20 世纪后期在一些原先就有教师资格认定或审查制度的国家,也纷纷废除了教师资格证书终身制,实行周期认证制度(如每五年认证一次),并要求教师在续领教师资格证书时要完成一定时限的专业培训。

(六)改善职前教师教育的课程设置

20 世纪后半期,尤其是 20 世纪 80 年代以后,教师教育的课程改革成为促进教师专业化的重要举措之一,许多国家的职前教师教育课程都发生了很大改变。这一轮改革总的趋势是加强职前教师在教育学、心理学等领域的知识准备,并强化未来教师在入职前的实践锻炼。

(七)扩展教师专业自主权

既然专业自主是衡量一个行业是否算得上“专业”的重要标准,谋求教师行业的专业自主也就成为 20 世纪 80 年代以来许多国家教育界的重要追求。教师专业自主主要包含以下四项要求:自我导向,即自己根据情境做出符合专业伦理规范的判断;自我决定,即自己决定如何做;自我行动,即根据自己的判断付诸行动;自我负责,即自己必须对判断和行为负责,不能是随意的判断和行动。①

 **教育实例 2-1**

拓展专业自主权的教师

刚工作的头几年,徐老师向学校申请,希望对课程大纲做一些调整,让学生先学

① 刘素玲. 初任教师的专业自主研究[D]. 上海:华东师范大学,2019:32.

习感兴趣的内容。这样的要求被学校果断拒绝了，校方认为她最应该做的是严格执行既定的教学计划，而不是自作主张。这让徐老师极其懊恼，也更加促使她开始审视“自上而下”的课程改革，到底应该由谁来做决策？在她看来，“教师本应参与课程标准、内容的制订，而不仅仅是一个被动的执行人”。带着一份对教育的美好愿景，徐老师执拗地开始了一个普通教师的艰难突破。经过十多年的探索，她形成了一套以学生为本的个性化课程模式，并在整个学校逐步推广开来。走进徐老师的课堂，你很难判断这是一节什么学科的课，这节课也很有可能不在教室里完成，而且时间也并非传统的40分钟。教师以一张张任务单，替代大部分的集中讲授，让任务带领孩子们自主学习。如今的徐老师，仍在努力回答“一个教师的课程自主权究竟能拓展到多大?”这个问题。对课程自主权的批判与反思，引导她一步步去探索未知的领域，挣脱教学时空的束缚，获得更多专业的自由。①

 思考交流 2－1

近些年来，一些发达国家取消了本科层次的教师培养，转而推行“学士后教师教育”，将教师培养提升至硕士层次。试从教师专业化的角度对这一改革举措进行分析。

第三节 教师专业发展

教师专业发展是当前教育领域经常谈论的一个话题，英文为 teachers' professional development。

一、教师专业发展的概念

虽然“教师专业发展”已经成为教育文献中的一个常用词汇，但目前绝大多数的学者都在宽泛的、模糊的、不严格的意义上使用“教师专业发展”一词。例如，富兰和哈格里夫斯认为，教师专业发展既指教师通过在职教育或培训而获得的特定方面的提升，也指教师在目标意识、教学技能以及与同事的合作能力等方面的全面进步。②饶从满认为，“所谓教师发展，就是指教师从准备当教师到就任教师直至退出教师职业之间所发生的以提高专业水平为指向的一切变化过程。”③朱宁波认为，教师专业发展是教师个人在历经职前师资培育阶段、任教阶段和在职进修的整个过程中都必须持续地学习与研究，不断发展其专业内涵，逐渐达到专业圆熟的境界。④

概括而言，教师专业发展是教师发挥主观能动性，并利用外部的影响，持续地提

① 魏戈，陈向明．主体性的浮现：教师实践性知识的教育性意义[J]．教育学报，2019，15(4)：72－79.

② FULLAN M.，HARGREAVES A. Teacher development and educational change[A]. F. MICHEAL，H. ANDY (Eds.). Teacher development and educational change[C]. Washington，D. C.：Falmer Press，1992：8－9.

③ 饶从满．义务教育教师专业发展导论[M]．长春：东北师范大学出版社，2009：61.

④ 朱宁波．中小学教师专业发展的理论与实践[M]．长春：吉林人民出版社，2002：72.

升自己的专业知识、技能和道德,逐步符合各种规范、标准,从而确立自身专业地位的过程。

教师专业发展是通过教师学习实现的,指向教师在专业上的成熟与改变,亦即教师专业发展总会带来教师思考和行为方式上的改变过程,并且这一改变是教师在知识和理解上的根本转向,是教师实践上的长期改变。①

●【拓展阅读 2 -2】●

“教师专业化”与“教师专业发展”的区别

教师专业发展是指教师个体由非专业人员转变为专业人员的过程,由新手教师转变为专家型教师的过程,强调立足于教师内在专业特性的提升及职业专门化规范和意识的养成与完善。而教师专业化主要是对教师队伍整体而言,是指教师职业不断成熟,逐渐获得鲜明的专业标准,并获得相应的专业地位的过程。②

二、教师专业发展的取向

教师专业发展到底要发展什么?应怎样实现这种发展?对这些问题,教育理论界与实践界并未形成共识。例如,教师专业发展到底要发展教师的哪些方面呢?有的人或许会坚定地认为,所谓教师的专业,无非就是学科知识和教学知识与技能,因此,教师专业发展就是增加教师的知识与技能。这种观点可能会招致另外一些人的反对,因为他们认为,教师的学科知识或教学技能对教学实践的影响不算大,真正起作用的是教师的“态度”与“信念”,所以,教师专业发展应以改变教师的态度与信念为务。而第三个派别基于他们对教师的研究,发现教师的知识、态度与信念,都是个人化的、是在实践中生成的,很难通过“别人”予以传授或改变,教师个人的澄清、反思和重建至关重要……上述种种分歧,体现了教师专业发展的不同取向。总体而言,存在着三种不同的教师专业发展取向,分别是:教师专业发展的理智取向、实践反思取向和生态取向。

(一)理智取向

理智取向者认为,教育教学是一个传授系统,是一门应用科学,教师是应用教育专家研制的知识开展工作的技术人员。教师想进行有效的教学,一是自己要拥有“内容”(知识、技能、价值观等),即学科知识;二是要具有帮助学生获得这些“内容”的知识和技能,即教育知识。这两类知识是教学专业最为基本的知识,都是由专家建构出来的,在各种教育情境中都适用。理智取向的教师专业发展观强调,教师知识基础的获得是他们行为变化的基础,理论能够指导实践,借助知识和理论的掌握和应用,教师能够开展良好的实践。由于知识是可以传授或分享的,所以教师专业发展可以通过各种形式的知识分享或传授(如讲演、展示、分析、讨论、阅读等),以帮助教师

① 周成海. 论教师改变的过程及其促进[J]. 教育科学,2017,33(2):28 -34.

② 赵昌木. 教师专业发展[M]. 济南:山东人民出版社,2011:8 -9.

丰富和重组专业知识。在理智取向者看来，教学之所以还不能成为一个公认的专业，原因就在于教学职业还没有一套有效且专门的知识系统，因此，他们非常注重对教师所需知识进行分析，不断扩展教师知识的范围，在这方面，李·舒尔曼（Lee Shulman）等人做出了杰出的贡献。

教师专业发展的理智取向的问题在于，它的重要假设——教学实践存在理智的基础——通常不能完全成立：一方面，教师的大量决策都是非理性的（并没有以轮廓清晰、内涵分明的专业知识为基础，决策的过程也似乎不合逻辑）；另一方面，在教育现实中，教师不仅很难把那些公共知识作为实践推理的基础（这中间还需要特别的“转化”过程），而且往往从一开始就对这样的知识表示怀疑，不愿意接受它们。这就催生了20世纪80年代中后期以来的其他的教师专业发展取向，尤其是实践反思取向和生态取向。虽然教师专业发展的理智取向不断受到质疑，但到目前为止，世界上多数职前教师教育机构依然坚持此类取向。

（二）实践反思取向

实践反思取向者认为，教学是一种情境性的实践，是一种专业艺术，具有复杂性、不确定性、独特性、多变性等特点，教师很难用事先储存在头脑中的知识去解决行动中的问题，他们必须运用自己设计的情境化策略去尝试着解决这些问题。与理智取向寻求普遍性的专业知识和技能不同，教师专业发展的实践反思取向更强调教师发现并解决课堂实践中的问题，有意识地质疑自己对教育教学的假设和价值观，在反思的过程中生成个人的、缄默的专业知识。因此，从实践反思取向的教师专业发展观来看，教师知识具有范围广、复杂而且不断扩展的特性。一方面专家学者在研究教师知识，另一方面教师在自己的教学实践中也在创造知识，因此，教师知识是由两部分构成的：由研究产生的知识和教师自主建构的知识。教师专业发展的实践反思取向珍视教师的独特性和创造潜力，教师自我建构知识的权利得到尊重。教师专业发展不再完全是“先知识后行动”“先理论后实践”的过程，而是一个实践和反思循环互动的过程，教师专业发展的方式包括：通过写日记等方式单独进行反思，或通过同伴互助等方式合作进行反思等。不难看出，教师专业发展的实践反思取向是以建构主义学习理论为基础的，建构主义学习理论所主张的一系列学习原则，是教师专业发展的实践反思取向所采用的各种策略的重要依据。

【拓展阅读2-3】

建构主义学习理论的基本主张①

1. 学习是一个积极的过程，需要学习者的积极参与。知识是不能简单地传递的，想要促成学习活动的发生，就必须鼓励专业人员进行学习，允许他们在明确学习方向和开展学习的过程中积极参与决策。有价值的问题才会激发人们的学习。

① KAREN F. O., ROBERT B. K. 教育者的反思实践：通过专业发展促进学生学习[M]郑丹丹，译. 北京：中国轻工业出版社，2007：18.

2. 学习活动必须承认并建立在已有的经验和知识基础上。相应地,专业人员需要有机会探讨、表达、发表自己的想法和知识。

3. 学习者是通过亲身体验来建构知识的,如果他们有机会对行动进行观察和评估、有机会提出并检验新思想,那么这些都将有助于学习者行为的改变。

4. 如果学习成为一种合作活动而不是孤立的活动,而且直接与学习者相关,那么学习会更有效率。

教师专业发展的实践反思取向强调教师主要不是通过接受知识,而是通过反思实践来实现专业发展的,它注重反思在实践过程中的重要作用,注重教师专业发展的过程性与体验性,注重教师个人实践性知识的获得,注重教师专业发展要与教师个人的日常工作和学习密切结合,可以说,这一取向的教师专业发展思想带有很多主动探究的要素,触及了教师专业发展的本质特征,也关切了教师专业发展的最核心问题。

(三)生态取向

教师专业发展的生态取向与前两种取向最大的区别在于:它超越了理智取向和实践反思取向中主要关注教师本身的局限,强调教师专业发展的过程和成功与它所发生的环境高度相关。也就是说,生态取向认为教师生活在一个“教育社会”中,并通过与其中的各类成员,如同事、学生、家长、专家等进行互动来获得专业发展。

教师专业发展的生态取向不是将注意力放在学习某些学科知识和教育知识上,也不是放在教师个人化的反思上,它更注重构建一个支持教师专业发展的环境,毕竟,发展的种子再好,若撒在石头上也不会生根发芽。

教师专业发展生态取向的积极意义在于它所采取的视角更为宏观,这种取向认为教师专业发展是个体、群体和环境之间互动发展的产物,它更加强调文化、共同体、合作以及环境的作用,使教师专业发展的主体性和互动性更加突出。可以说,教师专业发展的生态取向既是对理智取向和实践反思取向的一种质疑,也是对它们的一种完善和补充。

 **思考交流 2-2**

教师专业发展的三种取向,对于教师怎样学习以及怎样实现专业发展的看法有何不同?

三、教师专业发展的重要特征

近年来,随着学习理论的发展,实践、反思、探究、校本、对话、合作等已经成为教师专业发展研究与实践领域的主流话语,这些话语反映了当前阶段教师专业发展所呈现出的重要特征。

（一）教师专业发展的主体性

"主体性发展"意味着教师不是他人塑造、规训的对象，而是自身专业发展的主人。他们最了解自己的实践情境，最知道自己所存在的问题、不足和需要。在教师专业发展进程中，教师能够成为自身专业发展责任的承担者，能够自主确定发展目标，自由地做出选择并进行自我激励、自我调控和自我评价。出于对教师主体性地位的尊重，近年来，"以教师为中心"的专业发展方式受到推崇，学者们也设计出一些突出教师主体性地位的专业发展策略，例如：引导教师制定个人专业发展规划、撰写反思日记或教育案例、开展行动研究等。这些策略对消除教师在专业发展过程中的无力感和被动性，使其实现主动的自我更新无疑大有裨益。[①]

教师专业发展的主体性强调教师的内在资源和态度——如虚心、专心、求知欲、责任心等——在教师专业发展中的作用，教师主体性的发挥也需要一定外部条件的支持，包括专家指导、学校组织体系、教育政策、人际关系、社会文化（尤其是教师文化）等。

【拓展阅读 2－4】

教师专业发展是内、外部力量共同作用的结果

一个教师要在专业上有更好的发展，既需要有强烈的自我发展愿望这个内驱支持，也需要有高质量培训活动这个外力推动。教师缺乏自我发展愿望，其专业发展必定是低效和低水平的。而单靠教师个人的摸索、学习，缺乏外在专业发展或者培训活动的支持，也同样难以获得教师专业发展所需的各种专业知识和专业精神。这也是各种各样教师专业发展活动能够存在的基本原因。[②]

（二）教师专业发展的整体性

教师专业发展是"教师在专业理念、专业能力、专业知识、专业心理品质等专业素养方面从生疏到成熟、从低水平到高水平、从专业新手成为专家型教师的持续不断提升的过程。"[③]"教师专业发展是指教师内在的信念、知能、情意、自我等专业结构不断更新、演进和丰富的过程。"[④]……尽管学者们对"教师专业发展"的定义各不相同，但又都承认教师专业发展应是教师的全面发展，教师专业发展的内容应涵盖知识、能力、伦理、人格、情感等多个维度。如表 2－1 所示，是国内学者有关教师专业发展内容的研究成果。教育教学工作具有多维性和高度复杂性，这就决定了教师专业发展也应该是多维的。

---

① 周成海，孙启林．教师专业发展范式转移的基本范式[J]．中国教育学刊，2009(6)：68－70.

② 柯政，洪志忠．教师专业发展的本土理解：基于对 132 位中学高级教师的调查[J]．教育发展研究，2011，33(18)：55.

③ 冯建军．教育学基础[M]．北京：中国人民大学出版社，2012：221.

④ 叶澜，白益民．教师角色与教师发展新探[M]．北京：教育科学出版社，2001：230.

表 2－1 国内学者有关教师专业发展内容的研究成果

研究者	教师专业发展的内容
饶见维 ①	（1）通用知能；（2）学科知能；（3）专业知能；（4）教育专业精神
谢安邦②	（1）教育理念；（2）职业道德；（3）知识；（4）能力；（5）个性品质或人格特质
连榕③	（1）遵守职业道德；（2）拓展专业知识；（3）提升专业能力；（4）建构专业人格；（5）形成专业思想；（6）发展专业自我

（三）教师专业发展的情境性

根据情境学习理论，知识只有放在它产生及应用的活动与情境中去了解与学习，才能使学习者获得真正的理解与应用能力，孤立于情境之外的抽象概念学习，往往不是效果不彰，就是让学习者不知所学何用。根据这一观点，教师通过"静听"从校外的师资培训机构获取的专业知识与能力，极有可能因为脱离使用情境而变得惰性十足。只有给教师提供足够的实践机会，使他们有机会对所学的新观念、新方法进行尝试、验证、体悟和内化，教师才能真正有所收获。教师专业发展的情境性要求中小学校在教师培养中扮演更加重要的角色。

思考交流 2－3

除情境学习理论外，还有哪些学习理论支持寓于真实情境之中的教师专业发展？

（四）教师专业发展的交往性

教师学习教学的过程以及教师专业知识的建构首先是一种社会性的交往和对话活动，教师不是在真空中建构知识，他们的知识、信念、态度和技巧是在一定社会文化情境中形成的。教师只有走出自身，参与共同体的对话，接受"重要他人"的影响，才能参照他人对自己的态度来对专业工作进行反思，并在与他人的对话中通过"视界融合"来扩充专业知识。"交往性发展"意味着，教师的专业伙伴是其专业发展的重要资源，教师与同事、学生、家长、专家和行政人员的交往、对话、协商、合作和分享是教师实现专业成长的必要条件。为了使教师能够在交往、对话中实现自身的专业成长，近年来，一些新的教师专业发展策略不断涌现出来，例如：同伴互助、知识分享、课例研究以及合作行动研究等。

（五）教师专业发展的阶段性

近几十年来，许多学者系统地研究了教师的职业生涯，发现教师是逐步地走向专业成熟的。处于职业生涯不同阶段的教师，在知识结构、关注焦点、学习需求等方面存在着明显差异。新手教师要成长为专家教师，必须跨越若干阶段，这是一个累积经验、不断学习的过程。教师要历经若干发展阶段走向专业成熟，在这个过程中，教师

---

① 饶见维．教师专业发展：理论与实务［M］．台北：五南图书出版公司，1996：173．

② 谢安邦，朱宇波．教师素质的范畴和结构探析［J］．教师教育研究，2007（2）：1－5．

③ 连榕．教师专业发展［M］．2 版．北京：高等教育出版社，2019：34－35．

必须进行终身学习，不断更新自我、超越自我；此外，为提升教师专业水平而开展的各种专业引领活动，也应该充分考虑处于不同专业发展阶段的教师的需求和特点。

四、教师专业发展的重要意义

党的二十大报告指出："深入实施人才强国战略。培养造就大批德才兼备的高素质人才是国家和民族长远发展大计。"要实施人才强国战略，培养大批人才，就需要有一支高素质的师资队伍。而高素质的师资队伍又要靠持续的教师专业发展才能建立起来。可以说，教师专业发展是落实人才强国战略的重要一环。

研究表明，除了儿童个体和家庭背景因素外，教师和教学是儿童学习最为重要的影响因素。[①] 人们越来越清晰地认识到，当学校教育中的一些外在条件（如财政投入、适龄儿童的入学率、校舍更新、设备配置、课程建设等）基本满足了其开展教学活动的需要之后，提升教育质量的关键就必须得依靠教育活动中"人的要素"而不是"物的要素"了。学校教育中"人的要素"主要是教师和学生，其中教师这个"人的要素"又是教育活动中最能动、最积极从而也最有可能深刻地影响教育质量的要素。因此，提升教育质量，必须促进教师的成长，在这个思路下，教师的专业发展问题，自然受到了特别的重视。

"教师的职责现在已经越来越少地传递知识，而越来越多地激励思考；除了他的正式职能以外，他将越来越成为一位顾问，一位交换意见的参加者，一位帮助发现矛盾论点而不是拿出现成真理的人。他必须集中更多的时间和精力去从事那些有效果的和有创造性的活动：互相影响、讨论、激励、了解、鼓舞"。[②] 日益频繁的教育变革，不断地对教育的目标、学生的学习方式等做出调整，也不断地重新诠释着"好教学""好教师"的内涵与标准，这也要求教师不断更新自身沿袭已久的教育教学方式，重新理解自己的角色和职责。

人口结构的变化，以及现代社会对于个人自主和选择权利的日益重视，使得教育事业逐渐由过去的供应主导转向消费主导，学生及其监护人对于学校教育的选择意愿和权利意识越来越强烈，提供高质量的、以学生为中心的教育，成为教育发展的必然趋势。无论对教师群体，还是对教师个体来说，成为专业的教师和教育的专家，在这一背景下也就成为必然的追求。

思考与练习

1. 丹尼尔森认为："教学是一种专业——我们对此要坚信不疑。但是，如果教学要被当成一种专业对待的话，那么就必须承担和享用由这个'专业地位'生发的责任

---

① OECD. Teachers matter: attracting, developing and retaining effective teachers[M]. Paris: OECD Publishing, 2005: 27.

② 联合国教科文组织国际教育发展委员会. 学会生存：教育世界的今天和明天[M]. 北京：教育科学出版社，1996：108.

及其利益。”①这里的“责任”具体包括哪些方面？

2. 一位教育者提出：

“为什么很少人从专业角度批评医生，因为医生的工作是专业化的，别人不懂。而教书，即便批评者没教过书，至少有过中学时代，听过课，所以谁都可以置喙。教育圈内一部分人的对策就是，也需要像医生那样，把自己专业化起来，最好搞到人家都不懂，那就没法批评了。”②

思考问题：

（1）教育工作“谁都可以置喙”的原因是什么？

（2）实现教师专业化是要“搞到人家都不懂”吗？

3. 某学校一名语文老师给学生上课时通常是这样进行的：

上课铃响后，首先要求找一名学生将要学习的课文朗读一遍，然后提出第一个问题：谁来说一下这篇课文能分为几段？

通常情况下，语文老师都会找某一固定的，平日里语文学习较好的学生来回答，之后她再将正确的分段告诉学生。

之后，提出第二个问题：谁来说下第一大段的段义是什么？

若有学生举手发言，那么就请那位同学回答，否则也是找平日里语文学习较好的学生来回答。接下来，语文老师会把教学大纲上的正确段义读出来，并要求学生抄录在课本上。

后面段落的讲法与之一样，直到段落段义都归纳完后。语文老师会最后提出一个问题：谁来说一下这篇课文的中心思想是什么？

回答问题的学生与上述一样。当中心思想也让学生抄录到书本上之后，这篇课文的学习也就结束了。③

思考问题：

（1）很显然，这是一位教学不够“专业”、没有获得充分的专业发展的教师，我们做出这一判断的依据是什么？

（2）请回顾一下你所经历的中小学教师，并谈一下其中那些专业发展水平较低的教师的表现以及给你的感受。

（3）构想一下，要促进这位教师的专业发展，应从哪些方面着手？

---

① CHARLOTTE D. 教学框架：一个新教学体系的作用［M］. 张新立，么加利，译. 北京：中国轻工业出版社，2005：44－45.

② 蔡朝阳. 寻找有意义的教育［M］. 宁波：宁波出版社，2012：241.

③ 叶小娟，刘国平. 中国师德手册［M］. 北京：中央文献出版社，2008：217.

第三章　教师专业知识

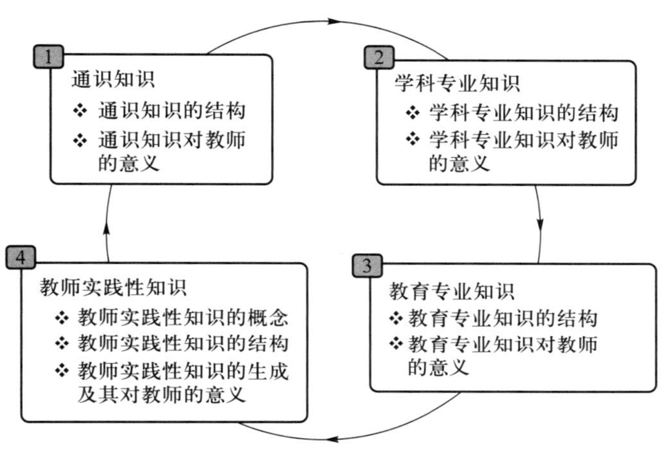

本章导入

特级教师李晓风访谈录①

记者：一名教师的成功涉及个人修养、生源质量等诸多复杂因素。作为名师，您认为在“素质”与“应试”两方面的双赢经验是否可以复制？

李晓风：专家们对中学历史教师现在的专业知识水平有一个评价，比较尖锐。比如，《历史教学》总编任先生说：“考试等各种制度的束缚，使中学教师视课本为雷池，不敢越出半步。久之成习，中学教师多数不关心学术发展”“即使自己常教的内容，研究方面有何变化也不问不理，史学研究的成果不能及时反映到历史教育中。”任先生这几句话极具震撼力，我完全同意。中学历史教师的知识水平、专业水平确实不容乐观，亟待提高。我们特别希望能改变这种现状。我认为，培养青年教师的根本在于提高他们的专业知识。这是练内功，内功不行，各种招数使出来都只是花拳绣腿。

从教以来，我用了许多时间和精力从事专业性的阅读和某些方面的学术思考，并以此为基础从事教学研究。事实证明，对历史理论问题的思考和相对丰富的历史学科专业知识，能够极大地促进教学研究的深入。

新课程比原来使用的教材难度大了。可能旧教材我们能教下来，如果不加强自

① 杜悦．专业知识水平决定教学的高度：中国人民大学附属中学特级历史教师李晓风访谈录[N]．中国教育报，2012－04－26(7)．

己的知识储备的话，新课程要教下来还真是很难。我曾给一些青年历史教师开过专业书目，在我看来，历史学科教师提高专业素养的途径，读书是最关键的，这也是由学科特点所决定的。

一位优秀的中学历史教师，应该是一位学识丰富和具有研究能力的人。优秀历史教师的专业知识水准，应该在很大程度上超越历史教师平均的专业知识水平，应该具有追踪历史学科学术动态的能力，具有一定的学术研究兴趣。因为只有这样，才能保证他的课具有独创性，能够起到启迪学生智慧和发展学生才识的作用，能够保证授课时逻辑清晰、严谨，能够吸引学生和得到普遍的好评。除了作为首要因素的专业水平以外，一个次要的方面，组织和表达教学内容的能力，对一位教师是否能够顺利地成长为优秀历史教师，也是具有一定程度的影响的。

多年来，我接触和指导了许多青年教师。我发现，大部分青年教师成长过程中的最大问题，是在大学毕业以后，就中断了系统的专业学习和知识更新，随着教学年头的增长，知识日益陈旧，知识面日益狭窄，只剩下与中学教材相关的知识。这种情况严重地制约了中学历史教学的水平，制约了素质教育目标的落实。比较理想的培养青年教师的方式，是促进他们有计划地进行一些专业知识的学习和研究。例如，与该教师的任教课程相对应，制订出相应学年的读书计划。在一学年中系统地读上 10 本专业性的著作，这应该是最低标准。

思考问题：

1. 李晓风老师认为："培养青年教师的根本在于提高他们的专业知识。"联系上下文，说明此处的"专业知识"是指什么？分析李老师的阐述，他非常看重此类知识的原因何在？

2. 教师"只剩下与中学教材相关的知识"，这种情况是怎样造成的？这可能对教学产生怎样的影响？

教师专业发展到底要发展什么？对此问题，一个毫无争议的回答是：首先要发展教师的专业知识。专业人员要胜任高度复杂而又有创造性的专业工作，提供专门性服务，就必须以掌握高度专门化的知识为前提。作为专业人员的教师，只有把自己的专业实践建立在专门化知识的基础之上，才能真正赢得人们的信赖和专业上的自主与权威。作为一名专业的教师，到底需要具备哪些专业知识？对这一至关重要的问题，许多学者进行了深入的分析。

【拓展阅读 3－1】

舒尔曼对教师专业知识的分析

舒尔曼在 1987 年的《哈佛教育评论》上发表了题为《知识和教学：新改革的基础》一文，提出一个合格的教师应该掌握 7 个方面的知识：

学科知识，即教师对执教学科的知识的掌握。要能教授一个学科，教师首先要通晓这个学科。

一般性教学知识，是指那些能够适用于各个具体学科的教师的教与学生的学的原则及技能，主要包括怎样能更有效地激发学生的学习动机，应该采用什么教学方法及策略，如何设计与实施测验等。

课程知识指教师对教学媒介、所教教材以及所教课程的教学计划的熟练掌握。具体包括教师所教课程的理论、教材、教师用书和手册以及必要的实验指导等相关的内容知识。

学科教学知识主要指教师所教学科的专门知识，是学科知识与一般性教学知识二者的特殊融合物。它是指导教师教授具体学科内容的一种特殊知识，比如教师为更好地让学生理解自己所讲授的内容而使用的举例、诠释、类比、示范、图解等。

学习者及其特点的知识，主要是关于教师所教学生身心发展状况及不同个性差异方面的各类知识。

教育环境的知识，主要包括学生所在的教室、校园以及社区等学习环境，也包括学生所在活动小组、班级、年级、家庭、社区与所在地域的文化特点的一种知识。

关于教育的目标、目的和价值及其哲学和历史基础的知识，这类知识主要是关于教育的目的、教育目标、教育价值以及与教育有关的哲学和历史背景方面的基础知识，即把教育哲学、教育学、心理学、历史学等社会学科聚合在一起的知识，此类知识有助于指导教师更为顺利地开展教学活动。①

在舒尔曼对教师专业知识的结构进行分析之后，又有许多学者参与到对教师专业知识结构的分析中来，表 3－1 列出的是一些较有影响的研究成果：

表 3－1 教师专业知识的结构

研究者	教师专业知识结构
叶澜②	教师的知识结构是多层复合的，主要有三层。 最基础层面：有关当代科学和人文两方面的基本知识，以及工具性学科的扎实基础和熟练运用的技能、技巧； 第二层：具备 1～2 门学科的专门性知识与技能，是教师胜任教学工作的基础性知识； 第三层：教育学科类知识，由帮助教师认识教育对象、教育教学活动和展开教育研究的专门知识构成。

① SHULMAN L. S. Knowledge and teaching: foundations of the new reform [J]. Harvard Educational Review, 1987, 57 (01): 1－22.

② 叶澜，白益民．教师角色与教师发展新探[M]．北京：教育科学出版社，2001：23－24.

续表

研究者	教师专业知识结构
格罗斯曼①	1. 一般教学法知识，包括与教学相关的一般性知识、信念与技能体系；关于学习和学习者的知识与信念；关于教学一般性原则方面的知识，如学科内容的学习时间、等候时间或小组教学、与课堂管理相关的知识和技能；以及关于教育目的和目标方面的知识与信念等。 2. 学科内容知识，不仅包括某一门学科领域的内容知识，还包括该门学科的实体结构与句法结构的知识。 3. 学科教学法知识，由四个核心部分构成：第一部分是对某一学科教学目的的理解和认识；第二部分是有关学生认识与理解某一具体学科主题情况的知识；第三部分是课程知识，它包括教授特定学科内容时可以用到的课程材料知识，以及关于某一学科的横向维度和纵向维度的课程知识；第四部分是教授特定主题的教学策略和展现方式的知识。 4. 情境性知识，包括关于学校情境的知识；关于对特定学生与特定社区的知识；对学生的背景、家庭、优缺点及兴趣爱好等的知识。
林崇德②	1. 本体性知识，指教师所具有的特定的学科知识，如语文知识，数学知识等。 2. 文化知识，为了实现教育的文化功能，教师除要有本体性知识以外，还要有广博的文化知识。 3. 实践性知识，指教师在面临实现有目的的行为中所具有的课堂情景知识以及与之相关的知识，或者更具体地说，这种知识是教师教学经验的积累。 4. 条件性知识，指教师所具有的教育学，心理学以及信息技术等知识。

从表 3－1 中可以看出，教师知识的结构是复杂的，研究者对教师知识结构的理解既有相对一致的共识，也存在一些分歧，综合而言，通识性知识、学科专业知识、教育专业知识、教师实践性知识获得较多的认可。

第一节　通识知识

通识知识也被称为文化知识，是教师在学科专业知识和教育专业知识之外自身所具备的深厚的文化基础和广阔的知识视野。

一、通识知识的结构

通识知识包括自然科学知识、社会科学知识、人文科学知识、艺术欣赏与表现的知识等。这些知识决定了教师作为人的整体素养，是教师有效开展教育教学工作的重要条件。

---

① 格罗斯曼．专业化的教师是怎样炼成的［M］．李广平，何晓芳，译．北京：人民教育出版社，2012：6－10.

② 林崇德．教育的智慧［M］．杭州：浙江教育出版社，2019：27－30.

二、通识知识对教师的意义

教师具备了广博的知识储备,就能够满足每个学生多方面的探究兴趣和多方面发展的需要;帮助学生了解丰富多彩的客观世界;帮助自己更好地理解所教学科知识;帮助自己更好地理解教育学科知识,如学习教育哲学就需要思维哲学、伦理学、社会哲学、认识论等学科的知识基础;提高在学生和家长中的威信,教师知识越多,他在家长及学生心目中的威信和信誉就越高。[①] 就教学而言,教师只有成为博览群书、涉猎广泛的饱学之士,"才有可能口含灵珠,游刃有余,讲起课来纵横捭阖,左右逢源,随手拈来,旁征博引,妙趣横生,见地别具,吐语不凡,从而给学生带来一路春风,使其如同进入一个辽阔、纯净甚至可以嗅到芬芳的知识王国,令学生流连忘返,全身心的陶醉。"[②]

在教育史上,美国教育家科南特非常强调通识知识对于教师的重要性。科南特秉持"良师必学者"的思想[③],主张"未来教师的普通教育应该是广博的文理科目学术性教育",其"目的在于发展有关一般文理科目领域的学力,使教师在同这些领域的任何一门专任教师的同事谈话时具有一定的信心。不论对小学教师还是中学教师来说,这种程度的学力信心都是必要的,即使小学教师直接关心的是算术或比较简单的科学或社会科学,他也应该知道在前面的道路究竟是什么"[④]。

广博的文化科学知识、深切的人文关怀、严谨的科学精神是教师的基本素质,是教师有效开展教育教学工作的重要条件。教师应努力做到季羡林先生提出的"三个贯通",即中西贯通、古今贯通、文理贯通,使自己的文化底蕴基座就像金字塔的底座那样,非常宽厚,非常坚实。[⑤] 教师即使做不到"三个贯通",也要力求做到"学科间知识的通联"。能够进行跨学科教学,这是教师占有丰富的通识知识的一个标志。教师在教学中如能以所教学科知识为核心,其他学科的知识作为辅助,将文-文、文-理、理-理学科关联起来,将会使教学更丰满、更精彩。以下就是一个教师凭借丰富的通识知识,打通学科界限进行教学的实例:

教育实例 3-1

学科间知识的通联

物理教师在讲述楞次定律时,可以联系化学中的勒沙特列原理——如果改变影响化学平衡的一个条件(如浓度、压强或温度),平衡就会向着能够减弱这种改变的方向移动。这两个定律在行为本质上具有一致性——负反馈调节。还可以引入老子在《道德经》里的一段话,"天之道其犹张弓与。高者抑之,下者举之。有余者损之,

---

① 教育部师范教育司. 教师专业化的理论与实践[M]. 北京:人民教育出版社,2003:57-58.

② 余文森,连榕. 教师专业发展[M]. 福州:福建教育出版社,2007:135.

③ 马骥雄. 战后美国教育研究[M]. 南昌:江西教育出版社,1991:183-186.

④ 科南特. 科南特教育论著选[M]. 陈友松,译. 北京:人民教育出版社,1988:249.

⑤ 裴跃进. 教师品质概论[M]. 北京:北京师范大学出版社,2015:31.

不足者补之。天之道，损有余而补不足”。让学生感悟自然之法则——“损有余而补不足”，楞次定律和勒沙特列原理不过是其在物理与化学中的具体表现。[①]

【拓展阅读 3 -2】

魏勇：作为杂家的历史教师

知名历史教师魏勇在《历史教师的知识结构》一文中提出，要教好历史课，单单只有历史专业知识是不够的。要通过历史教育向学生传递生存智慧，就需要历史教师具有宽阔的知识面、良好的知识结构，历史教师“千万不要把自己仅仅当作历史教师”[②]。历史教师的知识“越杂越好”，在杂乱的知识结构中，它至少应该有史学、哲学、经济学和文学几个支撑点。

1. 关于经济学

谈到经济学，不能不提到古典经济学和现代经济学的两个代表人物，亚当·斯密和凯恩斯，亚当·斯密的《国富论》中提到的“无形之手”，一下让人明白了计划经济的弊病。而凯恩斯在《就业、利息、货币通论》中针对古典经济学的弊端而提出的国家干预经济，刺激有效需求，以实现充分就业和经济增长的理论和政策，在讲罗斯福新政及二战后西方国家的经济政策时，给予了我莫大的帮助。

2. 关于哲学

我读过萨特、叔本华、尼采、黑格尔等，但我头脑里没有一个完整的哲学体系，只有一些思考问题的方法以及对其所在民族文化传统的进一步了解。比如：叔本华的权力意志和尼采的超人哲学，让我理解了法西斯在德国的建立不是偶然的，一个国家的传统文化在很大程度上会决定一个国家的发展走向。

当我们在历史课中讨论克伦威尔违背司法程序通过恐吓迫使下院判决查理一世死刑时，我们意识到这个结果减少了英国再度发生内战的可能性，但审判过程却是违背良知的，怎么评价这一事件？如果我们不引入政治哲学，根本就无法厘清这个问题：实质正义和程序正义何者优先？只有引入边沁和密尔的结果主义（即功利主义）哲学观，才能够帮助我们理解克伦威尔追求实质正义优先的行为。同时，只有引入康德的绝对主义理论，即人类追求任何目的的过程中有一些绝对价值是不能违背的，比如服从良心，否则，即使结果正确，也应该被谴责，如此我们才能够理解程序正义优先于实质正义的必要性。[③]

3. 关于文学

历来有句俗话：“文史不分家。”在中学历史教学中，一定的文学修养可以让你如虎添翼，使你的表达更精彩、课堂更生动。许多文学书籍往往能跟历史相互佐证，并引出在孤立地学习历史时无法想到或想到了却不能回答的问题，比如雨果

---

① 赵希斌．魅力课堂：高效与有趣的教学［M］．上海：华东师范大学出版社，2013：101.

② 魏勇．用思想点燃课堂：历史教师魏勇的教育教学［M］．桂林：漓江出版社，2008：185.

③ 魏勇．教师的力量［M］．北京：中国人民大学出版社，2016：33.

的《九三年》反映了革命的两重性：建设性和破坏性，尤其反映出对人性的破坏简直触目惊心的现实，很自然地会让人对革命抱有一种谨慎态度。法国大革命为什么会直线式地深入？在非常时期，人性的价值何在？这就是文学提出了而历史提不出的问题，在学习法国大革命后，若不能提出并反思这样的问题，那么学习法国大革命就失去了大部分的价值。对历史的阐释，有时文学比历史文献更加出色。[①]

第二节　学科专业知识

所谓学科专业知识，又称内容知识或本体性知识，指教师所具有的自己任教学科的专业知识，如语文知识、数学知识等。如果一位教师根本没有掌握一定的数学知识却偏要教他人学习数学，这是很荒唐的。学科专业知识是教师能够执教特定学科的前提。

一、学科专业知识的结构

在所执教的学科领域，教师必须是“专家”，有深厚的学科素养。教师的学科专业知识主要包括两个层次：一是具体的学科知识，二是学科思想方法。

（一）具体的学科知识

具体的学科知识主要指该学科涉及的事实、历史、数据、符号、概念、规则、技能、方法、原理和公式等，这些知识通常会被系统地编纂到教科书中。对于教师来说，自己所掌握的具体学科知识不仅要“宽”“深”，还要有清晰的结构，教育实例 3－2 所示就是一位生物教师建构的生物学科知识框架。

（二）学科思想方法

在所有的学科教材中，都贯穿着两条线，一条是具体学科知识（明线），另一条是学科思想方法（暗线）。具体学科知识是学科思想方法的载体，学科思想方法是对具体学科知识的提炼，它渗透在具体学科知识的掌握和运用中，并统摄着具体学科知识。日本数学家米山国藏说：“作为知识的数学出校门不到两年就忘了，唯有深深铭记在头脑中的数学的精神、数学的思想、研究的方法和着眼点等，这些随时随地发生作用，使人终身受益。”[②]这段话中的“精神”“思想”“方法和着眼点”等内容，就是数学思想方法。在我们看来，小学数学的具体学科知识是浅易的，但是这些浅易的知识背后却隐藏着高深的数学思想方法。有学者将小学数学的基本思想概括为“抽象思想”“推理思想”和“模型思想”三种，这三种基本思想又可以细分为函数思想、转化思想、极限思想、数形结合思想、符号化思想、抽象思想、方程思想、集合思想等二十余种。[③]

① 魏勇．用思想点燃课堂：历史教师魏勇的教育教学［M］．桂林：漓江出版社，2008：185－187.

② 赵希斌．魅力课堂：高效与有趣的教学［M］．上海：华东师范大学出版社，2013：2.

③ 王永春．小学数学与数学思想方法［M］．上海：华东师范大学出版社，2014：3.

教育实例 3-2

生物学科“血液循环系统”一节的学科知识框架[①]

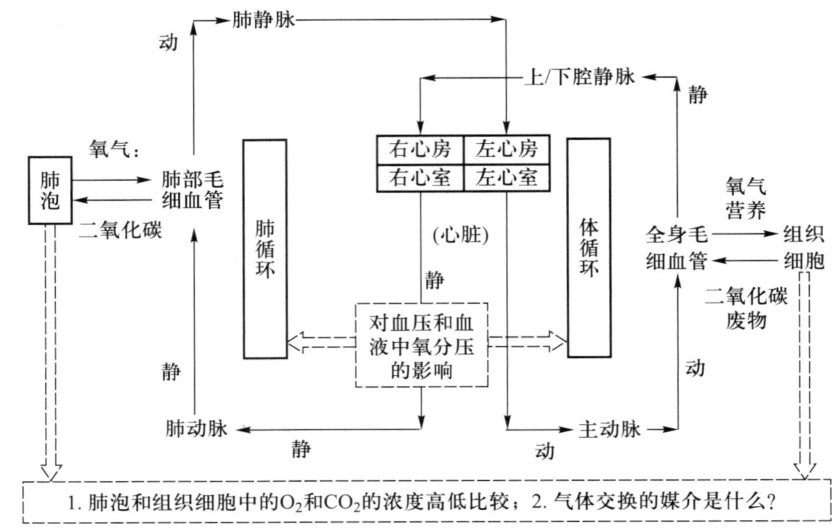

思考交流 3-1

结合下图回顾一下小学数学课上是怎样推导圆的面积公式的，并说明在推导过程中函数思想、模型思想、极限思想和转化思想是怎样体现出来的。

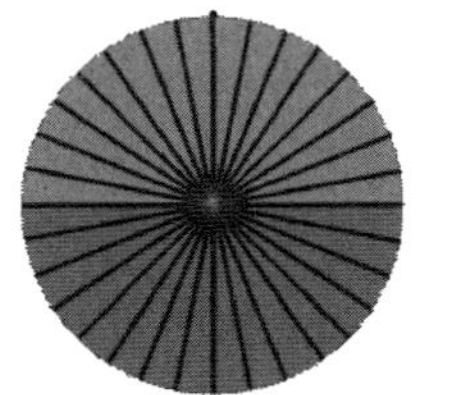

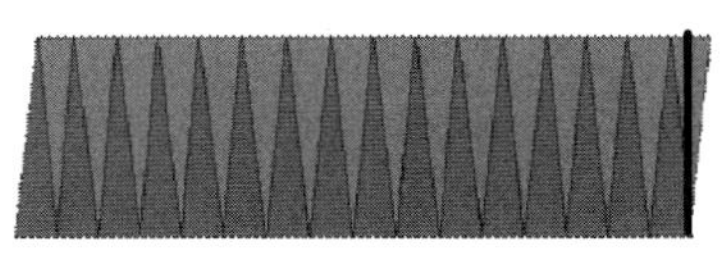

二、学科专业知识对教师的意义

思考交流 3-2

一个学生的解析几何学不好，很着急，找王金战老师辅导。王老师说：我给你做

① 程明．中学生物教学中“问题串—概念图”策略的研究[D]．苏州：苏州大学，2011：18.

三个题目，这三个题目只要一做完，保准你的解析几何就没有问题了。[①] 王金战老师为何如此“神奇”？

不管一个人在促进学生学习上具有多么好的技巧，但其教学质量在相当大的程度上仍依赖于其对该学科的充分理解，这样才能选择适当的学习材料，设计出与学科特性不相抵触的教学计划来。[②] 教师必须对自己所教科目的专业知识有着透彻而全面的掌握，要成为所教学科的专家。学科专业知识对教师的重要性，主要体现在以下六点。

第一，所教学科的专业知识水平高低直接影响教师的威信和形象。一个学科知识不足的教师，很难赢得学生的信任和尊重，而那些在学生心中有专业威望的教师，多是依靠其卓越的学科专业知识确立起自己的专业威望的。

教育实例 3－3

学科知识不足将降低教师的威望

学生都喜欢漂亮的老师，一听说她教我们班的物理，我们都暗自高兴了一阵。一天，她教“作用力与反作用力”一章，讲到桥面对桥墩有作用力，同时桥墩对桥面也有一反作用力时，我们当时怎么也不明白下面的桥墩怎么会对上面的桥面有反作用力，于是我们就和她争论起来。我清楚地记得，女教师那雪白的脸急得满脸通红，但就是讲不明反作用力来自何方。我们这一帮争强好胜的少年就吵着嚷着到学校教导处，要求教导主任换一位有真才实学的老师教我们物理……[③]

第二，在教学过程中，教师对学科知识的掌握水平会影响教师对自己教授内容的选择。教师通常会强调比较熟悉的知识，而避免或不强调那些不熟悉的知识领域。

第三，学科知识会影响教师的教学方式。教师除非对自己所教的内容感到非常有把握，否则都会倾向于采用保守的、权威式的教学方式，即按照预先的设计进行教学，尽量避免学生提问，减少与学生的对话，课堂教学具有较强的灌输特征。学科知识深厚的教师，在教学中会更有信心，他们会鼓励学生进行探究，组织学生进行广泛地讨论，他们也有能力做到在讲解和回答学生问题时，恰到好处地运用例证、类比和联系等手段加以说明。[④]

第四，学科知识会影响教师对教科书的使用。有研究表明，学科知识贫乏的教师会严格地按照教科书来组织教学内容，[⑤]而学科知识丰富的教师对教科书的依赖性不高，他们会对教科书进行整合、扩展、删减和调整，使之更好地服务于自己的教学和

---

① 王金战，隋永双．英才是怎样造就的[M]．重庆：重庆出版社，2006：77.

② 格罗斯曼．专业化的教师是怎样炼成的[M]．李广平，何晓芳，译．北京：人民教育出版社，2012：7.

③ 孙双金．孙双金与情智教育[M]．北京：北京师范大学出版社，2006：1－2.

④ 海格．向经验教师学习指南[M]．马晓梅，张昔阳，译．上海：华东师范大学出版社，2009：3－4.

⑤ 刘义兵．教师专业发展[M]．北京：高等教育出版社，2017：61.

学生的学习。

第五，教师的学科知识状况会影响到学生的学业成绩。杜威认为："当教师所理解的教学材料是充满活力的、丰富的和广泛的，那么儿童所接受的材料也是如此；教师所理解的教学材料是机械的、肤浅的和受限制的，相应地儿童的认识就会是有限的和歪曲的。"[①]已有研究证实：在数学测验中分数高的教师，其所教的学生与分数低的教师所教的学生比较，前者在数学成就测验中取得了更高的分数；主修数学的教师和不主修数学的教师，他们所教学生的数学测验成绩有明显的差异。[②]

第六，学科知识会影响教师课堂提问和教学评价的水平。对于不熟悉的教材领域，教师通常会比较少提问题，或是提出认知层次较低的问题；反之，在自己较熟悉的教材领域，教师会询问一些层级较高或较难回答的问题。在进行教学评价时，学科知识丰富的教师往往能够设计一些理解性、综合性的习题来考察学生的学习情况，而学科知识欠缺的教师则偏向于设计一些识记性的习题。

【拓展阅读3－3】

苏霍姆林斯基：教师必须掌握丰富、新颖的学科专业知识

苏霍姆林斯基非常强调教师应掌握更广泛的学科专业知识，他说："在你的科学知识的海洋里，你所教给学生的教科书里的那点基础知识，应当是沧海一粟。"[③]"教师知道的东西必须是他在课上讲授的东西的10倍、20倍。只有这样，教师才能对教材运用自如，才能在课堂上从大量事实中选取最本质的东西来加以说明。"[④]苏霍姆林斯基还认为："教师的知识越丰富，他就越能经常而又巧妙地开阔学生的科学视野，学生就会表现出越强烈的探索志趣和求知愿望，他们的问题和质疑之处就越多，提问就提得越有头脑、越有趣、难度也越大，这些问题反过来又促使我们教师去思索，去读书。"[⑤]苏霍姆林斯基还主张，教师应掌握具有前沿性的学科专业知识，"精通他所教的科目据以建立的那门科学，热爱那门科学，并了解它的发展情况——最新的发现，正在进行的研究以及最近取得的成果。"[⑥]苏霍姆林斯基强调，丰富的学科专业知识能使教师在教学时将更多注意力放在学生的思考和反应上，他说："有几节课上，教师的讲解语言，好像是非常痛苦地挤出来的，而学生并不是在追随老师的思路，倒是在看他如何搜索枯肠地

---

① 史密斯，尼姆塞尔，麦金太尔．教师教育研究手册：变革世界中的永恒问题：第3版：上卷[M]．范国睿，等译．上海：华东师范大学出版社，2017：422.

② 赵勇，拉斯提克，杨文中．好学校 好学生：美国优质教育之借鉴[M]．上海：华东师范大学出版社，2006：13.

③ 苏霍姆林斯基．给教师的建议：下[M]．北京：教育科学出版社，1981：81－87.

④ 苏霍姆林斯基．苏霍姆林斯基选集：第3卷 公民的诞生[M]．黄之瑞，等译．北京：教育科学出版社，2001：565.

⑤ 苏霍姆林斯基．苏霍姆林斯基选集：第4卷 帕夫雷什中学[M]．蔡汀，译．北京：教育科学出版社，2001：71.

⑥ 苏霍姆林斯基．帕夫雷什中学[M]．北京：教育科学出版社，1983：44.

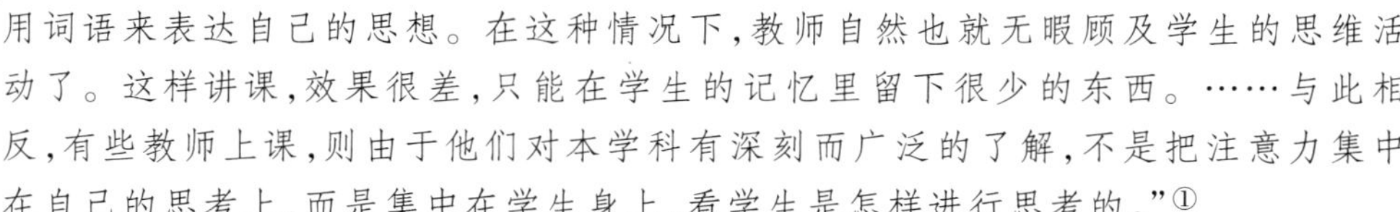
用词语来表达自己的思想。在这种情况下，教师自然也就无暇顾及学生的思维活动了。这样讲课，效果很差，只能在学生的记忆里留下很少的东西。……与此相反，有些教师上课，则由于他们对本学科有深刻而广泛的了解，不是把注意力集中在自己的思考上，而是集中在学生身上，看学生是怎样进行思考的。”①

第三节　教育专业知识

教育专业知识是指能够将教育领域内的“专业人士”与教育领域外的“非专业人士”相区别开来的教育理论方面的知识，它解决的是“如何教”的问题，是教师从事教育教学工作的理论依据，也是教师将教育教学工作由经验水平提升到科学水平的重要前提。

一、教育专业知识的结构

（一）教育学基础知识

在职前教师教育中，教育学基础知识通常被编纂到“公共教育学”“教育哲学”“教育史”“课程论”“教学论”“德育论”“班级管理学”“学科教学法”等课程中，其涉及的主题包括教育的本质、目的、内容、组织、历史、方法等方面。

（二）关于心理学的知识

心理学在教学中有重要的基础地位。② 教师应该对教育的对象——学生的心理有准确、透彻的理解，从而保证自己的教育教学活动可以适应教育对象的特征。在职前教师教育中，关于心理学的知识通常被编纂到“心理学基础”“教育心理学”“发展心理学”和“学习心理学”等课程中。

【拓展阅读 3－4】

教育心理学的作用：帮助教师摆脱不可靠的“常识”的支配③

教育心理学与教学从一开始就是密不可分的。教育心理学家们研究学习和教学，并努力改善教育实践。为了更好地理解学习和教学，教育心理学家们探索了教育提供者（如教师、家长或电脑）、教学内容（如数学、编织技术或舞蹈）、受教育者（如单个学生或一个团队）、教学环境（如教室、剧场或者健身房）之间的相互作用。教育心理学家还研究了儿童和青少年学生的发展，关注学生的学习和动机激发，包括学生是如何学习阅读或数学等不同学科的、社会文化因素对学习的影响、教师的教学风格、各种评估方式（如测验）等主题。

---

① 苏霍姆林斯基．苏霍姆林斯基选集：第 4 卷［M］．北京：教育科学出版社，2001：866－867.

② 巴克勒，卡斯尔．写给教师的心理学［M］．张浩，郝杰，译．上海：华东师范大学出版社，2016：序言 5.

③ 伍尔福克．伍尔福克教育心理学［M］．伍新春，译．北京：中国人民大学出版社，2012：6－7.

很多时候，教育心理学家们花费了大量时间和经费进行研究，得出了很多教学原理，但这些原理看起来似乎都是显而易见的常识，因此人们常常会说："这些我们都知道！"事实是否都是如此？请看看下面的例子。

在小学低年级的阅读课上，教师应该如何选择学生来朗读呢？

常识性的答案：教师应该随机点名，这样才能保证每个学生都认真听课。如果教师总是按相同的点名顺序让学生回答问题，学生就知道什么时候该轮到自己了。

基于研究的答案：1977年，奥格登、布罗菲和埃弗森的研究结果发现，这个问题并没有这么简单。例如，在小学一年级的课堂上，让每个学生按顺序轮流朗读就比随机点名的效果要好。按顺序朗读的关键因素在于，这种方式能为每个学生提供同样的参与机会。如果没有一定的顺序，有的学生就可能会被重复点名很多次，而有的学生则会被漏掉。研究表明，在朗读课中轮流朗读未必是最有效的方式，但无论使用哪种方法，教师都应该确保每个学生都有参与的机会，并给予及时的反馈。

思考交流 3－3

请举出若干个心理学知识帮助你更好地了解学生、优化教育行为的实例。在你看来，哪些方面的心理学知识对于你从事教育工作最有价值？

二、教育专业知识对教师的意义

在教育史上，着手构建教育科学的理论体系，为教师专业奠定知识基础的伟大教育家赫尔巴特高度重视教育理论的价值。在赫尔巴特看来，没有教育理论指导的教育实践是盲目的、不精确的、非理性的，而教育理论的应用，会使教师的工作更有"把握性和精确性"，并消除教师实践中的"绝大部分的心血来潮"。[①] 赫尔巴特明确提出，"我曾要求教育者懂得科学，具有思考力。我不把科学视为一副眼镜，而把它看作一双眼睛，而且是一双人们可以用来观察各种事物的最好的眼睛。"[②]

【拓展阅读3－5】

杜威论教育专业知识对教师的意义

为什么教师要熟悉心理学、教育史和各科教学法？这主要有两个原因：一个理由是，他能凭借这类知识观察学生的反应，迅速而准确地解释学生的言行，否则，可能察觉不出来；另一个理由是，这些知识是别人用过而又有成效的方法，在需要的时候，他就能够凭借这些知识给儿童以适当的指导。[③]

① 彭正梅，本纳．赫尔巴特教育论著精选[M]．李其龙，等译．杭州：浙江教育出版社，2011：7.

② 彭正梅，本纳．赫尔巴特教育论著精选[M]．李其龙，等译．杭州：浙江教育出版社，2011：26.

③ 杜威．我们怎样思维·经验与教育[M]．姜文闵，译．2版．北京：人民教育出版社，2005：224.

教育专业知识的重要性主要体现在：

（一）确立教师的专业地位

彼得斯指出："教师要想在多嘴而又聪明的家长面前，在指示着他做这做那的各种'专家'面前坚持自己的主张，单靠经验、常识和休息室里的泛泛而谈已经远远不够了。……（教育理论）对于教师，已像解剖学和生理学对于医生那样重要了。教育已日益成为一项为公众所关心、所监督的事业。教师只有对这些辅助他们完成任务的科学非常熟悉，才有希望使自己的职业在社会上保持某种权威性。"[①]

（二）帮助教师摆脱经验循环，使经验上升为更加一般性的个人理论

［拓展阅读］理论知识的作用

教师的现场实践固然可以帮助教师获得许多实用性的知识与技能，但如果缺乏教育理论的提升，那么这些现场经验很可能只是帮助教师复制当前的教学，这必然使教师工作倾向于因循传统而少有创新，教师的教学也可能流于"天真""质朴"而缺乏专业性。[②] 学习教育专业知识能够促进教师对个人经验的思考，并通过反思形成个性化的理论。

（三）为教师做出专业判断提供学理依据

教师在教育实践中，经常要根据自己所面对的情境和问题做出判断，选择合适的应对方式。在缺乏教育专业知识支持的情况下，教师的心智思考会受到很大限制，由于教师的"心智简单性"，因此常常会对实践中面临的复杂问题进行简单化的理解，易使教育实践诉诸教师的经验和直觉。教育专业知识能赋予教师一种"认知框架"，可以帮助教师对问题和情境进行审视和观察，形成更为合宜的应对之策。

（四）为教师评估和反思自身教学提供依据

近些年来，教师反思对于教师专业成长的价值获得广泛认同，然而在现实中，很多教师在试图开展教学反思时却发现，自己在反思的过程中可能跳脱不出既有的认知框架，发现不了自身实践存在的问题；即便发现了问题，自己也想不出一个新的替代性方案。这些情况的出现与教师自身的教育专业知识贫乏有很大关系，掌握一定的教育专业知识能够为教师在开展教育实践之后进行反思提供线索和依据。

总之，教育专业知识虽然没有直接告诉教师应该如何行动，但是它却阐发了教育实践所隐含的深层逻辑关系，借助于教育专业知识，教师可以在教育的实践情境中对于应该做什么做出明智而谨慎的判断，避免对教育实践进行过于简单化的理解。教育专业知识也能够帮助教师对自己在课堂教学中的教育判断、信念、价值或行动本身进行批判性反思，使教育实践成为一种在理论观照下的实践。教育专业知识的目的在于培养教师的实践智慧，帮助教育实践者发现他们最根本的价值观，它能够为教师提供一种精神的引导，一种判断的凭借，一种看问题的视野，它致力于教师实践"道"的提升，而非"术"的纯熟。一位透彻理解了建构主义理论的教师，他在看待教育教学问题时，将会有意无意地从经验、情境、对话、建构等视角出发；而从未接触过这一

---

① 瞿葆奎．教育学文集·教育与教育学［M］．北京：人民教育出版社，1993：424－425.

② MURRAY F. B. The teacher educator's handbook：building a knowledge base for the preparation of teachers［M］. San Francisco：Jossey－Bass，1996：3－6.

理论的教师，其教育实践则可能更多地被习俗、常识所束缚，甚至“跟着感觉走”，几乎没有超越的可能。①

在现实的教育情境中，很多教师对教育专业知识的价值持怀疑态度，当然也有很多教育研究者会为教育专业知识进行辩护。例如，库珀就认为，一些教师之所以感觉教育专业知识没有用处，主要原因在于他们没有真正理解、内化这些知识。

【拓展阅读3－6】

教师需要真正掌握教育理论②

“强化”是一个源于心理学并且对教师产生巨大影响的理论概念。从教育心理学课程中，大多数教师知道，一种行为如果被强化，将被增强甚至可能重复出现。然而，同样是这些教师，他们经常把引起全班注意作为回应学生捣乱的方式。如果学生捣乱是希望得到关注，教师的回应方式就强化了学生的错误行为。所以当学生一再调皮的时候，教师就不理解其中的原因究竟是什么。尽管教师可能已经在知识层面上理解了强化的含义，但是这种理解并不等于内化或掌握这个概念。教师能够在具体情境中运用概念才意味着真正掌握了概念。

思考交流 3－4

关于教育专业知识的价值，人们的看法不尽相同，下面两段材料呈现的是两种截然对立的观点，请对两种观点进行评论，并阐明你的看法。

材料1：教育家林玉体说：“理论最具实用性，只要透彻了解思想的意涵，融会贯通，配以思考力的活泼，教育理论就可以在实际教学中活用无穷，绝不会局限于机械式的方法操作。轻视理论者，一方面可能是疏懒习惯所造成，一方面却可能受限于自身的资质。”③

材料2：一位新手教师说：“大学里学的东西对我现在一点用都没有；我学的所有的教育理论都是来自教育学、心理学这两门课程，但现在全忘记了；我学了很多理论，但是来到这里我发现那些都用不上，书上说的跟现实中的有偏差。”④

第四节　教师实践性知识

1980年，以色列学者弗莉玛·艾尔贝兹首次提出“教师实践性知识”的概念，这

① 周成海．教师教育范式论［M］．长春：东北师范大学出版社，2008：33.

② 库珀．如何成为反思型教师［M］．赵萍，郑丹丹，译．北京：中国人民大学出版社，2018：3.

③ 林玉体．西方教育思想史［M］．北京：九州出版社，2006：666.

④ 王红艳．新手教师在学校实践共同体中的学习［M］．重庆：重庆大学出版社，2012：183.

一概念随后成为教师教育研究的一个热点，并指引着诸多教师教育改革项目的设计与实施。

一、教师实践性知识的概念

艾尔贝兹认为，教师在教学时所运用的知识通常不完全等于理论知识，而是融合了个人教学信念、价值观、过去教育与生活的经验以及专业理论知识的一种综合性知识，这种以教学情境为取向的知识即为教师实践性知识。①

姜美玲认为，“教师实践性知识是指教师在具体的日常教育教学实践情境中，通过体验沉思、感悟等方式来发现和洞察自身的实践和经验之中的意蕴，并融合自身的生活经验以及个人所赋予的经验意义，逐渐积累而成地运用于教育教学实践中的知识以及对教育教学的认识，它实质地主导着教师的教育教学行为，有助于教师重构过去经验与未来计划以至于把握现时行动。”②

陈向明教授将教师知识按照形态分成理论性知识和实践性知识两大类。理论性知识是被学术系统建构出来的知识，这已经在学界获得了共识，它们大都处于外显状态，能够通过概念、语言和命题来表达，具有清晰、抽象、去情境化、稳定等特征。实践性知识是“教师对自己的教育教学经验进行反思和提炼后形成的，并通过自己的行动做出来的对教育教学的认识”。③ 具体如图 3－2 所示。

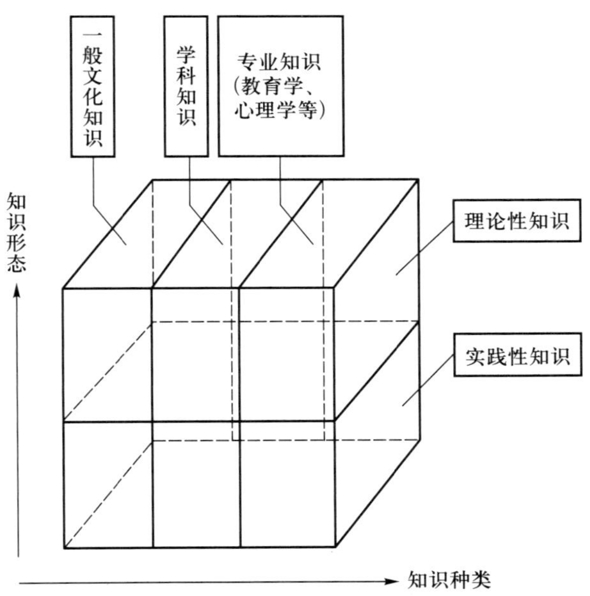

图 3－2　教师知识的形态与种类

① ELBAZ F. Teacher thinking: a study of practical knowledge[M]. N. Y.: Nichols, 1983: 67.

② 姜美玲．教师实践性知识研究[M]．上海：华东师范大学出版社，2008：91.

③ 陈向明．搭建实践与理论之桥：教师实践性知识研究[M]．北京：教育科学出版社，2011：230－233.

总而言之,“教师实践性知识”是教师基于个人经验、既有认知图式、理论研究成果等建构出来的实用性知识,其特征包括:(1) 它是教师个人全部生活体验和教学经验的体现,饱含着教师个体的主观经验、热情、情感、信念与价值观等,具有鲜明的个性化色彩;(2) 它具有实践性,是在实践中建构(in practice),关于实践(on practice)且指向实践(for practice)的知识;(3) 它是基于经验的和对经验的反思,它来源于教学经验,并通过教学经验得到发展;(4) 它主要是默会性的,教师通常不习惯于清楚地表达他们的知识;(5) 它是与内容相关的,与教师所教的学科紧密相关。

教育实例 3-4

一位教师的实践性知识

高中学生语文学习的被动状况在吴老师的班上普遍存在,这与吴老师对语文教学的愿景形成强烈反差。直到有一次,吴老师发现课外推荐的阅读材料《中国近代史》却激发了学生的兴趣,而且学生在课堂上的讨论欲罢不能。这促使吴老师回到自身语文学习的经验并意识到,自己对语文的美好体验也是源于那些贴近生活的文本素材,例如历史传记、人物小说,而非教材大纲的读写要求。如果学生对文本感兴趣,就会展开对话;对话能激活思考,学生就有了思想;有思想,写作就成为水到渠成的事情。为此,吴老师大胆地对传统语文课堂教学进行改革,以学生感兴趣的“专题”为组织形式。每个专题分为自读原著、课堂研读参考资料、课堂研讨和论文写作四个阶段,将语文与生活联系了起来。①

思考交流 3-5

对专业教师应具备的知识结构的理解,会直接影响职前、职后的教师专业发展活动。例如,由于对学科专业知识和教育专业知识的地位的不同看法,导致了“学术性”与“师范性”之争,并直接影响到教师培养机构的课程安排。试分析如果教师的实践性知识被视为教师知识结构的重要组成部分,那么职前、职后的教师专业发展活动将会呈现出哪些新特征?

二、教师实践性知识的结构

关于教师实践性知识的结构,一些学者进行过研究,表 3-2 列出的是三位研究者对教师实践知识构成要素的研究结论。

---

① 魏戈,陈向明. 主体性的浮现:教师实践性知识的教育性意义[J]. 教育学报,2019,15(04):72-79.

表3-2 教师实践知识的构成要素

研究者	教师实践性知识的构成
艾尔贝兹[①]	1. 关于自我的知识;2. 关于环境的知识;3. 学科内容知识;4. 课程知识;5. 教学知识
姜美玲[②]	1. 学科内容知识;2. 学科教学法知识;3. 一般教学法知识;4. 课程知识;5. 教师自我知识
陈向明[③]	1. 教师关于自我的知识;2. 教师关于科目的知识;3. 教师关于学生的知识;4. 教师关于教育情境的知识;5. 教师关于教育本质的信念

综合各种学者的意见后,本书认为教师实践性知识可划分为以下三种基本类型。[④]

(一)教师关于自我的知识

教育工作需要教师将自己整个人投入其中——他们的自我认同、对自身角色的认识、他们带进教学的个人背景知识、他们的价值观和教育理念,等等。这些知识潜在地支撑着教师的教育实践,我们可将这部分实践性知识命名为"教师关于自我的知识"。教师关于自我的知识涉及教师对一系列问题的回答,如:我作为教师的使命与目标是什么?我秉持怎样的个人哲学?我的弱点和优势何在?我的人格特质是怎样的?等等。教师关于自我的知识会强烈地影响其实践,举例来说,一位认为自己是"知识搬运工"的教师,与另一位志在"做学生精神导师"的教师相比,他们在教学方式、工作态度等方面,都会有较大差异。

【拓展阅读3-7】

一位语文教师对自身角色的认知[⑤]

我认为自己是一个课堂学习的组织者、学生学习的促进者、学习方法的引导者、疑难问题解决的帮助者,因为语文学习和其他学科有不同之处,学生对文本的体会感悟与学生的成长环境、个人经历、思想观念、价位取向等有很大的关系,不是老师教给一个公式或一个套路就可以的,也不是老师的个人体验感悟或他人的体验感悟所能代替的,所以作为语文教师,我觉得一定要懂得如何去激发学生的阅读兴趣,尊重学生的个人体验和感悟,在这个过程中,多提供给学生几种思考问题的角度,在逐步引导的过程中使学生看待问题的视野更有广度和深度。

---

① 姜美玲. 教师实践性知识研究[M]. 上海:华东师范大学出版社,2008:49.

② 姜美玲. 教师实践性知识研究[M]. 上海:华东师范大学出版社,2008:104-145.

③ 陈向明. 搭建实践与理论之桥:教师实践性知识研究[M]. 北京:教育科学出版社,2010:76-111.

④ 陈向明. 对教师实践性知识构成要素的探讨[J]. 教育研究,2009,30(10):66-73.

⑤ 姜美玲. 课程改革情境中的教师信念与教学实践:对一位高中语文教师的叙事探究[J]. 教育发展研究,2005(7B):91-99.

（二）学科教学法知识

20 世纪 80 年代，美国著名学者舒尔曼首次提出学科教学知识的概念。舒尔曼对学科教学知识进行了解释，他认为学科教学知识是“一种特殊形式的内容知识，包括学科内容如何达到最可教的水平……如何使用最有用的表征形式……如何使用最有力的类比、说明、举例、解释和示例——总而言之，学科教学知识就是把学科知识转化为易于他人理解的知识”。[①] 格罗斯曼进一步分析了学科教学知识的四个核心部分。[②]

第一部分是对某一学科教学目的的理解和认识……例如，杰克将文学教学的目的看作教会学生对文学作品各部分进行精细分析的技巧，而斯蒂文则将文学教学的目的定义为帮助学生在作品与自身生活之间建立联系，这两种观点体现了对文学教学的不同理解。

第二部分是有关学生认识与理解某一具体学科主题情况的知识。为了更好地解释和展现教学内容，教师必须拥有一些关于学生对这一主题已经知道多少，以及他们可能会对什么感到困惑等方面的认识。

第三部分是课程知识，它包括教授特定学科内容时可以用到的课程材料知识，以及关于某一学科的横向维度和纵向维度的课程知识。例如，英语教师在教学时就要运用他们有关九年级常选用哪些书和选用哪些主题的知识，以及怎样把九年级课程中的各种线索组织起来的知识，英语教师还要用到他们关于学生在过去已经学习了什么和以后还可能学习些什么的知识。

第四部分是教授特定主题的教学策略和展现方式的知识。有经验的教师针对某一教学主题可能拥有丰富的比喻、实验、活动或解释等特别有效的策略和技巧，而初任教师则仍处在形成教学策略和展现方式的过程中。

概而言之，学科教学知识就是将一般教学法知识、学科知识、学生知识、教学情境知识等多种知识进行融合后，综合形成的一种教师在学科教学中体现出来的实践性知识。在实践中，教师拥有的学科教学知识支撑着教师在教育过程中的判断与选择，监控着教师教育行为的全过程，使教师教学活动的每一个决策、行动、调整都具有专业性、教育性。“对于教师来说，要将他们所教授的学科以一种个人的方式进行调和并与学生进行个性化的接触，这是一个伟大的挑战。”[③]学科教学知识，就是帮助教师迎接这一“伟大挑战”的重要武器。

学科教学知识是教师实践性知识的核心部分。它既是教师特有的、影响教师专业成长的关键因素，也是学科教师区别于其他学科专家、教育研究者的根本特征。[④]举例来说，数学教师不同于数学家，数学家的数学知识是从学术或研究的角度组织起来的，而数学教师的数学知识则是从教学的角度组织起来的，他们关注的是如何利用

---

① 舒尔曼. 实践智慧：论教学、学习与学会教学[M]. 王艳玲，等译. 上海：华东师范大学出版社，2014：前言 13.

② 格罗斯曼. 专业化的教师是怎样炼成的[M]. 李广平，何晓芳，译. 北京：人民教育出版社，2012：9.

③ 范梅南. 教学机智：教育智慧的意蕴[M]. 李树英，译. 北京：教育科学出版社，2001：104.

④ 姜美玲. 教师实践性知识研究[M]. 上海：华东师范大学出版社，2008：113.

解释、模拟、图解、示范、举例与类比等方式将数学知识按照学生容易理解的方式表达出来，即以最适合学生思维与学习特点的方式重新表征数学知识，同时还要预测学生在学习这部分内容时可能会出现的困难或错误理解，并知晓纠正学生错误理解的策略，从而有效地帮助学生掌握自己所教授的数学知识。

教育实例 3－5

学科教学知识的实例

①比喻：冷锋和暖锋的教学

冷锋和暖锋是两个相对的概念，在单元测试中发现很多同学对两个概念区分不清，这也让我头疼不已，讲也讲过了，知识点也印好发下去了，怎么还记不住呢？我想到了要将知识与学生之间的距离拉近，其实方法很简单——比喻，既形象又好理解。

师："我们可以将冷锋和暖锋做个比喻，冷锋可以看成彪悍的男人，因为冷锋过境时会带来大风、降温、暴雨、沙尘等天气，显得脾气很暴躁，像个男人；而暖锋嘛（我想了想）更像个柔弱的女子，因为暖锋过境时往往会带来连绵的细雨，脾气显得很温和"。（听完我这个比喻，学生笑着点头，笑着重复着"彪悍的男人、柔弱的女子"。）[①]

②具体化：正负数的教学

著名的数学教师贾米·埃斯卡兰特在给洛杉矶一所中学的学生教授正数与负数概念时是这样解释的：当你挖个洞时，你可以把挖出来的土堆称为＋1，洞称为－1。当你把土放回到洞中时会得到什么数？零。这位教师将正数与负数这样抽象的概念与学生的实际经验联系起来，应用的就是具体化策略。[②]

③变式

小学四年级学生在认识"角"时，容易误认为角的边画得越长角就越大。教学"角"时，不少教师常常把两根细木条的一端钉在一起制作成"活动角"。但这样的"活动角"，只能让学生直观地看到角的大小与两条边叉开的大小有关，却不能解决学生的上述"误识"。多年前，受电视机上"羊角"天线的启发，我用两根直的可伸缩的电视机的天线替换木条，制作了"活动角"。教学时，将"活动角"的两条边叉开的大小固定，天线拉出来，"边"则长；天线推进去，"边"则短。学生观察，边的长度在变化，角的大小始终没有变，这就生动形象地解释了角的大小与边的长短没有关系。[③]

（三）教师信念

教师信念是教师自身对教育教学的根本看法，以及教师所持有的、信奉的并愿意在教育教学实践中持之以恒地践行的思想观点。我们通常所说的教育观、课程观、教

---

① 李昂．基于教学实践的地理新教师专业发展叙事研究：我的教学生活［D］．上海：华东师范大学，2010：43.

② 斯莱文．教育心理学：理论与实践［M］．姚梅林，译．北京：人民邮电出版社，2004：5.

③ 汪瑞林．教师自我突围的秘诀：36位名师的专业成长经验［M］．上海：华东师范大学出版社，2019：54.

学观、学习观等属于教师信念的范畴。[①]

教师信念往往是无意识地产生,从秘密源头不经意间、不被察觉地潜入教师的头脑中,变成他们思想的一部分,指引着教师的思考与行为,这是教师实践性知识的核心组成部分。教师信念主要包括以下四个方面。[②③]

1. 关于教学的信念

对"什么是好的教学"的思考形成了教师的教学信念。关于教学信念的具体成分,学者们进行过各种分析,但归纳起来,教师的教学信念可以分为两大类:一类是学生中心模式,体现的是建构主义的教学观;另一类是教师中心模式,体现的是教学的传递模式的观点。[④] 这两大类教学信念的基本分歧是:作为一个教师,是要严格控制课堂,还是让学生更多地参与到教学中去?教师要扮演一个知识传递者的角色,还是学生建构知识的促进者角色?教学要围绕教材进行,还是将教材仅仅作为学习的资源之一?为了促进学生学习,教师应主要采用外部奖惩手段还是要着眼于学生的个人兴趣?

 **教育实例 3-6**

一位教师的教学信念

我对教学本质的认识是:知识不是教会的,而是学生自己学会的;能力不是传授的,而是学生自己练成的;智慧不是赋予的,而是学生自己感悟的;素养不是空降的,而是学生自己生发的。所以,学习是学生亲力亲为的事,别人无法替代。不能因为学生现在不会,我们就去替代他们,让他们"专心听""认真记",这不是"真学习",一个真实而完整的学习过程应该经历信息的两次转换。

教学信息的第一次转换是"人际转换",教师"发送"(教了),学生"接收"(学了);第二次转换是"自我转换"(学了——学会了),学生进行信息的自我加工。其中,第二次转换至关重要,没有这次转换,学生就难以学会,而这一点恰恰被许多老师忽视了。所以,"满堂灌"不是"真教学"。[⑤]

2. 关于学科的信念

关于学科的信念涉及教师对所执教的学科的深度理解,具体来说,它要对以下根本性问题做出回答:自己所执教的学科有何价值?教师在教授这一学科时要完成的根本任务是什么?怎样理解学科的本质?等。

---

① 赵明仁. 教学反思与教师专业发展[M]. 北京:北京师范大学出版社,2009:83.

② 帕克,斯坦福. 如何成为优秀的教师[M]. 朱旭东,译. 北京:中国人民大学出版社,2014:104-106.

③ BERLINER D. V. CALFEE R. C. (Eds.). Handbook of educational psychology[M]. New York: Simon & Schuster Macmillan,1996:709-725.

④ HELENROSE F., MICHELE G G. International handbook of research on teachers' beliefs[M]. New York: Routledge,2015:253.

⑤ 汪瑞林. 教师自我突围的秘诀:36位名师的专业成长经验[M]. 上海:华东师范大学出版社,2019:16.

教育实例 3－7

一位物理教师关于物理学科的信念

工作之初，我就面临学生的挑战：物理专业知识可能只有少数学生今后会用上，为什么全体学生都要学呢？问题的实质就是要追寻物理教学的价值。物理教学不应只教授书中的概念、规律及其应用，还应带给学生更多更珍贵的东西：理性的思维方式以及由此衍生出的人生哲学。让学生终身受益的不是物理知识本身，而是学生在接受物理教育过程中逐步形成的适合个人发展和社会需要的必备品格和关键能力。①

3. 关于学生的信念

教师关于学生的信念会对教师的态度、行为以及师生关系产生很大的影响。对学生持有消极信念的教师，倾向于不信任学生，对学生不抱有期待，与学生的关系较为疏远，师生关系也建立在教师对学生的威压之上。教师关于学生的信念同样可以划分为许多对立的范畴。例如，学生本性是“善”的还是“恶”的？教师相信学生具有主动精神还是更倾向于对学生的控制？学生是稳定的还是可变的？等等。

思考交流 3－6

下文是一位教师的陈述，请分析这位教师所持有的关于学生的信念。

除了单元测验和考试外，我对学生作业的评价采取四种等级：优、良、中、差。很多时候都给学生的作业打优或良，大多数学生打良，除非学生的作业看上去明显是在应付了事，就给中或差，但如果不交作业，就给记上一次差，这是很明确的。小学生还小，不应有什么竞争，重要的是培养他们的学习习惯和兴趣，不能让学生真正关心什么分数，应让他们努力地从中发展到良、从良发展到优，鼓励他们更上一层楼。②

4. 关于知识的信念

教师关于知识的信念直接关系到他们如何实施教学。如果教师把知识看作科目或者许多彼此不相关联的事实的总和，那么学生将非常可能耗费很多时间用一种简单的、死记硬背的方式学习那些知识。教师的知识信念涉及教师对知识的性质以及知识获取的理解，其中包括许多对立的范畴，如：知识是确定的还是不确定的？知识掌握是一个输入过程还是一个建构过程？知识掌握是一个个体独立认知的过程还是一个需要借助社会互动的过程？

---

① 汪瑞林．教师自我突围的秘诀：36 位名师的专业成长经验［M］．上海：华东师范大学出版社，2019：46.

② 姜美玲．教师实践性知识研究［M］．上海：华东师范大学出版社，2008：130.

 思考交流 3-7

下文是一位家长的陈述,请分析文中这位教师所持有的信念。

儿子上初中一年级,我们去开家长会,历史老师说:他上课,老师的责任只是介绍历史事实,至于怎么解释和认识这些事实,是学生自己的事情。他要求学生每节课积极参加讨论,发表自己的观点,越是新鲜,越是跟常规流行观点不同,越是能够提出特别的角度,越是能跟老师辩论,就越好。①

三、教师实践性知识的生成及其对教师的意义

(一)教师实践性知识的生成

教师实践性知识的生成与教师的个人经历以及工作环境有很大关系。所有教师都有做学生的经历,在学生时代他们被怎样教在很大程度上影响着他们后来教学的方式,这种通过"学徒观察"来学习和教学的现象,劳蒂在《学校教师的社会学研究》一书中进行过描述。对于已经工作的教师来说,周围的工作环境和学校文化是形成教师个人实践性知识的重要源泉,这些外部影响有形可依、易于模仿。善于学习的教师还会积极请教其他教师的经验与心得,这有助于教师实践性知识的形成。

当然,对于教师实践性知识的生成最为重要的是教师主体的主动反思和建构。率先倡导专业实践知识论的舍恩强调,教师实践性知识的生成与一般技术性知识或是通过实证科学发现的知识很不相同,实践性知识通常来自非逻辑性的过程,实践者通过"行动中认知"与"行动中反思"等方式,才能够生成实践性知识。也就是说,实践性知识是人们经过慎思(deliberate)过程的个别化建构。教师在建构实践性知识时,必须挑战他们已有的经验和前见,并对有效、无效的教学经验进行鉴定和评估,此外,积极地与同事进行互动也是必要的。

(二)教师实践性知识对教师的意义

布鲁巴克在其《教育问题史》一书中曾指出,教师社会地位低下的原因主要在于教师专业知识水平不高。② 与此相关,历史上教师专业化的努力也主要从教师知识的专门化、规范化入手。从专业社会学的角度看,拥有系统的知识体系是一个"专业"的必备条件。以往的教师教育研究者,以可编码的"硬"知识作为追求教师专业化的标准,最终却总是得出教师知识不足、水平不高的结论。而教师实践性知识的研究者则巧妙地注意到,如果以实证主义的知识观来审视教师的知识结构,那么就会走入死胡同。教育是一门精微的实践艺术,即便是普遍性的原则和规律,当面对个性化的学生、多元化的社群以及变动不居的社会历史情境时,也都会失去效力。教师实践性知识的研究者通过转换视角,重新反思了"知识"的定义。"知识"不完全是理性主义或经验主义所认为的外在客观实体,而是主体在一定的情境条件下(特别是问题

---

① 沈宁. 培育自由:美国教育观察笔记[M]. 北京:龙门书局,2012:69.

② 布鲁巴克. 教育问题史[M]. 单中惠,王强,译. 济南:山东教育出版社,2012:497.

解决的过程中)所获得的认识结果,是一种社会文化建构。在这个意义上,教师实践性知识从更加贴近专业实践者的行动立场赋予了"专业"新的属性,它是解决教师专业处境不良的一支力量。①

将外部研究获取的知识强加于教师,将不可避免地弱化教师的主体性,因为教师自己的经验和思考被视为是无甚价值、可有可无的。教师的实践性知识作为教师自我生成的产物,体现了对教师主体性的尊重,教师可以利用自己的经验,通过探究和反思形成个人化的理论。拥有"实践性知识"的教师,对实践与理论均保持亲近的态度。一方面,教师将自己的课堂和学校看作是知识生产的沃土;另一方面,教师将已有理论视作改进自己实践的抓手和工具,在学习共同体中生产出适合自己当下教学实践的本土知识。

教师实践性知识是在教师的专业生活中真正起作用的知识。教育情境是复杂的、不确定的,教师所掌握的"正式知识"——包括学科专业知识和教育专业知识等——更适用于教师实践中的"干爽的高地",实际上,教师更多的时候会陷入"低洼湿地"不能自拔,他们不得不依赖"直觉"而不是经由"推理"做出某种判断,而这正是教师实践性知识发挥作用的表现。

本章讨论了教师专业知识的四个方面,但需要说明的是,那种认为教师知识包含多个相互独立的知识领域的说法,与其说是客观现实真实的反映,倒不如说是为了分析的便利,教师知识的各个组成部分在实践中的表现不如理论上那样明显。

思考与练习

1. 莫里斯·比格认为:"个体教授知识的能力在很大程度上取决于他对这门知识的掌握。"②请对这一观点进行评论。

2. 一位学者回忆了小学时的学习经历:

至今我都记得自己刚上小学学习拼音时,老师教我们"小鱼小鱼有礼貌,见了J、Q、X就摘帽"。对一个刚上学的孩子来讲,这样的教学多么生动形象,多么活泼有趣!而如果让学生死记硬背:ü前面声母如果是J、Q、X的话就不要上面的两个点,这又是多么乏味!很多学生可能根本就不会用心学这样枯燥的知识。如果教学都是这种面目的话,学生自然不会积极投入学习。③

思考问题:

(1) 这位教师使用了哪种类型的专业知识?

(2) 这种知识对教师有何意义?

---

① 魏戈,陈向明. 教师实践性知识研究的创生和发展[J]. 华东师范大学学报(教育科学版),2018,36(6):107-117,158-159.

② 比格. 写给教师的学习心理学[M]. 徐蕴,译. 北京:中国轻工业出版社,2005:177.

③ 赵希斌. 优秀教师的四项核心素质[M]. 上海:华东师范大学出版社,2011:130-131.

3. 陈向明教授曾访谈过一位很有造诣的高中教师，这位教师坦言：

“我没有什么理论，我所有的东西都是我自己琢磨出来的，我所有的理论事实上是我自己琢磨出来以后，再去看一些书，然后获得了共鸣，我就非常认可那个理论。

“做事就是一种事先就有一种朦朦胧胧的感觉，大概往这方面去做，总不会太差，然后去做。做了以后，发现挺好，就继续往下做。有时候做做，发现做不下去了，就反思反思调整一下，然后再做。做事的逻辑（和理论的逻辑）还真不太一样。”①

思考问题：

（1）这位教师的实践性知识是怎样形成的？

（2）教育理论在怎样的情况下才对教师最有意义？

4. 根据本章的观点，教师信念是教师实践性知识的构成要素。著名教育家杜威曾写过《我的教育信条》，对其教育信念做了充分地阐释。请仿照杜威以“我认为……”开头的句式，写下自己的教育信条。

---

① 陈向明．优秀教师在教学中的思维和行动特征探究［J］．教育研究，2014（2）：128－138.

第四章　教师专业能力

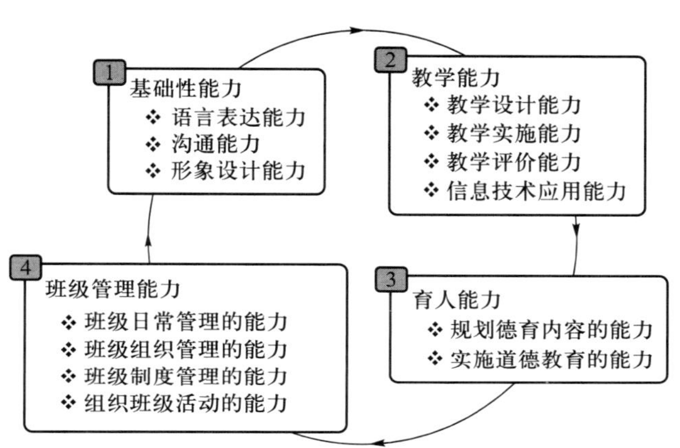

本章导入

钱穆先生如何当老师

钱穆(1895—1990),江苏无锡人,历史学家。他原在家乡当小学老师,进而当中学老师,后被聘到北京大学,成为历史系教授。他在回忆录《师友杂忆》中回忆了自己在家乡的后宅第一初级小学工作的经历。

1. 即日,余出布告,课毕皆须赴操场游散,勿逗留课室中。余随巡视。有一生兀坐教室中课椅上。余问:"何不赴操场?"彼兀坐不动如故,亦不语。余问其姓名,亦不答。乃召班长来问之。班长告余:"此人乃杨锡麟,曾犯校规,前校长命其到校后非大小便即坐课室中不许离去。"余曰:"此乃前校长所命,今前校长已离学校,此命令亦不存在。汝当带领其同去操场。"二人遂去。不久,一群学生围拥杨锡麟来余办公室,告余:"杨锡麟在操场旁水沟中捕一青蛙,将之撕成两半。"一人并带来此青蛙之尸体。余曰:"杨锡麟因久坐课室中,汝等所知,彼皆不知。今获与汝辈同游散,汝等所知,彼亦可渐渐学而知之。汝等当随时随地好为劝告,勿得大惊小怪,彼犯一小错误,即群来告发。以后再如此,当罚汝等,不罚杨锡麟。"诸生乃默默无言而去。

2. 余告诸生:"出口为言,下笔为文。作文只如说话,口中如何说,笔下即如何写,即为作文。只就口中所欲说者如实写出,遇不识字,可随时发问。"

一日,下午第一课,命诸生作文。出题为"今天的午饭"。诸生缴卷讫,择一佳者,写黑板上。文云:"今天午饭,吃红烧猪肉,味道很好,可惜咸了些。"告诸生,说话须有曲折，如此文末一语。

又一日，余选林纾《技击馀谈》中一故事，由余口述，命诸生记下。今此故事已忘，姑以意说之。有五兄弟，大哥披挂上阵，二哥又披挂上阵，三哥亦披挂上阵，四哥还披挂上阵，五弟随之仍然披挂上阵。诸生皆如所言记下。余告诸生，作文固如同说话，但有时说话可如此，作文却宜求简洁。因在黑板上写林纾原文，虽系文言，诸生一见，皆明其义。余曰："如此写，只一语可尽，你们却写了五句，便太啰唆了。"

又一日，命诸生各带石板石笔及毛边稿纸出校门，至郊外一古墓，苍松近百棵。命诸生各自择坐一树下，静观四围形势景色，各自写下。再围坐，命诸生各自陈述。何处有人忽略了，何处有人遗忘了，何处有人轻重倒置，何处有人先后失次，即据实景互作讨论。

余又告诸生："今有一景，诸生多未注意。诸生闻头上风声否？"因命诸生试各静听，与平日所闻风声有何不同。诸生遂各静听有顷。余又告诸生："此风因穿松针而过，松针细，又多隙，风过其间，其声飒然，与他处不同，此谓松风。试再下笔，能写其仿佛否？"诸生各用苦思写出，又经讨论，余为定其高下得失。经半日，夕阳西下，乃扬长而归。如是，诸生乃以作文课为一大乐事。竞问："今日是否又要作文？"①

思考问题：

1. 请根据上面两部分的叙述，分析钱穆先生所具备的教师专业能力。

2. 钱穆先生任职后宅一小的时间是1919年，到如今百年已过，伴随着社会的进步，相比从前，现在教师所需具备的专业能力又有哪些方面的扩展？

3. 请对自己的教师专业能力做一下评估，并明确提升的方向。

所谓能力，是以人一定的生理和心理素质为基础，在认识和实践活动中形成、发展的完成某种任务的能动力量。教师的专业能力是指从事教育教学工作的人所应具备的、带有职业特点的能力，它是教师顺利完成教育教学任务所必需的本领。关于教师应具备哪些专业能力这一问题，很多学者进行过研究，表4－1列举的仅是其中少量研究成果。

表4－1 教师专业能力的结构

研究者	教师专业能力的结构
罗树华、李洪珍②	一、基础能力（智力能力、表达能力、审美能力） 二、职业能力（教育能力、班级管理能力、教学能力） 三、自我完善能力和自学能力

① 商友敬．过去的教师[M]．北京：教育科学出版社，2007：221，223－224.

② 罗树华，李洪珍．教师能力学：修订本[M]．济南：山东教育出版社，2000：7.

续表

研究者	教师专业能力的结构
陈永明①	一、教学能力:教学设计能力、教学语言表达能力、课堂组织与管理能力、运用现代教育技术能力、教学测量与评价能力 二、通用能力:有效协调人际关系与沟通表达能力、问题解决与研究能力、创新性思维与实践能力、批判性反思与不断学习的能力
国际培训、绩效、教学委员会②	一、专业基础:有效地交流沟通,更新和提高自身的专业知能,遵守已有的道德规范和法律条文,树立和维护职业声誉,设计教学方法和教学内容 二、教学计划与准备:设计教学方法和教学内容,教学准备 三、教学方法与策略:激发并维持学习者的学习动机和学习投入,表现出有效的表达技巧,表现出有效的促学技巧,表现出有效的提问技能,提供阐释和反馈,促进知识和技能的巩固,促进知识和技能的迁移,使用媒体和技术来加强学习、改进绩效 四、评估与评价:评估学习和绩效,评价教学效果 五、教学管理:管理促进学习与改进绩效的环境,运用适当的技术管理教学等

[拓展阅读]中小学教师专业标准对教师专业能力的要求

教师专业能力是教师专业发展内容的重要组成部分,但教师专业能力的构成却如同一个“黑箱”,因为我们很难确定教师取得的某项教育教学成果具体是由哪些能力带来的。对教师专业能力的分析,不必做到巨细无遗,而应将关注点放在教师所必需的核心能力上。因为能力会外显为行为,因而本章在对教师专业能力进行描述时,会将其分解为可观察的教师行为指标,使其更易于理解和掌握。

第一节　基础性能力

教学、育人和管理是教师工作的三项主要内容,每项工作内容的完成都需要教师具备相应的能力,即教学能力、育人能力和管理能力,而这三项能力的发挥又离不开教师的基础性能力,这些基础性能力包括教师的语言表达能力、沟通能力和形象设计能力等。

一、语言表达能力

教育在本质上是以语言为媒介的人际互动过程,教师只有具有良好的语言表达能力,才能与学生、同事及家长进行有效的沟通,从而施加教育影响、营造良好的人际关系、达成专业合作。相关研究已经一致地证实了教师语言能力与学生成就之间的

① 陈永明. 教师教育研究[M]. 上海:华东师范大学出版社,2003:84－89.

② 吴艳,陈永明. 教师专业发展[M]. 北京:高等教育出版社,2017:11.

重要联系。曾经对教师素质做过广泛学术文献综述的斯坦福大学经济学家艾瑞克·哈努谢克说道："可能最接近各种研究一致结论的是这样一个发现，即那些在语言能力测试上表现优秀的教师们在课堂上（提升学生学业成就）做得更好。"①按照声音的有无，教师的语言表达能力可细分为口头语言（即有声语言）表达能力、书面语言表达能力和体态语言（即无声语言）表达能力三种类型，本章着重对前两类语言表达能力进行分析。

（一）口头语言表达能力

教师"以舌耕为业"，大部分时候是运用口头语言来开展工作的。在教育教学工作中，教师的口头语言如能做到言之有物、言之有理、言之有序、言之有文，就能顺利地完成对学生进行解释、劝说、启发、开导、激励、批评等任务。可以说，没有良好的口头语言表达能力，教师就失去了最基本的执教工具。教师的口头语言表达能力，应达到"准确无误、思路清晰、生动形象、简洁明快"的要求，我们可以利用 4－2 所示的评价内容与标准对自己的口头语言表达能力进行评价。

表 4－2 教师口头语言表达能力的评价内容与标准

评价内容	评价标准				
	优	良	及格	不及格	权重
1. 语言流畅，语速、节奏适当					0.10
2. 正确使用学科名词术语					0.10
3. 说话具体、形象、通俗易懂					0.10
4. 表达条理清楚					0.10
5. 语言有感情，有趣味性和启发性					0.10
6. 使用普通话，读音准确，音量适中					0.10
7. 语调抑扬顿挫					0.10
8. 不跑题，不岔题，不横插入与中心无关的话题					0.10
9. 简明扼要，没有不必要的重复、啰唆					0.10
10. 没有口头语和多余的语气助词					0.10

① 史密斯，尼姆塞尔，麦金太尔．教师教育研究手册：变革世界中的永恒问题：第3版：上卷[M]．范国睿，等译．上海：华东师范大学出版社，2017：504.

【拓展阅读 4－1】

教师口头语言表达能力不足的几点表现[①]

1. 赘语频繁。赘语有两种常见表现：一是重复，就是在表述时唯恐别人对自己的表述不明白、不理解，而经常下意识地重复已经说完了的上一句话，这种现象给人最大的印象就是啰唆；二是“口头禅”，在教学口语中反复出现无信息量的“这个”“那个”“然后”“嗯”“啊”“是吧”等语词，损害了语言的流畅性。

2. 表述散漫。教师的口语表达缺乏明确的主题，或思路不清晰，东拉西扯。

3. 语调单一。教师语言没有高低变化，缺乏抑扬顿挫的激情，容易使学生产生听觉上的厌烦。

4. 节奏不当。主要有两种表现：一是节奏过慢，每句话时间都拉得很长，还有时在语句之间停顿时间过长，造成教师和学生之间信息交流的阻隔；二是节奏过快，给人的感觉像是“开机关枪”，使学生来不及理解和思考。

5. 言辞尖刻。教师在批评学生时言辞粗暴刻薄，语多讥讽，容易造成学生的逆反与对立。

6. 言之无物。教师的发言没有针对性，没有具体实在的内容，对学生起不到入耳入心的作用。

? 思考交流 4－1

下文记录的是一位教师给学生讲《研究昆虫》一课时说的话，试分析教师在语言表达上存在的问题。

“研究昆虫是一件很有意义又很有趣的事情。世界上有许多种昆虫。世界上有许多人在研究昆虫。昆虫有的益于人类，有的不益于人类，如苍蝇、蟑螂，所以我们要除四害。研究昆虫的大科学家有谁呢？有达尔文，达尔文是英国科学家。有法布尔，法布尔写过一本书。”[②]

（二）书写规范汉字的能力

写好规范汉字是对教师的基本要求。如果教师在板书、批改作业、给学生写操行评语时使用了不规范的汉字，甚至写出了错字、别字，那么不仅会影响教师的形象、降低教师的威信和教育教学成效，而且会对正在学文识字的学生产生负面的影响。

板书能力是教师书写能力的重要方面。板书是教师配合教学，用凝练的文字和简明的符号、图形展示和突出教学主要内容的活动。教师在课堂教学中利用板书，可将教学内容系统化、条理化、形象化，有利于学生掌握知识结构，更好地把握教学重点和难点。板书还可使学生的视觉和听觉相互配合，更好地感知教师教授的内容。教

① 魏书敏．教师职业技能训练［M］．北京：中国人民大学出版社，2009：7，12．
② 宋其蕤，冯显灿．教学言语学［M］．广州：广东教育出版社，1999：78．

师的板书能力如何,可通过表4-3所提供的评价内容和评价标准进行评价。

表4-3 教师板书能力的评价内容与评价标准

评价内容	评价标准				
	优	良	及格	不及格	权重
1. 简明扼要,对教学内容进行高度的概括和提炼					0.20
2. 重点突出,揭示教学的重点和关键					0.20
3. 条理清楚,层次分明,体现知识的结构和内在联系					0.20
4. 书写字体工整,笔顺规范,字迹清晰,不写错别字					0.15
5. 板书和讲解有机结合					0.15
6. 布局合理,主、副板书的位置和比例恰当					0.10

思考交流 4-2

近年来,多媒体辅助教学在中小学校中得到了广泛应用,它集文本、图片、动画、声音、视频等多种信息于一体,改变了传统教学中教师以"一支粉笔、一张黑板、一张嘴讲到底"的授课方式。灵动的鼠标取代了粉笔,"声色并茂"的多媒体视频等接替了被认为"落伍""土气"的板书的位置,在有些教室里,粉笔成了装饰品,黑板成了"白板"。请思考:在教育技术应用越来越广泛的时代,为什么还要给板书留下一席之地?

二、沟通能力

学校教育系统是一个以人——人为主的工作系统。尽管随着教育技术手段现代化的加速,教师的部分工作可被计算机或其他技术手段所代替,但是,学校教育系统作为人——人系统的本质不会改变,教育永远是发生于人与人之间的、带有温度的互动和对话,精神的沟通、情感的交流和人格的感染永远是技术手段无法完全代替的。正是从这个意义上说,无论何时,沟通能力都将是教师的基础性能力。教师交往的对象首先是学生,其次是同事和家长等。教师要与众多的工作对象建立起一种彼此接纳、互相配合的关系,并充分发挥自己的影响力,这就需要教师具备良好的沟通能力。

"作为一个一般规律,有效的沟通者更可能成为有效的教师"①。在工作情境中,教师的人际沟通经常是一种教育性沟通,即教师要通过沟通传递自己的想法,对交往对象产生积极的影响。在教育性沟通中,教师尤其要注重以下三个方面。

① JAMES H. S. 有效教师素质手册[M]. 北京:中国轻工业出版社,2007:4.

一是具体的沟通。人的理解总是遵循由具体形象到抽象概括的规律，因此，教师在与交往对象进行沟通时要避免过于抽象和空洞的表达，那样会给对方的理解造成困难，削弱沟通的效果。举例来说，在教学工作中，教师经常要进行形成性评价，给学生提供反馈，此时，具体性的反馈会收到更好的效果。例如，一位教师在谈一个学生的英语学习时，使用了“单词量不够”“不喜欢记单词”“不会用单词”这样的表述，但是这些表述都不够具体，无益于解决问题。“不喜欢记单词”，到底是学生学习单词的方法不对，其本身就对英语不感兴趣，还是其对某些类别的单词不喜欢，抑或是学生没有掌握英语词汇的派生规律？“不会用单词”，究竟是学生不会用名词，还是时态出了问题，还是单词拼写错误，抑或是不会搭配单词？[①] 由于教师在沟通中没有提供具体的指导信息，因而学生就难以从中受益。

二是言之有物的沟通。教师在沟通中，要尽力为沟通对象提供一些新的意见和观点，能让对方感到惊喜，使其感觉有所收获。而要做到这一点，教师自身必须有所积累，亦即有知识、思想等方面的储备。

[拓展阅读]
沟通同时具有内容和关系两个向度

三是态度上可接受的沟通。教师在与交往对象进行沟通时，对方往往会先注意到教师的态度，如果教师的态度不当，即使教师言之有物，也会造成彼此交往和沟通的障碍。下面是两段教师与家长沟通的记录。

① 您好，最近您家孩子在课堂上频频和旁人说笑，造成了不好的影响，扰乱了我的上课秩序和其他同学的学习兴致。请您多加教育，非常感谢。

② 您好，您家孩子最近在课堂上频频和旁人说笑，可能会影响他的上课听讲效果与课下写作业的质量，而且会导致其他同学对孩子有意见，影响他和其他人的相处，给他以后的人际关系带来负面影响。这是我们都不愿意看到的结果，所以我建议，我们分别和孩子谈一谈此事，希望孩子能有所改善。

很显然，第二种沟通方式表明了教师关心学生成长的态度，更容易被家长所接受。教师在与家长进行沟通时，应当以积极的态度为主，即便学生存在某些问题，以下的谈话方式更可能被家长接受。

① 您家孩子的优点不少，他（她）……但是他（她）也有几个小缺点，比如……如果能够改正这几个小缺点，他（她）就会更优秀。

② 您家孩子的优势在于……不足之处是……他（她）只有正视自己的不足才能取得更大进步。

教师与不同的工作对象进行沟通时，应注意一些细节：在学生面前，教师之间的称呼要使用尊称，如“某某老师”，不直呼对方名字或昵称；教师之间有分歧和观点争论时要回避学生。在教师与学生交谈时，不干其他无关的事情，如看电脑、用手机等；不使用类似“你，起来给我把课文读一遍”“你，给我到黑板上把这道题演算一下”这样的命令式语言和学生说话；对学生所犯的错误进行教育时，先要耐心听取学生的意见，让学生充分表达他的想法，不随意打断。教师与家长进行沟通时，要多一些表扬，少一些批评，首先进行表扬后再指出问题；教师发给家长的短信要多加斟酌，不出现

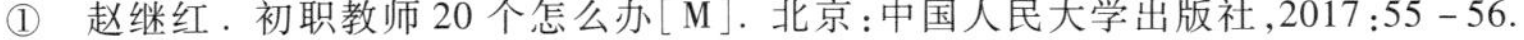

① 赵继红．初职教师20个怎么办[M]．北京：中国人民大学出版社，2017：55－56.

错别字，没有歧义或误解，多读几遍后再发出；教师从家校沟通中获取的家长、学生信息，要为其保守秘密，保护他们的隐私；等等。

教师在与人交往沟通的过程中，还要避免那些能引起交往对象防卫和抗拒的行为，根据研究，这些行为主要包括以下六种类型：评价式的沟通，对他人评头论足；企图支配他人，不管别人乐不乐意，总想要别人按照自己的决定去做；不诚实，蒙蔽、欺骗别人；冷淡，对他人漠不关心；有优越感，不断向人传达"我比你优秀"的信息；自负、狂傲，总觉得自己是完全正确的、自己掌握着最恰当的解决问题的办法。①

随着互联网以及自媒体的广泛应用，越来越多的教师开始通过手机短信、QQ 和微信等新媒体工具进行沟通，在使用这些沟通工具时，教师应注意"网络抑制解除效应"的影响。研究显示，沟通者在网上会更诚实坦率地表达自我，他们变得不那么谨慎，也较少进行自我监控，学者将这种趋势称为网络抑制解除效应。不难理解，当人们看不见、听不见甚至有时并不认识他们所谈话的对象时，就会更坦诚地表达自己的意见。非语言线索的减少和距离的增加会给沟通者提供一种"网络勇气"，这是他们面对面交流时通常所没有的。但网络抑制解除效应也有其缺陷。越来越多的研究表明，沟通者在使用媒介渠道沟通时要比面对面交流时更为直接——通常不加掩饰地表达批评和不满。②

三、形象设计能力

教师应具有专业人员的形象。良好的形象能为教师赢得尊重，能给工作环境中的其他人带来舒适的感受。良好的教师形象也是教师"为人师表"的重要表现，对学生的成长能够产生重要影响。

（一）教师的着装

教师的着装能够反映教师个人的生活习惯、生活方式和精神面貌。衣着整洁、样式简洁、色彩搭配合理，往往反映出教师做事有序、行为处事干练。教师的着装也是教师个人情绪情感、兴趣爱好以及性格特征的外部符号，能对同事及学生的心理产生影响。"教师职业注定他们的每个方面都会成为典型和模范，包括着装风格。随着孩子们渐渐长大，他们会牢牢记住眼中模范的衣着风格，并效仿他们。"③

在教育场景中，教师必须关注自己的服饰。赫斯特提醒教师：有时候你穿什么类型的衣服并不是那么重要，重要的是你的衣服是不是看起来很脏、很皱或很邋遢。还有，你应该确保自己所穿的衣服符合教师的身份。教师看起来就应该像教师，而不是像学生。学校不是让你尝试前卫或性感服装的地方。例如，女教师穿露背的上衣或是迷你超短裙是不合时宜的。④

---

① 阿德勒，普罗科特．沟通的艺术［M］．黄素菲，李恩，王敏，译．北京：北京联合出版公司，2017：391－396.

② 阿德勒，普罗科特．沟通的艺术［M］．黄素菲，李恩，王敏，译．北京：北京联合出版公司，2017：39.

③ GLASGOW N. A.，HICKS C. D. 成功教师全攻略：91 条以研究为基础的课堂策略［M］．梁丽娜，译．北京：中国轻工业出版社，2008：158.

④ 赫斯特，雷丁．教师的专业素养［M］．赵家荣，译．上海：上海教育出版社，2019：17－18.

（二）教师形象的其他方面

除了着装，教师还应注意其他形象细节，如：头发干净，不做夸张的发型；女教师的化妆应以淡雅、庄重为原则；要避免口臭以及身上的烟酒味和浓烈的香水味；饰物不要戴得太多，一般不超过三款，不佩戴可能转移学生注意力的饰物；不留长指甲，不涂本色外的其他颜色的指甲油；男教师不佩戴粗大的项链；皮鞋要每天保持光亮整洁；站立时躯干挺直，身体重心在两腿中间，避免弯腰含胸、抖腿等动作；无特殊原因，教师不坐着给学生上课；在学生面前，不跷二郎腿；走路时挺胸抬头，目视前方，步幅、步速适中；女教师穿高跟鞋走路时不发出大的声响；等等。

思考交流　4－3

以下材料摘自师范生撰写的教育自传：

高一时候的班主任是×××，当时他大学毕业没多久。让我们没有想到的是，这么年轻的教师竟然毫不顾及自己的形象。他上课时用方言跟我们讲课，讲几句话后就习惯性地往地上吐一口痰，弄得讲台下的我们都很难受。他的指甲有时会留得很长才想起来剪，头发也会等到脏得黏在一起才会洗，常年穿着一套脏兮兮的西服。有一次上晚自习时，他醉醺醺地进了教室，趴在讲台上就睡，可笑的是过了不久还发出了鼾声。当时我们对他的议论特别大，都希望他能离自己远一些，有些女生还开玩笑说他以后一定找不到女朋友。

思考问题：

1. 有的教师以“保持个性”“不拘小节”等为借口，不顾及自身的仪表和形象，这种观点和做法为什么是非常错误的？

2. 回顾你的学校生活经历，说说那些特别注重自身形象的教师都是怎样做的？那些缺乏形象设计能力的教师又有哪些表现？

第二节　教学能力

教师开展教学的能力，简称教学能力，是指教师合理运用教科书等相关材料，采用适当的教学方式和方法，顺利开展教学活动并完成教学目标的能力。教师工作的主要内容就是教学，在评价一名教师是否优秀的标准中，最重要的也是其教学能力。教师的教学能力不但涉及教师的课堂教授，而且涉及他们课前的教学设计以及课后的教学评价等多个方面。

一、教学设计能力

教学设计能力是指教师根据教学对象的特点和要求，运用系统的方法研究教学需要、分析教学中的目标与任务、确定合适的教学起点与终点、系统优化地安排教学诸要素并形成教学方案的能力。教学设计能力又可细分为以下三种主要的能力。

(一) 教学目标设计能力

教学目标设计能力就是教师在综合考虑学生和课程等因素的基础上理性地确定教学的预期结果,从而促进教学顺利展开的能力。具有教学目标设计能力的教师要做到:能够从学生的实际水平和学习规律出发来设计教学目标;能够设计出重点突出、层次清晰的教学目标;能够清晰、具体地表述教学目标。

(二) 处理教材的能力

处理教材的能力就是教师为了更好地传授教材内容而对教材进行加工的能力。拥有此项能力的教师,能够在准确、全面、深刻地把握教材的基础上,确定教学的重点和难点,理清教材内容的结构和脉络,根据知识的逻辑和学生的认知特点对教材内容进行有序的组织,并尝试将教材内容生活化、问题化和活动化。为了促进学生的学习,教师要有能力对教材内容进行调整,可采用的策略包括:[①]"增",即增加新内容,如补充材料,或主题活动、实验操作等;"删",即删除重复的、不符合标准的、不必要的内容;"换",即更换不合适或不合理的内容;"合",即整合不同知识点或不同学科的内容;"立",即打破原来学科内容的次序,开发全新的内容。

(三) 教学过程设计能力

教学过程设计能力就是教师在教学之前对教学环节、教学方法等进行精心策划和科学安排从而使教学过程趋向最优化的能力,具备这项能力的教师能够根据具体的培养目标和学生的实际情况,选择合理的教学方法;能够根据教学目标、教材内容和学生特点确定教学手段;能够确定教学各环节的学习内容、教学活动、时间分配、板书设计等并形成教案。

二、教学实施能力

因为教学内容和教师个性的差异,课堂教学的实施是灵活多变的,但这些多样化的活动又能统一到一个简洁、清晰的结构之下。教学实施最基本的结构是导入、展开和结束,这三个环节的工作对教师的能力提出了以下三个方面的要求。

(一) 导入能力

在教学的开始阶段,教师要通过导入帮助学生建立一个积极的心理定向或准备态度:"我已经做好了学习的准备。我急切地想学习教师将要呈现的重要知识和技能。我大体上知道将要学什么。"[②]导入的功能具体包括:使学生对将要学习的新主题、需要解决的问题和必须掌握的技能感兴趣并予以关注;帮助学生将新知识与以前的所学联系起来;为学生指明学习目标,使他们明确将要学习的内容的重要性和价值等。

教师要实施有效教学,必须具备高超的导入技能,灵活地运用导入方法来启动课堂教学,常用的导入方法有以下六种。① 直接导入法,即教师在上课伊始直接告知学生本课的学习内容与学习目标,以及学习要求和学习安排,并自然有效地导入教学

---

① 崔允漷. 有效教学[M]. 上海:华东师范大学出版社,2009:122-123.

② 斯莱文. 教育心理学:理论与实践[M]. 姚梅林,译. 北京:人民邮电出版社,2004:166.

内容；② 问题导入法，即教师通过提出富有启发性的问题，激发起学生想要进一步了解此问题的好奇心，从而刺激学生产生学习和探究的欲望，进而导入新的教学内容；③ 趣味导入法，即利用与学习主题相关的故事、游戏、影视等生动有趣的材料来激发学生的学习兴趣和求知欲望；④ 情境导入法，即教师借助语言、图画、动画、录像等方式创设有趣的学习环境，从而使学生能够在情境中感悟学习内容，为学习新课程做好准备；⑤ 实例导入法，即教师从学生的实际生活中选择与教学内容有密切联系的实例，以此引出教学内容；⑥ 复习导入法，即教师通过组织学生复习已经学过的知识，进而引出新的教学内容，达到温故知新的效果。

（二）展开能力

展开环节是课堂教学的主体部分，在这个环节，教师必须依据具体的情况，运用举例、对比、示范、直观等多种手段，从不同的角度来充分展示、刻画和论证新课，促进学生对教学内容的理解；教师必须给学习者提供机会，使他们能在新的具体情境中应用新知识和技能；教师要通过问题的设计来驱动学生的思考，并组织他们进行对话和探究活动，为学习者解决问题提供指导和反馈。在展开环节，教师需要具备的能力主要是课堂讲授的能力、促进理解能力和开展对话的能力。

1. 课堂讲授的能力

讲授教学是最为传统、应用最广泛的课堂教学方法，尽管各种教学改革都在呼吁课堂应更多地以学生为中心，但正式的知识讲授仍然是教学中最流行的模式。一些知名学者还为讲授教学模式进行了辩护，例如，美国教学论专家阿兰兹认为，讲授可使学生在较短的时间内获得较多的、系统连贯的知识，并有助于培养学生倾听和思考的习惯；[①]奥苏伯尔则认为，只要满足“学生必须具备学习的心向”“学生认知结构中具有同化新知识的适当知识基础”等条件，讲授教学同样可以促成学生有意义的学习。因此，任何贬低讲授教学的价值以及教师讲授能力重要性的看法都是不正确的，教师亦为“讲师”，讲授的能力是教师基本的教学能力。在课堂教学中，优秀教师仅凭讲授就能吸引学生，调动起学生的学习兴趣，并且帮助学生掌握系统连贯的知识。教师的课堂讲授能力可依据表 4－4 所列的评价内容与标准进行评价。

表 4－4　教师课堂讲授能力的评价内容与标准

评价内容	评价标准				
	优	良	及格	不及格	权重
1. 讲授时能顾及学生的原有经验和知识基础					0.10
2. 能易化、深化教学内容，避免照本宣科					0.10
3. 能利用“我要讲的第一点是……”“第二点是……”这样的语句，确保讲授的层次性和条理性					0.10

① 阿兰兹．学会教学：第 6 版［M］．丛立新，译．上海：华东师范大学出版社，2007：220.

续表

评价内容	评价标准				
	优	良	及格	不及格	权重
4. 充分利用板书的功能，将重点和难点学习内容以文字的形式结构化地呈现出来					0.10
5. 能够控制所呈示内容的数量和节奏，力求做到"少即多""深则好"					0.10
6. 讲授时能适当"留白"，启发学生的思考					0.10
7. 能够通过要求学生画线、做必要的重复等方式突出重点					0.10
8. 能熟练地应用"规则—例子—规则"技巧进行讲授					0.10
9. 能有效地利用各种视觉辅助物来辅助讲授					0.10
10. 能避免讲授中无谓的中断或跑题，避免讲授的过度戏剧化					0.10

在课堂讲授过程中，教师经常要利用 PPT 来辅助教学，课件制作能力已经成为现代教师必备的教学能力之一，表 4－5 提供了教师 PPT 课件制作能力的评价内容与标准。

表 4－5 教师 PPT 课件制作能力的评价内容与标准

评价内容	评价标准				
	优	良	及格	不及格	权重
1. PPT 的内容有很好的逻辑顺序，结构清晰，层次清楚，能体现出教学设计的完整思路					0.25
2. 课件内容精练，文字数量合理，避免堆砌大量的教学内容					0.25
3. 字体清晰、醒目，色彩搭配合理，视觉效果好					0.15
4. 画面布局主体突出、构图均衡，排版整齐，风格统一					0.15
5. 有效运用合适的媒体要素，如图片、音效、动画等增强效果，且不影响主题的表达					0.10
6. 能控制好页面的数量以及播放的节奏，避免大量、快速地呈现课件					0.10

思考交流 4－4

回忆一下你的老师中那些讲授能力突出的老师是怎样上课的，他们运用了哪些有效的讲授技巧，并向同学们分享你的回忆和思考。

2. 促进学生理解的能力

按照认知主义与建构主义学习理论的观点，学习过程实现的是知识的“转化”而不是“转移”，外部知识必须经过学习主体的重组和再构，与自身经验建立起关联，才能被理解，成为有意义的东西。离开这一转化过程，学习者获得的只能是一种“囤积式”知识。① 课堂教学工作的中心环节是促成知识的转化与联结，协助学生理解所学知识的意义。根据奥苏伯尔的有意义学习理论，理解意味着学习者将符号所代表的新知识与学习者认知结构中已有的适当观念建立起非人为的和实质性的联系。实际上，关于理解的标准还有很多研究，威金斯和麦克泰格提出的“理解六侧面”就是其中影响较大的一种。

【拓展阅读4－2】

理解六侧面

当我们真正理解时，我们

- 能解释：通过归纳或推理，系统合理地解释现象、事实和数据；洞察事物间的联系并提供例证。
- 能阐明：叙述有深度的故事；提供合适的转化；从历史角度或个人角度揭示观点和事件的含义；通过图片、趣闻、类比和模型等方式达到理解的目的。
- 能应用：在各种不同的真实情境中有效地使用和调整我们学到的知识。
- 能洞察：批判性地看待、聆听观点；观其大局。
- 能神入：能从他人认为古怪的、奇特的或难以置信的事物中发现价值；在先前直接经验的基础上进行敏锐的感知。
- 能自知：显示元认知意识；察觉诸如个人风格、偏见、心理投射和思维习惯等促成或阻碍理解的因素；意识到不理解的内容；反思学习和经验的意义。②

毫无疑问，“促进学生理解”比“面向学生讲授”更费时费力，对教师教学能力的要求也更高。在现实中，受多种因素影响，一些教师会回避这项工作，把一些需要学生深入理解的内容以生硬灌输、机械训练的方式进行教授，其后果是学生对于学习的内容食而不化、“得言忘意”。正如查尔斯·格拉格所说：“教师……特别想告诉学生自己所知道的东西，这一诱惑实在令人纠结……然而，无论是理论还是事实，再怎么多的信息，其本身也无法提高洞察力、判断力，或增加采取明智行为的能力。”③

---

① 蔡启达．图解教学原理与设计[M]．台北：五南图书出版公司，2012：4.

② 威金斯，麦克泰格．追求理解的教学设计[M]．闫寒冰，等译．上海：华东师范大学出版社，2017：94－95.

③ 威金斯，麦克泰格．追求理解的教学设计[M]．闫寒冰，等译．上海：华东师范大学出版社，2017：252.

教师“促进学生理解的能力”通过灵活地运用多种教学方法和教学策略而显示出来，综合教学论专家的研究，本书编制了评估表，如表 4－6 所示，用于评估教师促进学生理解的能力。

表 4－6　教师促进学生理解能力的评价内容与评价标准

评价内容	评价标准				
	优	良	及格	不及格	权重
1. 能激励、引导学生对核心观点或重要结论的形成过程进行反复探究和论证，给出其成立的理由					0. 15
2. 能通过要求学生提出问题、用自己的话进行解释和概括、添加小标题、划出重点、完成写作任务等策略促进学生理解所学知识					0. 15
3. 能通过举例将抽象的知识具体化，能给学生创造通过观察、操作进行学习的机会					0. 10
4. 能利用类比、比喻、分类和比较的方法确认概念或观点之间的异同，建立起它们之间的联系					0. 10
5. 能够为学生创造将所学内容应用于实际的机会，帮助学生将学习内容与学生的生活经验联系起来					0. 10
6. 能对过度简化、缺乏深度的教材进行重新组织，尤其要将那些被教材忽略的内容——如围绕某一问题发生的争论、某一思想观点的发展历史——等还原出来					0. 10
7. 能针对学生的认知错误进行分析，并利用更多的形成性评估给学生提供及时、充分的反馈					0. 10
8. 能引导学生运用所学进行预测、决策，或运用已学知识进行设计、创作					0. 10
9. 能引导学生进行批判性思考，对学习内容进行质疑或辩护，寻求更充分的证据支持					0. 05
10. 能控制学习内容的数量和学习进度，以使学生能围绕特定主题进行深度学习					0. 05

【拓展阅读 4 -3】

举例是教师的天职①

我们要突出强调:例子第一。举例是教师的天职。如果不举例,要教师干嘛?在学生觉得难懂的地方,教师在备课时要绞尽脑汁、挖空心思去寻求最好的例子。对学生来说,一个好例子,真是无价之宝,比许多空话要有效得多。对初上讲台的教师来说,除熟悉教材、掌握表达基本功之外,主要精力就应放在寻求好例子上。要在举例上执着地追求、反复地寻找。在头两遍教学过程中,应能在大部分难点上积累好自己绝妙的好例子,以后每年再不断地补充。

大体说来,一个好例子应符合以下几条标准:1. 所举的例子,是学生充分熟悉的事物;2. 所举的例子,对准了学生的难点和问题的要害;3. 所举的例子,对所要说明的问题具有很强的典型性和说服力;4. 所举的例子,要形象生动、具体、富有趣味。

例如,我们在讲牛顿第二定律时,说 $F=ma$ 公式中的 F 是合外力,内力不能使物体产生加速度时,就可以举例说:一个人不能提着自己的头发把自己提起来。这个例子是每个学生都知道的事实,不知道的也可以当场立即试验,所以符合上述第一条标准。内力不能使物体加速,这正是学生感到的难点,F 为合外力正是运用这一公式的要害之处,所以这一例子符合上述第二条标准。这一例子正典型地说明了人这一系统的内力不能使人获得加速度,而且立即可以试验,所以具有不可抗拒的说服力,所以符合上述第三条标准。正因为这一例子既现实而又未被人注意,所以形象生动、具体,富于趣味,因此此例又符合第四条标准。有时候实在找不到四条标准都符合的例子,在某一二条上凑合一点也总比没例子强。

思考交流 4 -5

约翰·杜威曾提到他访问过的芝加哥附近一所学校的某个班级,当时这个班正在学习地球形成的可能方式。杜威问学生:如果他们能够挖掘到地球中心,会发现那里是热的还是冷的呢。这个问题没有一个孩子能回答上来。教师告诉杜威先生,他提的问题不妥。她转向孩子们说:“孩子们,地球的中心是什么状态呢?”所有孩子异口同声地回答:“处于火一样的熔融状态。”②

请从教师教学能力的角度分析学生未能真正理解所学内容的原因。

3. 开展对话的能力

K. 沙勒与 K-H. 舍费尔等德国学者于 20 世纪 70 年代提出了交往教学论,将

---

① 杜和戎. 让人变得更聪明:讲授学[M]. 北京:新世界出版社,2003:262-263.

② TYLER R. W. 课程与教学的基本原理[M]. 罗康,张阅,译. 北京:中国轻工业出版社,2008:63.

课堂教学视为教师与学生之间的一种主体与主体(或者说"我与你")之间的交往、对话关系,而不是传统教学论主张的认识和被认识、改造和被改造的主体与客体(或者说"我与它")的关系,教师与学生正是通过这种合理的交往渐渐地接近"解放"的目标。[①] 日本教育学者佐藤学将教学视为由一系列对话构成的实践,具体来说教学中存在着三种对话:同客体世界状况的对话、同他人的对话以及同自身的对话。[②] 俄罗斯学者季亚琴科明确提出:"我们说,教学——这是交往,或这是在有知识和经验的人与获得这些知识和经验的人之间的交往的特殊场合,这指的就是教学的本质(教学——这是以特殊的方式有组织的交往,或教学是交往的特殊变体)。""在幼儿园、中小学、高等学校都有各种各样的课,无论何时何地,在这些课上的教学的本质是同一的:人们之间直接(借助口语)或间接(借助书面语或可用来取代书面语的手段)进行的交往。"[③]以上学者的论述,都强调了课堂教学是以交往和对话的形态存在的,没有交往和对话,就不存在或未发生教学。课堂教学的对话本质,决定了对话能力是教师关键的教学能力。在课堂教学中,最重要的对话发生在教师与学生之间,其具体形式包括提问、课堂讨论、问题本位学习等。

教师开展对话的能力如何,可通过表 4-7 所列的评价内容与标准进行评价。

表 4-7 教师开展对话能力的评价内容与标准

评价内容	评价标准				
	优	良	及格	不及格	权重
1. 能制订并维持对话规则					0.05
2. 能围绕教学的重点、难点以及学生思维的障碍之处设计提问或讨论的问题					0.2
3. 提问或讨论的问题有一定的开放性和复杂性					0.1
4. 能准确、简洁、清晰地表述提问或讨论的问题					0.1
5. 能控制好课堂提问和讨论的数量以及难易程度					0.1
6. 能给学生留出思考问题的时间					0.05
7. 能针对学生的回答给予反馈,通过追问、澄清、评议、综合、拓展等方法帮助学生形成更为全面、深入的理解					0.15

① 李其龙. 德国教学论流派[M]. 西安:陕西人民教育出版社,1996:121-122.
② 佐藤学,钟启泉. 教室的困惑[J]. 华东师范大学学报(教育科学版),1998(2):16-26.
③ 朱佩荣. 季亚琴科论教学的本质:下[J]. 外国教育资料,1993(6):20-27,61.

续表

评价内容	评价标准				
	优	良	及格	不及格	权重
8. 能有效调控课堂对话，确保学生的发言机会，维护学生自由表达的权利和犯错误的权利					0.1
9. 能为开展对话教学进行分组，合理确定分组的规模					0.05
10. 在讨论出现争执或陷入僵局时，能给予点拨和引导					0.1

需要特别注意的是，课堂上的对话总是由一定的“问题”引发并围绕问题进行的，因此，教师要具备高超的问题设计能力，问题设计的核心要求是：问题应能有效地激发学生的思考和对话。斯腾伯格将教师在课堂上提出的问题分为两种基本类型：“以事实为基础的问题”和“以思维为基础的问题”，以“美国南北战争”一课的教学为例，以事实为基础的问题可以这样设计：南北战争是什么时候爆发的？什么事件引发了南北战争？……而以思维为基础的问题则可以这样设计：假设你是一个南部联盟士兵，家住佐治亚州，对于佐治亚脱离联邦政府加入南部联盟，你有什么可说的？如果林肯总统没有被暗杀，美国历史会发生什么改变？今天，南北战争中的事件是否还影响美国？如果是，有哪些影响？如果没有，为什么？[①] 两种问题的优劣是显而易见的。

【拓展阅读 4－4】

无法立即回答的问题“含金量”才高

当学生遇到他们无法立即回答的问题时，他们更有可能被引导进行各种类型的思维……这些问题，还不应是在教科书或其他一些参考资料中能立即找到答案的问题。这些问题，应该是那种学生为获得任何解决方法，必须将各种不同的事实和观念联系起来的问题。而且，这些问题必须经常会在生活环境中产生。这样就更可能使学生把它当成值得努力去解决的现实问题。[②]

（三）结课能力

在课堂教学中，学生学习了多方面的知识、技能，在经历了丰富多彩的活动之后，将要结束这一阶段教学时，教师有必要做系统的整理工作，使学生所学的知识、技能有条理地纳入学生的认知结构之中；有必要帮助学生将课内学习的内容延伸拓展；有必要为后续教学打下基础。古人谈论文章写作时，曾有“凤头、猪肚、豹尾”之说，其实课堂教学也是如此，理想的导入应似“凤头”，引人入胜；结课则应似“豹尾”，收束

① STERNBERG R. J. 思维教学：培养聪明的学习者[M]. 赵海燕，译. 北京：中国轻工业出版社，2001：66－67.

② TYLER R. W. 课程与教学的基本原理[M]. 罗康，张阅，译. 北京：中国轻工业出版社，2008：60.

有力。教师的结课能力可依据表4－8所列内容与标准进行评价。

表4－8 教师结课能力的评价内容与评价标准

评价内容	评价标准				
	优	良	及格	不及格	权重
1. 能通过复述法、讨论法、图表法等方法归纳小结全课，将本课所授内容条理化、系统化、简明化，帮助学生执简驭繁					0.2
2. 教师所做的小结还要对课堂中普遍存在的问题和某些认识上的误区加以澄清，使学生获得经验与教训					0.2
3. 能组织学生进行课堂练习，教师可先为学生提供足够的指导性练习，并相机过渡到独立练习					0.1
4. 组织练习时，能调动学生的积极性，避免使学生厌烦地重复练习或单纯让学生死记硬背					0.1
5. 确保练习的典型性，重在让学生举一反三，触类旁通					0.1
6. 确保练习的针对性，即针对学习内容的重点、难点、关键，以及学生学习过程中的易错、易混、易忘知识点或技能环节					0.1
7. 布置的作业目的明确，体现课堂教学要达到的教学目标					0.1
8. 针对教材和学生实际有针对性地布置作业，避免过难、过易、过多、过少的作业					0.1

? 思考交流 4－6

分析下面两个教学案例中的教师各自表现出了哪方面的教学能力。

1. 一位化学教师讲“能量最低原理”课时，讲解了核外电子总是先占据能量最低的轨道，只有能量最低的轨道被占满后，核外电子才能进入能量较高的轨道的内容。他作了一个类比：向一块高低不同的洼地灌水，总是先淹低处，然后才淹到较高的地方。有学生问：“原子量为什么不用克作单位?”教师说：“一粒芝麻用吨来表示它的质量，如何?”①

2. 在“生态系统的能量流动”的教学中，我抛给学生的问题是：“同学们有过这

① 严先元．讲授的技巧［M］．成都：四川大学出版社，2010：73.

样的体验吗：我们去超市买菜的时候，往往看见肉类的价格比蔬菜贵。从生态系统能量流动的角度来看，你能解释这是为什么吗？”进而引出生态系统能量流动的“十分之一定律”。在“人和高等动物水盐平衡的调节”的教学中，我问学生：“大家回想一下，我们在天冷时还是天热时尿多？”引导学生进入正题：“人和高等动物在不同的温度环境里是如何调节水盐平衡的。”①

三、教学评价能力

评价是教学过程不可或缺的组成部分，是教学质量保障体系中的重要一环。教师在教学的各个阶段都要开展评价。在教学前评价学生的起点和需求，使教学更有针对性；在教学过程中评价学生在学习中的点滴进展，发现其优势与不足，并对不足予以及时的补救；在教学结束后再从整体上评价学生的学习达标程度，分析教师的教学成效。教学与评价“你中有我”，“我中有你”，相互联系，相互促进。

教师的教学评价能力主要包括以下八个方面：① 能够将考试与其他评价手段结合起来，获得关于学生学业成就的完整图景；② 能够准确地将课程标准规定的课程目标转化为清晰的教学目标，并将之转化为评价目标；③ 能够结合教学内容将评价目标具体化为表现指标并设定适当的表现标准，且将评价目标以及相关的表现指标事先告知学生；④ 所设计的试题或者表现任务应当能够准确反映课程目标所要求的内容领域和难度水平，并且整张试卷应当反映所要评价的学期或单元的学习目标，试卷中重难点的分配应与课程目标要求的重难点匹配；⑤ 能够根据评价目标选择适当的评价形式和评价任务；⑥ 能够适当地解释、运用评价结果；⑦ 能够设计有效的结果报告方法，能够与学生及其家长有效地交流评价结果，能向学生提供促进学习的具体反馈；⑧ 能够运用评价结果进行自我反馈，规划和改进课程、教学和评价本身。②

无论是标准化的测验，还是教师自编的测验，在题目形式、内容、指导语、填答方式、记分方法、试卷编排，乃至版面设计与印制等诸方面都有不同的要求，需要进行精心的设计。表 4－9 是一个测验编制核查表，此表也可作为评估教师测验编制能力的参考。

表 4－9　测验编制核查表

序号	测验项目	项目说明	未达成	部分达成	已达成
1	平衡	题目是否全面考察学生的信息记忆、解释、原理应用、观点评价等能力，而不是仅对某一方面的能力进行考察			

① 汪瑞林．教师自我突围的秘诀：36 位名师的专业成长经验［M］．上海：华东师范大学出版社，2019：139.

② 王少非．课堂评价［M］．上海：华东师范大学出版社，2013：298－299.

续表

序号	测验项目	项目说明	未达成	部分达成	已达成
2	恰当	测验题目是否与课程标准、教学内容保持一致？是否把考核重点放在课程核心的知识和技能上			
3	简洁	是否用了简单清晰的语言表述测验任务？设问是否存在指向不明、包含歧义的问题			
4	正确	题目是否难度适当、没有错误？答案是否经得起推敲			
5	独立	题目之间是否有相互暗示、提示			
6	编排	是否将考查相同成果的题目放在一起？是否将相同类型的题目放在一起？是否将题目按难度递增顺序排列			
7	序号	是否在整个测验中按顺序标定了题目的序号			
8	指导	是否有整个测验和各部分的指导语？指导语是否简洁并符合学生的阅读水平？指导语是否说明了答题时间和答题方式			
9	空间	页面的空间安排是否便于阅读和作答			
10	打字	最终版本是否有打字错误			

四、信息技术应用能力

近几十年来，教育领域发生的最大变化莫过于信息技术与课堂教学、学生学习、师生互动、学校管理等的深度融合，在校园信息化水平迅速提高的今天，教师不具备一定的信息技术应用能力是不可想象的。教师只有具备了一定的信息技术应用能力，才能更有效地搜集教学资源、呈示教学内容、评估学生表现、参与人际互动、促进自身学习。

［拓展阅读］中小学教师信息技术应用能力标准（试行）

为了促进中小学教师信息技术应用能力的发展，2004 年，我国教育部正式颁布了《中小学教师教育技术能力标准（试行）》，从意识与态度、知识与技能、应用与创新、社会责任四个维度描述了教师的信息技术能力。2014 年 5 月，教育部又颁布了《中小学教师信息技术应用能力标准（试行）》，对中小学（包括幼儿园）教师信息技术能力培训提出了指导性的政策规范。该标准根据教师教育教学工作与专业发展主线，将信息技术应用能力区分为技术素养、计划与准备、组织与管理、评估与诊断、学习与发展五个维度。

在教育实践中，以下五个方面的信息技术应用能力对教师尤为重要，这些能力通常也是教师专业发展的主要内容：多媒体素材采集与处理的能力，多媒体课件设计、制作与评价能力,网络教育资源获取与应用能力,信息化教学设计能力以及信息化课程建设能力。

第三节　育人能力

党的二十大报告指出,“育人的根本在于立德”,要“加强和改进未成年人思想道德建设”。《中华人民共和国教师法》规定:“教师是履行教育教学职责的专业人员,承担教书育人,培养社会主义事业建设者和接班人、提高民族素质的使命。”“育人”是教师的基本职责之一,育人能力是教师必备的关键能力之一。育人能力就是教师依据社会和学校的要求,采取一定的措施和手段,促使受教育者的道德品质以及各方面的综合素质得以提高和完善的能力,也可以说,就是教育学生如何做人的能力。

【拓展阅读4-5】

教师要帮助学生成为具有人性的人

一位纳粹集中营的幸存者,当上了美国一所中学的校长,每当一位新教师来到学校,他就会交给那位老师一封信,信中这样说:“亲爱的老师,我是集中营的生还者。我亲眼看到人类不应当见到的情景:毒气室由学有专长的工程师建造,儿童被学识渊博的医生毒死,幼儿被训练有素的护士杀害,妇女和婴儿被受过高中或大学教育的人枪杀。看到这一切,我怀疑了,教育究竟是为了什么?我的请求是:请你帮助学生成为具有人性的人。你们的努力绝不应当被用于制造学识渊博的怪物、多才多艺的变态狂、受过教育的屠夫。只有在能使我们的孩子具有人性的情况下,读写算的能力才有其价值。”①

教师的育人能力主要包括规划德育内容的能力和实施道德教育的能力。

一、规划德育内容的能力

教师要开展育人工作,首先要确定能培养学生哪些德性,并对德育内容做出规划。教师在规划德育内容时,既可以依据官方文件,也可以参考国内外的相关研究成果,还可以针对儿童的发展特点和班级的实际情况来进行。党的二十大报告指出,要“实施公民道德建设工程”“推动明大德、守公德、严私德”,尤其要“弘扬中华传统美德”“用社会主义核心价值观铸魂育人”,这是教师规划德育内容的基本指南。每位教师规划的德育内容可能各不相同,但这些内容均不得背离人类普遍的道德准则,并且应包含遵守规则、尊重他人、对事负责、自我克制等具有普遍意义的道德准则。

[拓展阅读]
基本德性

① 邓志伟.教师人文素质研究:国际视野与本土实践[M].上海:华东师范大学出版社,2012:204.

 教育实例 4-1

雷夫老师教给学生的十项人生信条

我在第一天点名之前就让孩子们拿到一张卡片，上面是简单的十条要点，后面也几乎没有什么解释。卡片上所提示的内容至少要讲上一年，让我们现在就开始吧。

致霍伯特的"小莎士比亚们"：

1. 我们的使命：友善待人，全力以赴。
2. 我们的箴言：成功无捷径。
3. 我们诚实守信。
4. 我们发挥主动性。
5. 我们为自己的行为负责。
6. 我们注意时间和场合。
7. 我们不怕提出问题。
8. 我们理解形象的重要性。
9. 我们有条不紊。
10. 我们谦虚谨慎。

一年过后，孩子们就会逐渐弄清楚这十项信条是如何贯穿在他们所有的学业、技能当中的。未来的日子里，无论是数学课、地理课还是练习打棒球，这些信条将始终是我们行动的指南。确切地说，教导十项信条算不上是正式的上课，我主要是将它们以跟学生谈话的方式融入一些课堂活动中，在接下来的几周时间里，我们将逐条提及并加以详细阐述。①

? 思考交流 4-7

如果你成为一名教师，你将着重发展学生的哪些道德品质？你为什么看重这些道德品质？

二、实施道德教育的能力

教师要开展德育工作，对学生的道德成长产生影响，应该具备以下六个方面的能力。

（一）能够通过谈话说理来培养学生的品德

教师在进行谈话说理时，要充分了解学生的思想状况、个性特点和理解能力，从而使谈话内容具有针对性、适切性；教师的态度应诚恳，耐心倾听学生的意见，避免严厉的斥责和挞伐；为了说服学生，教师在谈话说理时必须为学生提供新的信息，也就是能说出一些学生没听说过、没想到过的内容；教师谈话说理时还要做到动之以情，晓之以理。

---

① 艾斯奎斯．第56号教室的奇迹3：说给老师的真心话[M]．俞大河，赵金基，译．北京：光明日报出版社，2015：14-15.

（二）能够通过榜样示范来培养学生的品德

［拓展阅读］灵魂转向的“6E”

班杜拉的社会学习理论告诉我们，观察和模仿在学生的道德学习中占有重要地位。为了培植美德，教师必须具备一定的道德示范能力，通过隐性或显性的示范过程，对学生的道德成长施加影响。

（三）能够挖掘学科教学中的德育资源，开展教育性教学

中小学各科教材，尤其是人文学科的教材中包含着大量的教育性因素，教师要能充分挖掘和利用这些因素，融道德教育于课堂教学之中，真正实现教育性教学。

（四）能在班级中组织道德问题讨论并激发学生的道德反省

在日常的学校生活中，师生都会遇到很多关涉道德的问题，这是德育的重要资源。教师必须利用各种契机，组织学生对这些问题进行讨论，通过价值澄清的过程来生成道德认知。

（五）能够通过组织活动与体验来培养学生的美德

日本学者指出：“人之成德乃在于力行。这同掌握各种技艺的情形相似。……人们通过建筑而成为木匠，通过弹琴而成为琴师。同样，我们通过做种种正派的行为，才成为正派的人；通过做种种有节制的行为，才成为有节制的人；通过做种种勇敢的行为，才成为勇敢的人。”[①]当代学校德育发展的一个趋势，就是减少说教，更多地将其诉诸学生的生活体验。作为教师，应有能力为学生创造多种体验和活动的机会，通过“做”来培植美德。

（六）能够明确地向学生表明自己的态度

作为学生成长过程中的“重要他人”，教师在表达自己的态度——赞扬什么，批评什么；对什么行为大为光火，又对什么行为不屑一顾——的时候，实际也是在向学生传递一定的道德观念。

教育实例 4－2

吴非：教师要向学生表明自己的态度

曾听一位学者做德育报告，他说到“不管什么原因，都不能对学生发火”，“要永远和风细雨，润物细无声”。对照要求，我做得不够好。我甚至不止一次地对学生的行为表示过愤怒。

有学生议论宿舍管理员“很凶”，说“大家一直诅咒她”。我问学生：“你们为什么用‘诅咒’这样的词？”学生说，熄灯后我们总要讲几分钟话的，她就扣我们的分了。我问：你们为什么就没想到她是对全体学生负责呢？你们每天晚上熄灯后讲话，妨碍了别人休息，就是违纪；对此毫无认识，还要责难老师，岂有此理！

我认为，及时地向学生表明自己的愤怒，是一种教育。在教育工作中，如果我们不敬重崇高，下一代将变得猥琐；如果我们不维护正义，下一代就会丧失羞耻感；如果

① 筑波大学教育学研究会．现代教育学基础［M］．钟启泉，译．上海：上海教育出版社，2003：369－370.

我们不看重诚信，下一代将以奸诈为荣；如果我们不尊重文明，下一代将会比较粗野……所以，我认为，在很多问题上，我们应当向学生表明自己的爱憎。

思考交流 4－8

分析下面两个德育案例中的教师各自表现出了哪方面的道德教育能力。

1.“小数乘法”是小学数学中的一个单元。教师从学生生活实际出发，设计了诸如“回收1吨废纸，可以保护16棵树，回收54.5吨废纸可以保护多少棵树?”“1公顷松柏林每天分泌杀菌素30千克，24.5公顷松柏林31天分泌杀菌素多少千克?”“小组合作探究班级所在楼层的洗手池每天使用人数和每人每次的平均用水量，统计洗手池每天的用水总量并给出节水小窍门。”等题目和实践活动，将环境保护理念寓于数学教学之中。①

2. 三年级的班主任吴老师接班不久，就发现全班在校就餐的48名学生只有一个同学自己洗碗，其余的孩子总是将脏兮兮的碗勺塞在课桌内，等放学时带回去给父母洗。调查后发现，一部分孩子是自己不愿洗，但更多的是家长不要他们洗。于是吴老师就采取了三项措施。首先，给家长写了公开信，告诉他们孩子已经三年级了，让他们自己的事情自己做才是对孩子最好的爱，并要求家长在家中让孩子试着独立洗碗。其次，利用晨会课对孩子进行了“自己的事情自己做”的再教育，并且大力表扬那个自己洗碗的孩子，还采用示范的方法给孩子讲授洗碗的要领，教孩子怎样才能把碗洗干净。最后，在班中添置洗洁净和香皂，让孩子选出洗碗提醒员，并要求孩子每天自己带好洗碗布，自己洗碗。起初吴老师天天检查，一段时间后改为不定期的抽查。有些孩子开始确实洗不干净，吴老师就手把手地教。经过一个月的努力，该班孩子全部学会了自己洗碗。吴老师又引导学生做更多力所能及的事情，规定凡是孩子自己想做但不会做的事情可以向她求助，凡是做了自己能做的事情，就能在“我会做”的表扬栏上得到小红花，并且做小老师，带领其他孩子学着做。一个学期后，许多家长明显地感受到了孩子的成长。②

第四节　班级管理能力

管理是一种普遍的人类活动，当人类的祖先在部落首领的领导下，合理分工围捕猎物时，管理活动就发生了。在班级这个社会组织中，教师是其管理活动的主要承担者，他们通过计划、组织、沟通和激励来建立并维持有序、安全的学习环境，确保教育教学活动的顺利进行。同时，有效的班级管理还是育人的重要途径，能发展学生的自制力、责任心、合作精神及民主意识等。良好的班级管理需要教师具备一定的班级管理能力，这项能力主要包括以下四个方面。

① 教育部基础教育司．中小学德育工作指南实施手册[M]．北京：教育科学出版社，2017：51.

② 高谦民．今天，我们怎样做班主任：小学卷[M]．上海：华东师范大学出版社，2006：156.

一、班级日常管理的能力

教师承担着大量日常性的班级管理工作，如管理班级环境、处置各种问题行为、对学生的综合表现进行评价、主持班级例会、检查卫生状况、与家长保持联系，等等。下面着重对教师完成前三项日常管理工作所需具备的能力做一介绍。

（一）班级物质环境管理的能力

苏霍姆林斯基指出："孩子在他周围——在学校走廊的墙壁上、在教室里、在活动室里——经常看到的一切，对于他精神面貌的形成具有重大的意义。"教室空间是一个物质环境，如果安排得当，这个物质环境就会对生活于其中的师生产生积极影响。教师管理班级物质环境的能力主要包括以下两个方面。

1. 能对班级的墙壁、角落进行布置

教室的前墙是学生视线最集中的地方，因此教师要将最重要的信息呈现在这里，但又不能使前墙过于花哨以免分散学生的注意力。教室后墙一般是黑板，也可以将其作为学生优秀作品的展示平台。教室两侧的墙壁可张贴教学资料、学生作业展示、班级信息、名言警句、各种主题性材料等。教室的角落主要包括图书角、生态角和卫生角的布置。有班级管理能力的教师，能充分地发挥创意，将教室的墙壁和角落布置得美观、有序、富有教育意义。

2. 能合理地安排班级座位

座位的安排会对学生的课堂行为、学习效果、社会交往、人际关系等产生影响。教师在安排座位时要能做到以下四点。

第一，能根据自然身体条件优先原则来安排座位，将学生的身高、视力、听力条件作为安排座位首先考虑的因素。

 教育实例 4－3

秧田式座位编排的方法①

新学期开始时，全班同学一起站到走廊上，依身高排队，两人一组，从第一排第一桌开始坐起。座位排好后要定期对座位左右循环调整以保护视力，教师还要定期对座位进行前后循环调整，例如1－3排前后循环、4－6排前后循环。

第二，能依据互补原则来安排座位，充分考虑学生的差异，并使各方面条件有差别的学生坐在一起，起到取长补短、互相促进的作用。

第三，能公平地安排座位，排除个人偏见和歧视。具体来说，应避免以下错误：一是不搞权力座位，不要为了某些人的权力而过分地照顾他们的孩子；二是不要搞腐败座位，不得利用安排座位之机以权谋私；三是不按成绩好坏来编排座位，使成绩最好的学生占据最佳座位，而成绩最差的同学只能坐在不好的位置上，这实际是对学习困

① 周成海．小学班级管理[M]．大连：大连理工大学出版社，2016：79.

难学生的整体性歧视，会对他们的心灵造成巨大伤害；四是不按纪律好坏来编排座位，不要把纪律不好的学生安排到教室最后面的座位上，或者在教室的某个部位（比如讲台旁边）设立特殊座位，让这些学生与其他学生不坐在一起，这是一种典型的歧视性座位，无论对于孩子的健康成长还是教师的班级管理，都是极为不利的。①

【拓展阅读 4－6】

怎样给“调皮鬼”排座位②

班上的“调皮鬼”喜欢聚在教室的角落里，而教师的视线很难落在那些区域。明智的做法是把这些学生调到教室的前面，这样更便于监视他们。有趣的是，一些研究者发现：学生的座位调到前面以后，成绩也相应提高。当然，要避免让两个“调皮鬼”坐在一起。

第四，能定期轮换座位。定期调换座位，一是为了调节学生的视线，防止学生成为斜视；二是让学生对环境（座位）产生一种新鲜感，并拥有了与更多同学进行互动的机会；三是避免某些同学总是被排除在教师的关注之外的不公平现象。

（二）应对学生问题行为的能力

班级生活具有复杂性，学生成长中也会经历一些动荡的阶段，作为教师，不可避免地要应对形形色色的学生问题行为。学生问题行为的表现多种多样，常见的有：打架、挑衅教师、偷窃、作弊、骂人、不交作业、打小报告、破坏公物、在课堂上随意讲话、恃强凌弱、带危险品到学校、逃学等。这些问题行为会妨碍学生良好品德及人格的形成和发展，干扰其他同学的学习，作为教师，必须具有迅速、审慎地应对这些问题行为的能力。

关于如何应对学生的问题行为，许多教科书都给予了详细的指导，这里不再赘述。当然，教育情境是复杂的，教师在面对学生形形色色的问题行为时，还要展示出灵活应变的能力，并遵循以下几项原则：第一，问题行为发生时，教师必须依照规定果断处理，不得置之不理；第二，即便有的学生做出了不当的行为，其尊严依然应该得到维护，教师不能在情绪失控的状态下对学生采取过激行为；第三，奉行“最小干预原则”，也就是说，如果问题行为不是很严重，那么教师就不应以严厉、激烈的方式进行介入。

［拓展阅读］最小干预原则

思考交流 4－9

请回顾你在求学阶段所见的各种学生问题行为，并对教师在应对这些问题行为时所展示出的能力状况进行评论。

① 田恒平．做一个智慧的班主任［M］．太原：山西科学技术出版社，2006：36.

② PARTIN R. L. 教师课堂实用手册：新老教师教学与管理策略：第2版［M］．徐富明，译．北京：中国轻工业出版社，2006：3.

（三）学生综合表现评价能力

在每个学期末，除了要对学生的学业成绩进行评定之外，教师通常还要给学生写综合评语，对学生一个学期以来的综合表现进行评价，这也是教师与学生、家长进行深度沟通的重要手段之一。教师只有在平时要注意观察学生，积累形成性评价资料，在期末时才能写出激励和促进学生发展的好评语。

目前，我国教师在写作评语时经常出现的问题包括：首先，许多评语不够全面，不少教师写的评语仅从一两个方面评价学生，“攻其一点，不及其余”；其次，有些教师在评语中减少了批评和指责，但其中却充满了空洞的溢美之词；再次，许多教师撰写的学生评语仍然只是一些套话，尚未摆脱千人一面的局面，缺乏个性等。赵德成教授设计了一份实用的评语写作自我核查表（如表4－10所示），这个检核表可作为教师评估自己综合表现评价能力的参考。该表由10条标准构成，教师可对照自己写的评语逐条进行核查，如果达到了标准，在“是”栏画“√”；如果尚需改进，在“否”栏画“√”。如果教师在整份核查表中的得分低于6分，说明自己的评语需要大幅改进。

表4－10　评语写作自我核查表①

标准	表现
全面	
1. 从多个侧面评价学生，而不是只攻一点，不及其余	是　否
2. 既评价学生的学习表现，又关注学生在情意个性、社交等诸方面的情况	是　否
激励	
3. 真诚地认可学生的进步，赏识学生的优点	是　否
4. 没有空洞无物的溢美之词	是　否
个性	
5. 既描述学生的优势，又指出不足	是　否
6. 为评价观点提供了具体的事例或证据	是　否
语言	
7. 所使用的语言亲切、中肯	是　否
8. 所使用的语言通俗易懂	是　否
有效	
9. 评语能促进学生的自我反思和改进	是　否
10. 评语能增进家长与教师之间的交流	是　否

二、班级组织管理的能力

班级首先是一个组织，要使这个组织有序地运行，必须对组织成员进行分工，明确其角色与职责，形成结构良好的组织体系，这对教师的组织管理能力提出了较高的

① 赵德成．促进教学的测验与评价［M］．上海：华东师范大学出版社，2016：211．

要求。教师的班级组织管理能力主要包括以下两点。

(一) 能组建班干部队伍

不管是把班级视为科层组织,还是学习共同体,都可以确定某些班级成员,将其作为班级骨干发挥更大作用,这些骨干分子就是班干部。班干部的产生方式主要有任命制和选举制两种,这两种产生方式都离不开教师的组织领导。任命制一般存在于班级刚刚组建时,教师(班主任)要摸清本班学生总的情况和每个学生的具体情况,选择适合的学生担任班干部。选举制是一种相对更为合理的班干部选拔方式,通过选举可以发展学生的竞争意识、民主意识和公民意识。选举一般由教师组织,包含竞选演讲和民主投票等程序。

(二) 能对班干部工作进行指导

安排好班干部之后,教师还要进行具体指导。教师要引导班干部正确地认识自己的地位和角色,让他们明白,自己的基本职责是服务,而不是"管人"。教师还要在工作方法上给予班干部以指导,教育实例 4-4 就是一个相关的案例。

 教育实例 4-4

班主任对班干部工作进行指导

在小学时,我是生活委员,有时要负责收钱,比如收午餐费等。我第一次收完钱,攥了一把大大小小的纸币还有一堆硬币就去交给班主任,告诉她总金额,自以为这样就算完成任务了。班主任语重心长地对我说:"你应该学会打理钱的方法,把同样面值的钱放在一起,按照从小到大的顺序排起来,硬币最好另外用纸包好,然后在一张空白纸上列出收费清单,这样就能一目了然了。作为班干部,你一定要养成注重细节、有条理地做事的习惯,这对你将来的生活和工作都很重要。"从那以后,每次收钱我都打理得整整齐齐,把清单列得清清楚楚,她那句"做事要有条理"的告诫我到今天依然铭记于心。①

三、班级制度管理的能力

班级生活的内容丰富多样,课堂学习、课间休息、集体活动、学生交往、值日、选举班干部等各项活动都需要有相应的制度规范,这样才能保证各项活动有秩序地、高效地进行。班级制度又是育人的重要途径,学生守规则、自制、负责等品质,正是在遵守班规的过程中逐渐形成的。作为教师,应具备较强的班级制度管理能力。② 评估教师的班级制度管理能力,可参考以下评价内容(如表 4-11 所示)。

---

① 周成海. 小学班级管理[M]. 大连:大连理工大学出版社,2016:82-83.

② RIBAS W. B. 新教师入门指导[M]. 王卫华,译. 北京:中国轻工业出版社,2006:38.

表 4－11　教师班级制度管理能力的评价内容与标准

评价内容	评价标准				
	优	良	及格	不及格	权重
1. 能引导学生及时地制订班级规则					0.1
2. 能民主地制订班规，让学生参与到规则的制订中来					0.1
3. 能全面地制订班规，尽量为学生的活动“有法可依”提供条件					0.1
4. 能合法地制订班规，“合法”指班规不能与上位的法律法规相冲突					0.1
5. 能合理地制订班规，“合理”意味着班规是学生能够做到的、必要的、不违背学生天性的、切实可行的					0.15
6. 能制订具体明确，具有可操作性的班规					0.1
7. 能够坚决果断、始终如一地执行班规					0.1
8. 能够公正地执行班规					0.15
9. 能够对违规学生进行适当的批评与惩罚					0.1

思考交流　4－10

说明以下班规的不合理之处

1. 小学三年级的时候，大家开始使用钢笔写字。老师规定，用钢笔写作业，写错一个字就必须整页撕掉重写。那时我们都有涂改液，可老师偏偏不让我们用。只记得当时我那个本子用到最后都剩不了几页，大部分都因为写错字撕掉了。

2. 有些学生在午餐时间说话声音有些大，于是教师规定：“午餐时间任何学生都不准说话。”

3. 为了“卫生班级”的锦旗，教师规定每天大扫除一次，上下午各拖地一次，拖地时全班同学必须离开班级，直到地干了，才能进来。若气温较高或天下雨还必须脱鞋进入教室到自己位子上才能再穿上。每位同学每天上课都要自备抹布，课前课后随时擦净自己座位前后左右的地面，以彻底解决可能出现的任何疏忽，把卫生班级的荣誉长久保持下去。

四、组织班级活动的能力

班级活动是在教师的组织和领导下，为推动学生发展和班级建设而开展的形式多样的学生活动。班级活动因活动范围的广泛性、活动内容的丰富性、活动形式的多样性而深受学生欢迎，在学校教育过程中发挥着课堂教学所不能代替的作用。教师组织班级活动的能力主要包括以下两个方面。

［拓展阅读］
班级活动
的价值

（一）能够确定班级活动的主题

教师要能够根据教育学生的需要，针对学生的年龄特征和心理特点确定班级活动的主题。这实际上是对教师策划能力的一个考验。教师在策划活动时要征询学生意见,并针对班级存在的实际问题或学生的实际需要。例如,班级里用脏话骂人的现象比较严重,教师就可以策划"我是有教养的文明人"的主题班会;班级里的突发事件,如果有潜在的教育意义,也可以成为班级活动的主题。

(二)对各类班级活动进行有效调控

班级活动的类型多种多样,主要有主题班会、班级文体活动、班级科技活动、社会实践活动等。各种类型的班级活动在内容和形式上均有所不同,教师必须具备对各类班级活动进行组织和调控的能力。具体包括制订周密的活动计划、激发学生动机、对班级活动过程中出现的意外进行处置、对班级活动进行总结等能力。

思考与练习

1. 以下是上海师范大学谢利民教授在一次讲座中对教师专业技能所进行的分析:

还有一个就是教师的人际关系、沟通表达能力,这个事对今天学校的教师来说,变得越来越重要,不论是大学教师,还是中小学教师,特别是我们这些年轻独生子女教师,在人际关系处理能力方面,是摆在年轻教师面前的一个重大关口。

我接触过一些年轻的教师,他们的工作责任心挺好,真是一片良苦用心,但家长却非常不满意。我发现这些教师的沟通和表达能力不过关,因为我们今天的许多年轻教师,他们本身就是独生子女,不论大家是否承认,现在的这些年轻教师都习惯于自我中心。

但今天这些年轻的独生子女教师,作为一名合格的教师,要怎么和学生进行有效地沟通?怎么能够和学生的家长进行和谐的沟通?怎样可以达到大家互相理解、互相接受的程度?怎么和周围的同事、领导去沟通?所以从这个角度来说,这个能力是现代人所必备的一个东西。但这种能力,我们年轻的教师还比较欠缺一些。①

思考问题:

(1)谢教授认为人际关系、沟通表达能力对于教师来说非常重要,请分析其原因。

(2)谢教授指出,一些年轻教师本身就是独生子女,有"习惯于自我中心""沟通能力欠缺"等不足,请反思自身是否也存在着这些问题。

(3)教师要与学生、同事、领导和家长进行有效沟通,需要掌握哪些重要的技能?

2. 雷夫老师在自己的著作中讲到:

很遗憾,我见过太多小学老师是这样上数学课的:

① 王荣生.语文教师专业发展十四讲[M].上海:华东师范大学出版社,2015:54-55.

各位同学，请打开课本，翻到第142页，上面有500道乘法题，算完以后翻到本书的最后一页，也就是第543页，上面还有500道乘法题。请大家安静地做完题目。

如果你是这么教学的老师，一定会很爱这些孩子，因为他们都会乖乖照做，一句抱怨都没有。但是我有个疑问：如果小孩会算10道乘法题，为什么要他做500道题？如果他连10道题都不会算，那么要他做500道题的意义在哪里？这种反复练习直到兴趣索然的唯一真实目的，是让老师落得轻松。我发现数学课其实有更有效的教法。无论我教的是什么技巧，我都以重质不重量为原则，出较少的题目让学生练习。因为我没把整堂课的时间拿来做基础运算，所以有时间帮助孩子理解数学，学着喜欢数学。①

思考问题：

(1) 一些教师青睐题海战术、机械训练等教学方法，其原因有哪些？

(2) 从教师能力的角度看，题海战术反映出教师缺乏哪些重要能力？

3. 上午第四节课是三甲班的科学课，听说新来的王老师会让他们做实验，孩子们很高兴。孩子们从来没有进行过科学分组实验，觉得很兴奋。果然，上课了，王老师拿来了磁铁、指南针、杯子，剪刀等好多工具。在简单介绍原理并示范实验过程后，王老师开始分组并发实验工具和记录表，工具发完后，王老师拍拍手说："好啦，同学们就按照老师刚刚示范的样子开始实验吧。"一时间，教室里同学们手忙脚乱，由于从来没有做过科学分组实验，同学们有很多疑问。教室里不断有同学在喊："老师，应该谁做记录啊？""老师，可以离开座位看别的组的实验吗？""老师，某某同学一个人拿着磁铁和指南针做，不让我们做！""老师，我们做完了，可以上厕所吗？"王老师不停地大声叫喊，可是教室里就像开了锅似的，怎么也安静不下来，不少同学甚至在教室后面打打闹闹玩起了游戏。王老师一堂课下来满头大汗，暗自抱怨："孩子们真的是太调皮了，难怪老师们都不愿意上分组讨论与实验，真的是太辛苦了！"②

思考问题：

(1) 王老师在班级管理能力方面存在哪些不足？

(2) 如果你是王老师，你将如何应对上述课堂情境？

4. 培养美德历来都是学校教育的重要目标，也是教师的重要职责。如果要求你在一个小学班级里培养学生"自我控制"的品格，你会怎样做？

---

① 艾斯奎斯．第56号教室的奇迹：让孩子变成爱学习的天使[M]．卞娜娜，译．北京：光明日报出版社，2014：61－62.

② 邓栩．小学课堂管理[M]．北京：北京师范大学出版社，2015：129.

第五章　教师专业伦理

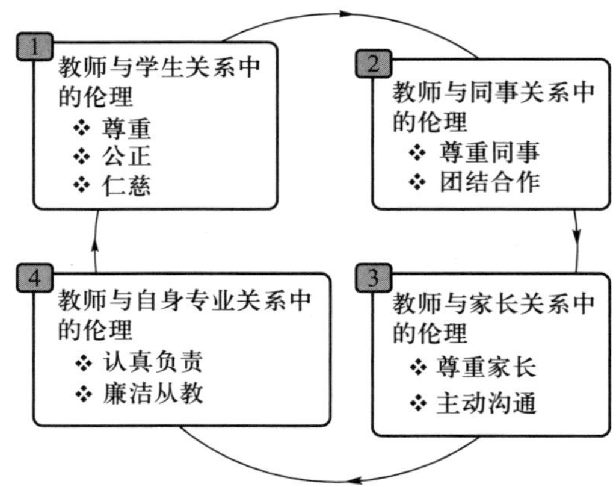

本章导入

我的老师①

莫言

给我留下了印象的第一个老师是一个个子很高的女老师，人长得很清爽，经常穿一身洗得发了白的蓝衣服，身上散发着一股特别好闻的肥皂味儿。她的名字叫孟宪慧或是孟贤惠。我记住了她是因为一件很不光彩的事。那是这样一件事：全学校的师生都集中在操场上听校长作一个漫长的报告，我就站在校长的面前，仰起头来才能看到他的脸。那天我肚子不好，内急，想去厕所又不敢，将身体扭来扭去，实在急了，就说：校长我要去厕所……但他根本就不理我，就像没听到我说话一样。后来我实在不行了，就一边大哭着，一边往厕所跑去。一边哭一边跑还一边喊叫：我拉到裤子里了……我自然不知道我的行为带来的后果，后来别人告诉我说学生和老师都笑弯了腰，连校长这个铁面人都笑了。我只知道孟老师到厕所里找到我，将一大摞写满拼音字母的图片塞进我的裤裆里，然后就让我回了家。

第二个让我终生难忘的老师是个男的，其实他只教过我们半个学期体育，算不上"亲"老师，但他在我最臭的时候说过我的好话。这个老师名叫王召聪，家庭出身很好，好像还是烈属，这样的出身在那个时代里真是像金子一样闪闪发光。一般的人有了这样的家庭出身就会趾高气扬，目中无人，但人家王老师却始终谦虚谨慎，一点都不

① 蔡辰梅．小学大爱：小学教师师德案例读本［M］．上海：华东师范大学出版社，2016：3－4．

张狂。因为我当着一个同学的面说学校像监狱，老师像奴隶主，学生像奴隶，学校就给了我一个警告处分，据说起初他们想把我送到公安局里去，但因为我年龄太小而幸免。

出了这件事后，我就成了学校里有名的坏学生。他们认为我思想反动，道德败坏，属于不可救药之列，学校里一旦发生了什么坏事，第一个怀疑对象就是我。为了挽回影响，我努力做好事，冬天帮老师生炉子，夏天帮老师喂兔子，放了学自家的活儿不干，帮着老贫农家挑水，但我的努力收效甚微，学校和老师认为我是在伪装进步。

一个夏天的中午——当时学校要求学生在午饭后必须到教室午睡，个大的睡在桌子上，个小的睡在凳子上，枕着书包或者鞋子。那年村子里流行一种木板拖鞋，走起来很响，我爹也给我做了一双——我穿着木拖鞋到了教室门前，看到同学们已经睡着了。我本能地将拖鞋脱下提在手里，赤着脚进了教室。这情景被王召聪老师看在眼里，他悄悄地跟进教室把我叫出来，问我进教室时为什么要把拖鞋脱下来，我说怕把同学们惊醒。他看了我一眼，什么也没说就走了。

［拓展阅读］道德体系的基本原则

事后，我听人说，王老师在学校的办公会上特别把这件事提出来，说我其实是个品质很好的学生。当所有的老师认为我坏得不可救药时，王老师通过一件小事发现了我内心深处的良善，并且在学校的会议上为我说话。这件事，我什么时候想起来什么时候感动不已。

思考问题：

1. 莫言笔下的孟老师和王老师的所作所为，符合教师专业伦理的哪些要求？
2. 教师专业伦理除对师生关系进行规范外，还涉及哪些重要方面？

专业伦理这一概念在英文教育文献中被广泛提及，在国内则多被称为职业道德或专业道德。无论什么专业，其专业人员都要受到某种特定的伦理道德规范的约束，都有各自的专业伦理，教师专业也不例外。教师专业伦理是指“本着服务理念，突出专业特征，教师在从事教育教学专业活动中一致认可并自觉遵守的一套行业内部规范和准则，其共同目标是提高本职业声誉和社会地位”[①]。坎普贝尔提出，教师专业伦理能够“驱动教师考察自身的行为，质疑自己的意图和行动。它要求教师运用专业美德的透镜，包括诸如公正、正直、道德勇气、同情、忠诚和耐心等一般性伦理原则，去审视课程和他们从事的教学与评价工作，也包括他们与学生或他人之间的人际交往”[②]。作为一名专业教师，到底应遵守哪些伦理规范呢？对于这一问题，教育行政部门和教育研究者都做出了回答。如，《中小学教师职业道德（2008 年修订）》和《新时代中小学教师职业行为十项准则》都规定了教师应遵守的伦理规范；有研究者也就教师专业伦理规范的内容做了阐述。

新时代中小学教师职业行为十项准则

教师专业伦理是教师在处理各种社会关系时所要遵循的规范，而教师专业工作涉及的主要利益关系有教师与学生的关系、教师与同事的关系、教师与家长的关系以及教

① 杨晓平，刘义兵. 论教师专业伦理建设［J］. 中国教育学刊，2011（12）：66－69.

② 坎普贝尔. 伦理型教师［M］. 王凯，杜芳芳，译. 上海：华东师范大学出版社，2011：中文版序.

师与自身专业的关系，因此，本章将从以上四个维度对教师专业伦理的构成进行分析。

第一节　教师与学生关系中的伦理

学生是教师最主要的交往对象，二者的关系是学校教育中最重要的人际关系。在师生交往中，教师能否恪守一定的专业伦理，直接关系到学生的成长和幸福，关系到教师的教育活动能否收到成效。在与学生交往的过程中，教师必须遵循以下三项专业伦理。

一、尊重

马斯洛的需要层次理论认为，尊重是人类普遍的需要，而且是较高层次的需要。对学生来说，在生理需要、安全需要、归属需要得到满足之后，他们最渴求的是尊重的需要和自我实现的需要，他们希望获得周围人的尊重。如果教师能够做到尊重、维护学生的尊严，就更有可能与学生建立起积极的关系。

●【拓展阅读 5－1】●

赵希斌：教师为什么要尊重学生①

第一，当前在中国，教师这一职业相对而言还是相当稳定乃至体面的一份工作，是纳税人——我们的学生的父母——给了我们这个机会从事这份工作。尊重学生是我们对这个机会最基本的回报。

第二，专业最通俗的解释就是“做常人不能做的事情”。有些学生确实令人生气，但如果教师碰到这些学生就做出和“普通人”并无二致的举动，还如何体现教师的专业呢？面对令人生气的学生并做出恰当的处理，这本身就是教师的工作内容之一，此时应体现教师的专业性，而做出不尊重学生的举动是不符合教师的专业身份的。

第三，教育尊重自己的学生就是给学生做出文明行为的示范，这本身就具有巨大的教育和感染力量。

第四，很多情况下，教师做出不尊重学生的行为往往不是为了解决问题，而是为了发泄自己的怒气和不满，是以一种破坏性的方式惩罚让自己感到不满和生气的学生。

第五，不尊重学生的行为往往会破坏学生的自尊心，伤害学生的尊严，没有自尊的学生也不会做出有尊严的行为。我们可以回想一下，以不尊重学生的方式对待学生的错误行为，有几次能够抑制或纠正学生的错误行为?！有时恐怕还会激起学生的反抗，使得情况更糟糕。即使当时没有出现更糟糕的行为，它也会带来长时间的消极影响甚至成为一生的伤疤刻在学生心里。

---

① 赵希斌．优秀教师的四项核心素质[M]．上海：华东师范大学出版社，2011：18－19.

"尊重学生"有非常丰富的内涵，教师要做到尊重学生，应遵守以下五项伦理规范。

（一）维护学生的尊严

康德指出："一个有价值的东西能被其他东西所替代，这是等价；与此相反，超越于一切价值之上，没有等价物可替代，才是尊严。"① 尊重学生首先要维护学生的尊严，按照康德的观点，就是要将学生看作目的而不是手段。维护学生的尊严还要求教师要能够时时照顾学生的"脸面"，尤其不要用"病理性语言"羞辱和贬低学生。

思考交流　5-1

一位师范生在撰写的教育自传中这样回忆自己的老师：

当时班里有个男生，比较调皮，穿着打扮邋邋遢遢，学习成绩不好，特别是字写得很难看。语文老师每次上课都要调侃他几句："你这写得是什么啊，是字吗？公鸡刨得都比你这好看。""你身上的灰得有锅底厚了吧？""让你妈带你去看看是不是有多动症。"……开始的时候，语文老师批评他，他还有些不好意思，后来这位同学也不觉得丢人了，有时还笑着跟老师接话。班级里有同学嘲笑他，拿他开涮，他也不以为耻。

［拓展阅读］倭化的道德后果

思考问题：

1. 有些教师持有"只有好学生才值得尊重，'差生'不值得尊重"的观点，试分析这种观点的不当之处。

2. "后来这位同学也不觉得丢人了""他也不以为耻"，说明教师不尊重学生的行为导致学生丧失了自尊。试分析自尊的丧失对学生发展可能产生的影响。

（二）将学生放在与自己平等的位置上

平等才能产生尊重，如果教师高高在上，甚至以"颐指气使""盛气凌人"的姿态面对学生，就谈不上对学生的尊重。教师在把握与学生的"平等关系"时，应坚持"可逆原则"，即教师应该允许学生用同样的态度和行为方式对待自己。"平等"绝不是一个口号或一道光环，"可逆性"既是其本质，又是一个具有操作意义的标志。②

（三）重视学生的存在和感受

尊重学生，就意味着要重视学生的存在和感受。让我们假想几个场景：一位教师教一个班的同学已经一年了，却叫不出班级中某些同学的名字；一位教师，一进入教室，就带来一股不好的味道；一位教师在和学生谈话时，眼神总是停留在手机上，并且总是打断学生讲话，不听学生把话讲完……以上所列，均为教师不重视学生存在和感受的表现，其根源在于教师不在乎学生感受的心态。

---

① 康德．道德形而上学原理［M］．苗力田，译．上海：上海人民出版社，2002：87.

② 傅维利．师德读本［M］．北京：高等教育出版社，2003：210.

 教育实例 5－1

“记得要没有表情哦”[①]

蔡真妮在其《用尊重成就孩子的一生》中曾提到一个这样的细节：她去女儿班上当义工，发现老师请同学分发已经批阅的考卷前，给两个孩子做了一个鬼脸“记得要没有表情哦”。两个孩子点头，且真的面无表情地将考卷发给了每位同学。蔡真妮百思不得其解，于是寻了一个空隙求解于老师。老师告诉她，因为发考卷的孩子看到一份好成绩时，会不由自主露出羡慕，而看到差成绩时，又容易露出同情。这些面部表情的变化，会让成绩不好的同学心里难受。每个学生的学习能力不同，但都各有所长，他们应当得到同等的尊重。让孩子面无表情地发考卷，就是让他们学会把尊重别人放在如成绩等其他事情之上。这才是对学生的尊重，这才是尊重的教育。

（四）尊重学生的丰富个性

弗洛姆对尊重的解释对教师很有启示意义，他指出：“尊重这个词的出处就是有能力实事求是地正视对方和认识他独有的个性。尊重就是要努力地使对方能成长和发展自己。”[②]尊重学生，意味着教师要接受学生丰富的个性，尊重学生正当的兴趣爱好；尊重学生的抱负和志向；尊重学生的不同见解和意见。而教师对学生个性横加干涉的行为，则“内在地包含着对他人价值、能力、个性的蔑视”“实际上是将他人工具化，使他人成为实现自己目的的手段，这是对他人尊严的釜底抽薪式的侵犯”。[③]

（五）保障学生的权利和利益

［拓展阅读］儿童权利公约

英国教育家彼得斯提出，尊重学生意味着对学生权利和利益的保障，“他们的不言而喻的权利应该受到认真对待，他们的利益应该受到认真考虑。他们必须被视作自由的人，拥有不受干涉地做符合他们利益事情的权利”[④]。具体来说，教师应保障学生的受教育权、身体健康权、人身自由权、财产权、表达自由权、平等对待权、隐私权、休息权等。

尊重学生要求教师具有自律的精神。一个人可能天生脾气比较急躁，但是在工作中，无论他是一名售货员，一名医生，还是一名教师，都要控制自己，要尊重顾客、病人或学生。尊重学生、善待学生有一个实用的评价指标——“己所不欲，勿施于人”。当教师检核自己的行为是否尊重学生和善待学生时，可以想一想“如果我被这样对待，我可以接受吗”。[⑤]

---

① 曾妮．学会关怀［M］．福州：福建教育出版社，2013：53－54.

② 弗洛姆．爱的艺术［M］．李健敏，译．上海：上海译文出版社，2008：26.

③ 高德胜．人的尊严与教育的尊严［J］．高等教育研究，2012（2）：1－12.

④ 彼得斯．伦理学与教育［M］．朱镜人，译．北京：商务印书馆，2019：260.

⑤ 赵希斌．优秀教师的四项核心素质［M］．上海：华东师范大学出版社，2011：21－22.

教育实例　5－2

吴非老师是怎样尊重学生的

讲评作文时，需要读学生的作文，这时，你能不能先问一句："我可以读你的作文吗？"或者"你的作文很有意思，你愿意让全班同学分享吗？"——这些话很重要。不要让学生认为教师可以随意做任何事，认为教师可以忽视他的存在。尊重每一位学生，同时暗示他们，要尊重自己的权利。我们从事的是教育，这些细节很重要。[①]

每当学生发言出现了明显的问题时，我比学生还要苦恼。作为学生，他发了言表示了个人意见也就算了，我却得绞尽脑汁，寻找他发言中的合理成分，要用委婉的语言指出他的意见的不足之处，同时，还要启发更多的学生来呼应。——不要以为这样的事不重要。我问过许多学生，他们都有过这样的经历：认真地作了思考，鼓足勇气发言，却因为教师的不置可否或是同学们的反应冷淡而尴尬、后悔。

教师要特别注意，你讲课或者讲话时很可能不经意地触痛学生。例如，有一回学习材料内容涉及"离婚"，想到班上有好几位同学是单亲家庭，我便就文本稍作发挥，说"其实离婚率上升也是社会走向文明的标志之一"，这种看似无意的解说，至少可以让这些学生知道，有些事不是耻辱。[②]

不管学生犯了什么错误，若非特殊情况，尽可能不要当着第三人的面训斥学生，不要让其他人对你的学生产生误会。对严重违纪的学生，也要注意就事论事，千万不要"揪老底"。

思考交流　5－2

"我们一直提倡要尊重学生，我认为老师对学生最大的尊重，不是在日常生活当中和学生交交朋友，拍拍肩膀，在礼貌上做得很周到。对学生最大的尊重，应该是在课堂上给他惊喜；对学生最大的轻视，就是在课堂上表现平庸。老师要是在课堂上表现很平庸，在生活上对学生照顾得很周到，我认为从本质上来说还是不够尊重学生。"[③]请对上述观点进行评论。

二、公正

公正是一条至关重要的教师伦理规范，"教师公正是指教师在自己的教育活动中对待不同利益关系主体时所表现出来的公平和正义"[④]。"不稼不穑，胡取禾三百缠兮？不狩不猎，胡瞻尔庭有悬貆兮？"自古以来，我们就渴望生活在公平、公正的社

［拓展阅读］公正的内涵

① 吴非．致青年教师［M］．北京：教育科学出版社，2010：149.
② 吴非．致青年教师［M］．北京：教育科学出版社，2010：113.
③ 魏勇．怎么上课，学生才喜欢［M］．北京：中国人民大学出版社，2017：10.
④ 檀传宝．教师伦理学专题：教育伦理范畴研究［M］北京：北京师范大学出版社，2008：54－58.

会中，渴求公平、公正几乎成为人的本能。每一个学生都是如此不同，但他们渴望得到教师的公正对待的心理却是一致的。上海师范大学曾对4500名学生进行调查，结果有84%的学生认为“公正”是“教师工作重要的职业品质”；92%的学生认为，“偏私和不公正”是“最不能原谅的教师品质缺陷”。[①] 公正这一教师专业伦理要求教师在专业实践中坚守分配正义、矫正正义和程序正义。

（一）分配正义

分配正义关注的是“在某些个人或某些团体中分配某些事物的公平性。被分配的可能是某种福利，例如工作的报酬、言论或投票的权利；也可能是某种负担，例如缴税、家务活，或者做功课”[②]。从这个描述可以看出，分配正义涉及两个人或多个人之间在利益和责任分配上的公平性。就班级生活而言，可分配的利益包括赞扬、奖励、机会或资格等，可分配的责任包括家庭作业、劳动以及因为做错事而受到的惩罚等。分配正义要求教师要恪守两项原则：“同样的事情，学生要得到同等对待”；“某些重要条件不同的人们应当得到不同或差别对待”。

1.“同样的事情，得到同等对待”

这一原则意味着学生如果有同样的成就/表现/行为，给予他们的奖励/资格/机会/惩罚等应该是平等的。这一原则要求教师对学生采取一视同仁的态度。比如，同样是两个学生上学迟到，如果教师针对他们迟到行为的批评处理是相同的，那么这位教师就奉行了一视同仁的原则；如果教师对其中一位学生进行了严厉批评，而对另一位学生则一笑了之，那么就违背了公平正义的教师专业伦理。

在现实中，一视同仁的教师专业伦理经常受到教师偏好的侵蚀，针对这个问题，教育家陈鹤琴告诫教师：“教师对儿童，不能有歧视的态度，普通的教师，往往对清洁的儿童都很喜欢；对不清洁的儿童，就很厌恶，这是不对的。我们要把孩子都当作我们自己的孩子，要一视同仁，有了这种心肠，小孩就会受到你的感动，我认为做教师的，这是最重要的条件。”[③]德国教育家凯兴斯泰纳也提醒教师去除偏见，保持对学生的“客观性”，他指出：“再自然不过的是，快速成为价值承载者的性格的人，比那种慢悠悠的性格会使我们更加容易喜欢。而且那些所谓勤奋、温和、活泼和开朗的人，比那些所谓偷懒的、不安分的、调皮捣蛋的、死气沉沉的、郁郁寡欢的人，会更加迫使我们产生一种偏爱感。但是，作为教育者的教师，则必须以同样的客观性来对待他们中的每一个人。”[④]

在班级生活中，经常会出现这样的局面：在一定阶段内，班级内可分配的利益或责任是有限的，很难同时将这些利益或责任公平地分配给数量众多的学生，此时，教师依照“轮流”的规则进行分配才是公平正义的，教育实例5－3就是一个教师“轮流”分配的案例。

---

① 王正平．教育伦理学[M]．上海：上海人民出版社，1988：168.

② 公民教育中心．民主的基础[M]．刘小小，赵文彤，译．北京：金城出版社，2011：276.

③ 陈鹤琴．怎样做小学教师[M]．上海：华东师范大学出版社，2013：31.

④ 郑惠卿．凯兴斯泰纳教育论著选[M]．北京：人民教育出版社，2003：148.

教育实例 5－3

用轮流规则公平地解决卫生分担区的分配问题

一位班主任刚接手一个班级，学校就把厕所划入该班的卫生分担区。在安排值日生时，学生都不愿意被分配去清扫厕所。于是班主任决定：把值日生分成六个组，每个组负责一片卫生分担区，每周轮换，这样每个组在一个学期里都要均等地负责3个周的清扫厕所任务，最终一个棘手的问题获得了公正的解决。

除“轮流”规则外，在机会或资源有限的情况下，教师还可利用“抓阄”“包剪锤”等规则来实现分配正义，教育实例5－4就是一个这方面的案例。

教育实例 5－4

班级岗位的公平分配

一个班级实行小岗位制，即在梳理班级事务的基础上，因事设立岗位，如“图书管理员”“午餐管理员”“仪表检查员”“门窗、电灯员（负责开关门窗及电灯）”等等。每学期初，教师在黑板上写下各个“职位”后，同学们便投报自己想要担当的“职务”。有的岗位报名的人太多，此时教师就用“抓阄”或“包剪锤”猜拳的方法解决这一矛盾。赢了的同学会深感庆幸，输了的同学虽然会慨叹自己运气不好，但不会抱怨不公平。

2. “某些重要条件不同的人们应当得到不同或差别对待”

我们可以通过一个案例来理解这一原则：学校给了某个班级5个“困难补助”的名额，而全班有50名学生。这5个困难补助名额，要分给班级里5位家庭经济状况最差、最需要补助的学生才是合乎分配正义的，因为这5位学生在某种重要条件——家庭经济状况上是相似的，因而应同等地获得补助，而余下的45位学生与这5位学生在某种重要条件——家庭经济状况上是不同的，所以他们不需要困难补助。

“某些重要条件不同的人们应当得到不同或差别对待”这一原则，在应用于具体的班级情境时，“重要条件”是各不相同的。在上面的案例中，面对“分配5个困难补助名额”这一事件时，“重要条件不同”是指学生家庭经济状况的不同，而能主导分配活动的重要条件还包括需求、能力、努力和功绩等。[①] 举例来说，假设班级要推选一人担任班长，而意欲担任此职务的有数位同学，此时教师该如何分配这一机会呢？在

① ASSAD R. M. C. , PAULSEL M. L. Classroom justice: student aggression and resistance as reactions to perceived unfairness[J]. Communication Education, 2004, 53(3): 253－273.

这种情况下,“能力”就成为“重要条件不同”所指向的内容,也就是说,要依据服务班级的能力这一“重要条件”的不同来分配担任班长的机会,让服务班级能力最强者担任班长职务,才符合分配正义的原则。再如,如果班级内只有两个“三好学生”的名额,此时,依据学生的日常表现或对班级的贡献这些重要条件的不同来分配名额,才是符合分配正义的。

思考交流 5-3

某老师班级里有个学生家境很差,在生活上、学习上都面临很多压力,这位老师便给予了这个学生较多照顾。有人说这位教师不公平,没有对学生一碗水端平。请用本节所学理论为这位教师进行辩护。

(二)矫正正义

矫正正义指的是对错误和伤害回应的公平性。错误是指违背了由法律、规则、传统或道德原则规定的义务或责任的行为。伤害是指对个人或财产的损害,或对个人权利的侵犯。在班级生活中,“错误”包括学生逃避值日、扰乱课堂等行为;“伤害”包括学生辱骂同学、窃取或损坏他人物品等行为;“回应”包括教师暂时剥夺学生某些权利、要求学生进行道歉或赔偿等,这些“回应”并非有意地制造痛苦,而是要指向错误和伤害行为的消除,因为矫正正义的主要目标就是公平地纠正某个错误和伤害,以此来预防或阻止日后的违法或粗心犯错行为。教师要落实矫正正义,需做到以下三点。

1. 对错误和伤害做出及时回应。

在班级管理中,教师要经常面对学生造成的“错误”和“伤害”,对于这些,教师如果没有做出回应,即“当罚不罚”,就背离了矫正正义。

2. 对错误和伤害的回应必须遵循比例原则。

根据矫正正义的思想,教师想要公平地回应学生造成的“错误”与“伤害”,就要遵循比例原则(又称相称性原则)。比例原则意味着对“错误”和“伤害”的回应,应当与其本身的严重程度成正比,亦即“罪罚相当”。作为教师,在决定哪种回应是公平或适当的时候,必须考虑到这种“错误”和“伤害”的严重程度及其恶劣性。例如,一个小学生不小心用铅笔扎中了另一个小学生的手背,或某个小学生无故将同学打得头破血流,在上述两种情况中,很显然,后者造成的伤害更为严重,行为也更为恶劣。因而,根据比例原则,教师应对后一个小学生采取更严厉的批评和惩罚措施。

3. 对错误和伤害的回应不能伤害学生的尊严。

在班级管理中坚持矫正正义,就意味着教师可能要对学生采取一定的惩罚措施,但是,惩罚作为回应的方式,只是为了制止或预防未来的“错误”和“伤害”,不管学生的错误和伤害有多严重、多恶劣,针对他们的惩罚都不能包含有违人道、伤害尊严的成分。在现实的班级管理中,有的教师会采取“以暴易暴”的方式回应学生的错误或伤害,这也是有违矫正正义的。

(三)程序正义

“程序正义问题关注的是,获取信息的方式和(或)做出决策的方式的公平性。例如,涉嫌犯罪的某个人可能会在认真、公正的调查中提供案件信息,也可能是在酷刑之下招供。要对某事做决策的人可能会听取所有对这个问题感兴趣的人的意见,也可能完全忽略这个步骤而自行决定。”①“程序正义的目标是:为制定明智和公正的决定,增加收集所有必需信息的机会;确保决策过程中信息得到明智和公正的使用;保护重要价值与利益,例如,隐私权、人类尊严、自由、分配正义和矫正正义以及提高效率。”②奉行程序正义的教师,在行动时应遵循以下两项原则。

1. 教师应基于可靠而全面的信息作出评判或决定。在班级生活中,教师经常要针对一些人和事进行评判或做出决定,这些评判或决定应基于可靠而全面的信息而不是主观的臆测。在法律上有一条原则:疑罪从无,亦即没有证据支持,不能凭空给任何人定罪。教师如果在没有掌握相关信息/事实/证据的情况下做出判断/评定/决策,那么就可能使班级生活背离了公平正义,教育实例 5-5 就是一个这方面的案例。

教育实例 5-5

教师无证据的怀疑

这是小学三年级时发生的事情。当时正值课间操,教室里只留了我一个人做值日——主要是擦黑板、倒垃圾。课间操结束,老师和同学都回到了教室。老师端起她的茶杯,忽然又放了下来,说:“谁喝我茶杯里的水了? 我下课前刚倒的水,现在怎么就剩半杯了?”说完她走向我,很生气地质问:“是不是你喝的? 刚才课间操就只有你在教室”。我连忙申辩:“不是我喝的! 我真的没喝!”老师冷笑一下:“除了你还有谁? 就你有机会!”我急得满脸通红,可是怎么辩解她都不相信我,最后我委屈地流下了眼泪。

2. 教师在收集学生的信息时需尊重其隐私、尊严、公平和自由等,如果教师在收集信息时损害了学生的上述利益,那么也就背离了公平正义的伦理准则,教育实例 5-6 就是一个教师在收集信息时侵犯学生隐私权的案例。

教育实例 5-6

失窃事件后的搜查

班里发生了失窃事件,班主任最开始是在班级里劝导偷窃者改邪归正,将所偷

---

① 公民教育中心. 民主的基础[M]. 刘小小,赵文彤,译. 北京:金城出版社,2011:276.

② 公民教育中心. 民主的基础[M]. 刘小小,赵文彤,译. 北京:金城出版社,2011:366.

的别人的钱归还，这种劝导持续了一个星期没有奏效，而且在这个过程中班级又发生了一次失窃事件。班主任决定要抓住“凶手”，她让我们都到走廊里站好，然后和班长一起搜查我们的书包和桌洞，经过搜查，最终也没有发现到底是谁偷的钱。

（四）杜绝四种背离公正伦理的教师行为

1. 以财势取人

随着社会的变迁，当今中国的社会阶层分化更加明显，某些阶层拥有了更多的社会资本，他们能够借助这种社会资本对学校及教师施加影响。在权力与金钱面前，有的教师可能会偏离公平正义的伦理准则，具体表现为：“对家庭有背景的学生态度热情，迁就，放任，降低要求或关怀备至，提供种种优越的学习条件，反之则冷淡，甚至漠不关心。”①教师的这种做法其实对那些被偏爱的学生非常有害：一方面他们会因为教师对自己的过分夸奖、纵容包庇而产生自负骄傲的倾向；另一方面他们也会招至其他同学的疏远和孤立。

2. 以分数取人

在应试教育“大行其道”的形势下，教师会偏爱成绩好的学生，而冷落成绩不佳的学生，这也成了一种较为普遍的现象，教育实例 5－7 就是一个教师“以分数取人”的案例。

 教育实例 5－7

教师眼中的“好学生”“坏学生”

上学后，我开始慢慢地意识到，在老师眼里，学生是有好坏之分的，只要你成绩不好，那你就是“坏学生”。我们的老师一看见那几个“好学生”就眉开眼笑，对我们这些成绩一般的学生则很冷淡。老师对“好学生”是有求必应，对他们的错误也是睁一只眼闭一只眼。我清楚地记得，“好学生”早上迟到的时候，老师会说，以后注意点，晚上学习别太晚，要注意睡眠！而“坏学生”早上迟到的时候，老师就会说，你昨天晚上是不是又在家打游戏了，以后再迟到就不要来学校了！而学生自然也分化成“好学生”和“坏学生”两个大阵营，彼此之间互相排挤。“好学生”瞧不起“坏学生”，而且老师也不断告诫他们要远离“坏学生”。②

教师偏爱成绩好的学生，这一现象在很大程度上源于应试教育对教师行为的评判。当分数成为评价教师和学生的唯一标准时，成绩好的学生不仅会让教师感到“省心”，能给教师带来荣誉感乃至安全感，因而教师很容易不自觉地对这样的学生产生偏爱，当这种偏爱过于明显时，成绩不好的同学会由于自感被忽略、被冷落而愤

---

① 钱焕琦．教师职业道德［M］．上海：华东师范大学出版社，2016：97.

② 周成海．小学班级管理［M］．大连：大连理工大学出版社，2016：28.

愤不平。教师按照成绩的好坏而采取的区别对待政策,不仅会让成绩不佳的学生产生挫败感与不公平感,同时也会对班级中被偏爱的学生以及健康班级氛围的形成产生不良影响,并可能使被偏爱的学生与其他同学之间产生隔阂。

3. 以性格取人

教师只喜欢某一性格的学生,这一情形在现实的班级生活中较为常见,这实际上也是一种歧视,对此王晓春老师曾进行过批评。

"按一般人的理解,所谓性格内向,是指拘谨、木讷、不善交往、沉默寡言,好静不好动,而外向是指活泼好动、爱说话、爱交往、爱表现……外向未必是优点,内向也未必是缺点。历史上很多伟人都属于内向性格。但很多教师对内向的学生有偏见,他们总是喜欢那些伶牙俐齿的、活泼开朗的、爱表现自己的学生,觉得内向的学生参加集体活动不积极,胆小不敢发言,公开课上不能给老师挣面子。愚以为这是很不妥当的看法,而且非常有害。这是歧视,是不平等。这样想会伤害内向性格的学生。"①

4. 以性别取人

教师应以公正的态度对待男生与女生,要非常警惕"性别歧视"的现象出现在课堂教学中。一位女大学生在评价她高三的女班主任时说:"女同学考了年级第一,她总是露出意想不到的神情,然后轻描淡写地说一声,'不要骄傲噢',让人感觉到她的轻蔑。如果是男生考了年级第一,她则眉飞色舞,大谈该生如何优秀,学习方法如何得当,如何聪明通悟,然后很骄傲地来一句:'早该你考第一的,保持下去!'平时,女生请教问题,她则一副勉为其难的样子,让你觉得自己挺笨,觉得自己真不好意思,让她费心不少。要不然干脆不讲。如果是男生,再简单的问题,都微笑作答,亲切得不行。"教师在教育活动中自觉或不自觉地表现出性别歧视,对学生特别是女生的发展极为不利,作为现代社会的教师,应自觉地加以摒弃。②

? 思考交流 5-4

回顾自己作为学生的经历,谈谈在现实的中小学教育中,存在哪些背离公正伦理的教师行为,并分析其影响。

三、仁慈

在西方伦理学中,仁慈是与公正相对应的一个重要的伦理范畴,其基本含义是对人的慈爱、宽恕,并给予其人道主义的尊重。"仁慈也应该是神圣教育的基础。在具体的教育环境下,无论我们做什么,我们都应该仁慈地去做。我们应该带着一颗仁慈的心去为学生立规矩,批改作业,规范他们的行为,挑战他们,约束他们。仁慈地对待学生也应当包括严格要求、寄予厚望、给他们各种挑战。仁慈的态度不但

① 王晓春. 课堂管理,会者不难[M]. 北京:中国轻工业出版社,2010:11-12.

② 钱焕琦. 教师职业道德[M]. 上海:华东师范大学出版社,2016:97.

不会削弱我们的权威，反而会使学生更尊敬我们，因为学生更喜欢善待他们的老师。”①

在教育部新修订的《中小学教师职业道德规范》中，有关仁慈的规则要求主要体现在“关爱学生”这一条目下。具体要求为：“关心爱护全体学生，尊重学生人格，平等公正地对待学生。对学生严慈相济，做学生的良师益友。保护学生安全，关心学生健康，维护学生权益。不讽刺、挖苦、歧视学生，不体罚或变相体罚学生。”“仁慈”作为教师专业伦理的范畴，具体来说，主要包括以下三项伦理规则和要求。

（一）关爱

教师关爱是指教师通过共情、关注、肯定等行为表现，在与学生互动过程中与学生建立并维持的信任的、支持的关系，并能够促进学生积极成长。② 充满关爱的教师会给予处境不利的学生更多的支持性指导，使学生获得安全感。当学生感知到来自教师的关爱时，就会表现出更加符合教师期望、减少违反学校规定的行为。教师的关爱对学生的学习也会产生积极影响，如果学生感知到教师是关爱自己的，其学习投入程度会更高，那么会更有可能取得好的学业成绩。

教师对学生的关爱，具体表现在以下五个方面。

一是关注学生。即教师能发现学生的特点，及时看到学生的变化，对学生的各种表现给予关心，牵挂学生的成长。

二是帮助学生。即教师能及时、周到、热情地帮助学生，为学生提供建议，给予学生额外的辅导，对生病或困难的学生予以照顾等。

三是欣赏学生。即教师通过言语与非言语的方式给予学生肯定、表扬、赞美和鼓励。

四是亲近学生。即教师对待学生和蔼可亲、友好、热情，处处给学生以温暖的感觉。

五是善待学生。即教师必须以人道的精神对待学生，不把学生视为达成个人目的的手段，不苛求学生、不虐待学生。

 **教育实例** 5－8

师范生教育自传中那些关爱学生的教师

1. 11岁那年我随爸妈从农村来到大连，我至今还记得第一天到学校时的情景，班主任兼语文老师柳老师让全班同学给我鼓掌。刚转学时，我适应不了城市里的生活环境，再加上有的城里的同学瞧不起我这个农村来的土气的小姑娘，孤独苦闷的我竟然有一次在语文课上流眼泪了。细心的语文老师注意到了，下课

① 温纳德．让教学成为神圣的艺术［M］．杨华，刘云，译．重庆：西南师范大学出版社，2017：38.

② 孙炳海．关爱与共情：心理学视野中的教师职业道德［M］．北京：高等教育出版社，2016：95.

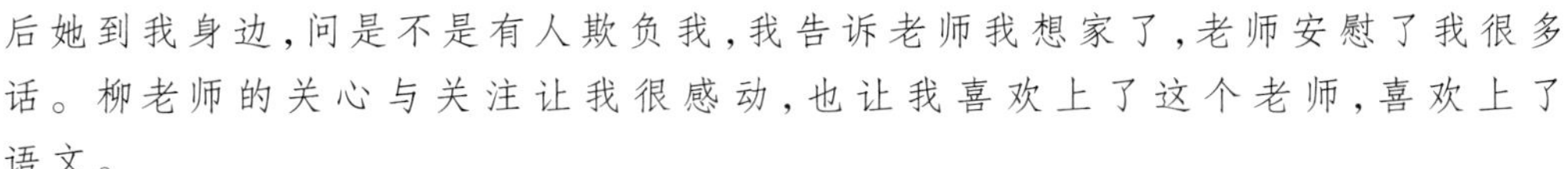

后她到我身边,问是不是有人欺负我,我告诉老师我想家了,老师安慰了我很多话。柳老师的关心与关注让我很感动,也让我喜欢上了这个老师,喜欢上了语文。

2. 初中时第一次出远门去县城求学。学校实行封闭式管理,像我这样的寄宿生一个月才能回家一次。冬天天冷风大,我的手上长满了冻疮,由于痒得难受,就不断地挠,结果弄得两只手惨不忍睹。由于怕同学笑话,很多时候我都不敢把手伸出来。龙老师不知怎么知道了这件事,就把我叫到办公室,用冻疮膏涂抹我的手,边涂边亲切地说:“一个人出门求学不容易,要学会自己照顾自己,有什么困难可以跟我说。”当时我满身心都是感动。

3. 高三第一个学期的期末考试我没有考好,那是我最失败的一次考试,沉重的打击让我很沮丧,便萌生了放弃的念头。于是那个寒假我没有参加学校要求的补课,而是把书本都搬回家了,然后给班主任邓老师打电话,我当时是哭着跟他说我想放弃,不管他怎么劝说我就是无动于衷。没想到第二天邓老师竟然给我打来电话,说要来我家家访,当时我感觉惊讶极了,因为平生第一次有老师说要来家访。邓老师来了之后,给我讲了很多鼓励的话,其实不管他讲什么我觉得都已经不重要了,因为在他走进我家那一刻,我已经决定返校补课了。当时,我觉得只有努力才能报答邓老师对我的关爱,我今天能在大学里学习也多亏遇到邓老师这样关心学生前途的老师。

(二)移情

“移情”亦即“同理心”,就是设身处地地领悟他人的所思、所感、所为。在我们的日常语言中,“将心比心”“换位思考”等皆有移情的意思。移情需要教师具有一定的敏感性,而善于移情的教师因为能设身处地地理解学生,所以表现出了宽容和耐心的态度。在当今成人主义、管理主义盛行的学校教育中,有些教师习惯于以自我为中心,只站在自己的角度想事情,忽略学生的需要和感受,这是很多苛刻甚至暴虐的教师行为的道德根源之一。

思考交流 5-5

特级教师魏勇在其著作里指出:“做老师其实不难,只要你不忘记自己当学生时对老师的希望和要求,当时你希望老师怎样做,今天你就怎样做。”[①]王晓春在《小时候“己所不欲”,长大后“勿施于人”》一文中也提出:“不少老师小时候对他的老师意见大极了,然而等他当了老师,其表现可能还不如他的老师,甚至迅速变成了他自己小时候最讨厌的那种老师。”要跳出这种轮回,“需要换位思考能力”“不能因为当了老师就‘变脸’了”。[②]

---

① 魏勇. 怎么上课,学生才喜欢[M]. 北京:中国人民大学出版社,2017:3.

② 王晓春. 王晓春给青年教师的100条建议[M]. 北京:中国轻工业出版社,2012:54.

思考问题：

1. 请结合自己的经验谈一谈，作为一名学生，你对老师的希望和要求有哪些？
2. 我们该如何避免自己“变脸”，变成“自己小时候最讨厌的那种老师”？

（三）宽容

教师仁慈的一个重要表现就是对学生的宽容。法国学者斯蓬维尔认为：“仁慈就是宽恕的美德——或者不如说得更确切一点，是宽恕的真实。”“我们所有的人都犯有太多的错误，我们太可耻、太软弱、太卑劣，所以不能不需要宽恕。”①

中小学生是正在成长过程中的人，这就意味着他们还不成熟，他们在收获知识的同时，还必须获得成长和经验。作为教师，应宽容学生的过失，尊重学生的个性，这既是一种胸怀，也是一种有效的教育手段。

 **教育实例 5－9**

宽容的教师

小学里还有一件印象比较深的事就是二年级时的一次中队会。当时我是主持人，因为有好多人来观摩，所以我非常紧张：该出旗时，我一开口就是退旗；讨论的环节，忘记了老师事先提醒过的注意事项……总之当时是糗大了，我感觉我的表现很让老师丢脸，因此面对老师时我很愧疚。可是老师并没有批评我，她和我一起回溯了整个过程，做了一些反思，还把我安慰了一番。

提起初中的物理老师，我脑中立刻浮现出这样的场景：在他的课上，我不小心把粉笔头扔到黑板上，物理老师吓了一跳，但是他没有批评我，全班鸦雀无声，老师停顿了一下又继续讲课了。从他的身上，我看到了优秀教师的重要品质：宽容和镇定。

需要注意的是，教师奉行尊重、公正、仁慈的伦理规范，这本身就是对学生进行道德教育的一部分。正如夸美纽斯所说：“除智者外，任何人都不能使别人成为有智慧的人；除能言善辩者外，任何人都不能使别人成为能言善辩者；除有道德的和笃敬宗教者外，任何人都不能使别人成为有道德的和笃敬宗教的人。”②我们也完全可以说，除践行尊重、公正和仁慈的人外，任何人都不能使别人成为尊重、公正和仁慈的人。③

第二节 教师与同事关系中的伦理

教育劳动是教师在集体协作基础之上进行的个体脑力劳动。在教师集体中，教

① 斯蓬维尔. 小爱大德[M]. 北京：中央编译出版社，1998：123－124.

② 王球. 教师伦理学[M]. 南京：江苏教育出版社，1991：21

③ 檀传宝. 教师职业道德[M]. 北京：北京师范大学出版社，2015：50.

育劳动的分工不同，个体差异的客观存在，不同教师的利益诉求，都将可能导致教师集体中的矛盾冲突，这就需要借助一定的伦理规范进行调整。教师与同事关系中的伦理主要包含两项基本规范。

一、尊重同事

尊重同事有利于良好教师集体的形成。如果在教师集体中，同一学科的教师能多看到对方的优点和长处，不同学科的教师能多看到对方所教学科的重要价值，老教师能多看到新教师身上的锐气和朝气，新教师能视老教师的经验为宝贵财富，那么教师之间的人际关系就将处于一种良性状态。尊重同事这一教师伦理规范主要包含以下三个方面的具体要求。

（一）学会彼此欣赏

美国心理学家威谱·詹姆斯说："人性最深刻的原则，就是希望别人对自己加以赏识。"其实不只是孩子渴望得到赞赏，成人也具有这种需求，也希望能够得到他人的肯定、认同，并从他人的赞赏中，获得不断前进的力量与勇气。教师之间的交往，要能搁置偏见，学会彼此欣赏，切忌戴着有色眼镜看人。

（二）善于换位思考

教师之间的交往，要将心比心，设身处地地理解同事的感受。教育实例 5－10 中的王老师，在这方面就做得不好。

教育实例 5－10

出力不讨好的王老师

快要期末考试了，王老师为了让自己班上的前十名冲到年级的前列，自信满满的她，干脆不管自己的数学课，而是开始督促班级学生背诵史、地、生。史、地、生教师表面上虽然没有说什么，但是内心却不怎么高兴。期末考试时，史、地、生果然考得还不错。但没有一个老师肯感激王老师。相反，历史老师与地理老师在年级主任面前讥刺说：我们这些副课老师没有多大用，早点下岗回家算了！因为，王老师是全才。

年级主任在告诉她的时候，她有点懵了，自己好心好意帮忙，却没想到他们这样说，真气人啊！为什么王老师没有得到其他老师的感激呢？其实，王老师的行为实际上是在暗示：史、地、生老师没办法让学生好好记忆，只好让自己这个班主任上马才能解决这个问题。言外之意就是：史、地、生老师是无法胜任他们的工作的。班主任越俎代庖，让他们成为多余的人，这自然引起他们的不满。

（三）避免"文人相轻"

在教师队伍中，还存在着教师之间相互看不起的"文人相轻"现象，这种不良风气导致了教师之间的人际关系封闭、冷淡，甚至对立，造成了教育力量的销蚀，影响了教师的成长和发展。克服或避免文人相轻，教师可以从以下四个方面努力：不可贬低同事所执教的学科;在他人取得成绩时,不挖苦讥讽,能承认并欣赏其他教师的优点和成绩;不散播同事隐私;尤其“不得以任何借口在公开场合或学生面前采取造谣中伤或诽谤等方式诋毁其他教师或教师集体的人格、声誉、威信和工作效绩。因为一个教师的声誉直接影响他在学生中的威信和工作效绩。在一定意义上,损坏了一个教师的声誉,就等于损伤了他的教育生命”①。

二、团结合作

团结合作的同事关系不仅有利于教师的身心健康,更有利于教师的专业发展以及教育事业的成功。从教师专业发展的角度看,“教师能够从同事身上学到很多东西,通过听课、进行教学交流,教师能够开阔自己的思路,教师之间在许多方面都可以进行交流和合作,比如教学评价的设计、教科书或其他教学资料的选择、涉及跨学科的学习单元。这些交流与合作能够给教师提供提高自己业务水平的机会”②。

【拓展阅读 5-2】

教师交流与共享的益处

(1) 心理支持——能有人与我们共同分享成功、分担问题总是一件好事。

(2) 产生新想法——我们的同事是教学信息和灵感的巨大源泉。

(3) 示范合作——我们需要展示给学生:在我们说合作有益时,我们自己也在力行我们所倡导的信念。

(4) 汲取力量——作为一个集体,我们可获得比个人努力能够得到的更多成绩。

(5) 减少工作负担——通过分享计划和资料,共同努力,我们可减轻自己的负担。

(6) 增强动机——与同事合作可以鼓励我们试验多种方式来促进学生的学习。

(7) 支持变革——当个人试图单独实施革新时,往往不会发生重大的变化。③

教师之间要达成团结合作的伦理要求,必须从以下四个方面入手。

(一) 互相支持

教师之间的互相支持和配合是多方面的。班主任与任课教师之间要密切配合。班主任要主动向任课教师介绍自己班级和学生的情况,经常向他们了解班级学生的

---

① 傅维利. 师德读本[M]. 北京:高等教育出版社,2003:171.

② FIELSTEIN L, PHELPS P. 教师新概念:教师教育理论与实践[M]. 王建平,等译. 北京:中国轻工业出版社,2002:224-225.

③ 唐凯麟,刘铁芳. 教师成长与师德修养[M]. 北京:教育科学出版社,2007:135.

思想、学习状况，听取他们对班级管理的意见，注意维护任课教师在学生中的威信。任课教师则要密切配合班主任的工作，尊重班主任的管理和工作安排，主动向班主任反映班级学生的学习和思想状况，热情参加班集体的各种活动，与班主任一起共同搞好班集体建设，完成教育教学任务。同一学科的教师应该在教学过程中互相学习，互相交流，取长补短，共同提高，要注意防止为了保持自己在教学中的地位而对同事搞资料封锁、专题保密、"留一手"的不良倾向。不同年级、不同学科的教师之间要齐心协力，相互配合，做好知识的过渡与衔接，共同完成培养学生的任务。教师不要因为强调自己的学科而贬低别的学科，甚至搞"主科"与"副科"之争，以种种借口、想方设法压缩或挤占"副科"的教学课时和课外活动，更不要在学生面前对其他学科教师评头论足，损害他们在学生中的威信。

（二）虚心学习

教师群体由学历、专长、资历各不相同的教师组成，如果教师在尊重对方的同时能够虚心向对方学习，那么对方的经历就可能转化为自身的经验，对方的教训就可能转化为自身的借鉴，在和对方进行学术交流、思维碰撞的过程中就可能会产生单凭教师个人冥思苦想难以出现的思想火花和灵感。

（三）坦诚相待

在参与集体备课、相互听课、评课、师徒结对等活动时，坦诚地表达自己的真实想法，在找准对方的优点和问题的基础上提出中肯的、建设性的反馈信息和改进意见，才能对其他教师的专业成长起到促进作用。不能因为担心"得罪人"而一味地"唱赞歌""讲好话"，也不能为了追求表面的"团结一致"或朋友之间的"亲密关系"而忽略了"意见分歧""思想碰撞"对同事的启迪作用。

（四）扩大交往

教师的工作独立性强，自主性大，这就使教师容易囿于教育教学的狭窄范围之内，疏于和外界交流。教师要主动走出封闭和孤立的环境，扩大与同事交往的广度和深度，这样才能更好地履行职责，并获得更快的专业成长。

【拓展阅读 5－3】

教师集体中有违协作精神的人和事并非鲜见[①]

例如，有的人以自我为中心，事事考虑个人得失，处处夸大个人作用；有的人一味追求个人荣誉，追求学生对个人的爱戴；有的人为了保持在竞争中的"优势地位"，对同事搞资料封锁；有的人自己不努力，在竞争中处于不利地位，却对竞争中涌现的先进教师讽刺挖苦，任意夸大他们的缺点和弱点，甚至"攻其一点，不及其余"，抹杀他们的成绩和贡献；有的人嫉妒同事的成绩，损害同事的荣誉，等等。

---

① 钱焕琦．教师职业道德[M]．上海：华东师范大学出版社，2016：178.

第三节 教师与家长关系中的伦理

●【拓展阅读5-4】●

《香港教育专业守则》中的"对家长/监护人的义务"

1. 应尊重家长有询问、被咨询及获知子女情况的权利;
2. 应与学生家长建立友善合作的关系;
3. 应与家长交流对子女成长有助的资料及心得;
4. 应尊重家长对其子女教育上合乎情理的要求;
5. 应如实向家长反映其子女的学习表现;
6. 应尊重每个学生家长背影上的特殊性及应对所获悉的家庭隐私保密;
7. 应协助家长维护其子女在人身上、学业上的权利。①

教育发展中的客观规律要求教师与家长携起手来,通力合作,使得学校教育与家庭教育之间能够相互沟通,形成优势互补、互相协调的整体性教育。由于教师在与学生家长的交往中处于主导地位,教师的言行又直接影响着双方交往的质量,因此教师应在与家长的交往中承担主要的、积极的行为责任。规范教师与家长的交往行为对于建立良好的家校关系意义非常重大,注意以下两点非常重要。

一、尊重家长

尊重家长具体包括以下三个方面的要求。

(一)尊重家长的人格

教师在与家长交往时应处处维护家长的人格尊严,尤其要尊重所谓"差生"和"不听话"孩子家长的人格尊严,不能因为其孩子表现不佳而指责家长;教师也不要对孩子无法改变的特质和家长很难控制的因素大做文章;不得暗示家长体罚或变相体罚学生。教师在与家长交往时还应避免一些语言禁忌,如把孩子跟别的孩子进行比较;给孩子贴上类似"不聪明""品质差"等标签;使用"你们怎么教育孩子的?""你们小孩我没法教了""你们带回去自己看着办吧"之类的"忌语"等。

(二)平等地对待家长

作为老师,不但要平等地对待学生,也要平等地对待学生家长。学生家长有各种类型,从学历层面讲,有的可能是博士、硕士,有的可能是文盲;从社会阶层上讲,有的家长属于富裕阶层,而有的家长则相对贫困;从教育观念上来说,有的家长教育观念相对比较先进,有的家长则抱持着陈旧的教育观念不放;从性格来说,有的家长外向,能主动地与教师进行沟通,有的家长内向,与教师交谈时显得比较拘谨……面对不同家长,教师需要一视同仁,平等对待,尤其不要对社会地位和经济

① 陈大伟. 师德修养与教育法规[M]. 北京:北京师范大学出版社,2012:132.

地位比较低的家长进行区别对待。教师也不能采取居高临下的态度教训家长，或者对家长发号施令。

（三）尊重家长的权利

就教师而言，尊重家长的权利，主要包括尊重家长的知情权、教育权和隐私权等。家长有权利获取有关自己孩子在学校中成长和发展的信息，教师应该如实向家长反映学生在校的表现。教育实例 5－11 就是一个教师不尊重家长知情权的实例。

教育实例　5－11

不尊重家长知情权的老师

学生杜某和其他同学发生了口角并动手打人。班主任孙某知道情况后，打算按照校规校纪处罚他。但当他面对杜某苦苦哀求和信誓旦旦改过自新时，心又软了下来。类似的事情也已经不是一次两次了。后来约见学生家长时，他真想把这件事情告知家长，以取得家长的配合。可是转念一想，事情已经过去了，提了也没有用，而且学生已经保证不再重犯了。再说事情毕竟发生在自己的学生身上，跟家长说了，就好像自己管理班级没有能力似的，所以几次欲言又止。

结果不久，该生又纠集校外无业人员到学校打群架，甚至连校警都制止不住。这回孙某再也隐瞒不住了，不得不向家长说明了该生以往的表现。而当该生被学校严肃处分时，家长给孙某的是冷冷的目光。①

二、主动沟通

在教师与家长的交往过程中，教师应当担当起主动沟通者的角色，因为教师具备教育专业的知识和技能，同时也承担着比家长更为专门的教育职责。教师可以采用家长会、家访、电话、书信、网络信息等沟通方式，主动与学生家长进行及时的沟通，交流学生在校内外的表现，商讨促进学生成长进步的方式方法。

教师在与家长沟通的过程中要注意讲话的方式，要多表扬学生的长处和进步，“多报喜，巧报忧”，把教师对学生的爱心、耐心、责任心流露给家长，让家长深切地感受到教师是真心实意地关心爱护自己的孩子，是真心为自己的孩子好，这样一来，教师的工作就会比较容易得到家长的理解、支持和配合。

第四节　教师与自身专业关系中的伦理

教师在对待本职工作方面，主要应遵守以下两项伦理规范。

---

①　傅维利．师德读本[M]．北京：高等教育出版社，2003：246.

一、认真负责

所谓负责，是指教师不把工作作为外在的规定和强制行为，而是作为自己的一种义不容辞的责任。“责任心、责任感是教师德性的源泉”[①]。认真负责的教师，会表现出更高的教学投入，包括认知投入（如不断吸收新的教育理念）、情感投入（如专心教学、对所教学科表现出高度热情）、行动投入（如在教学中尽心付出，帮助学生提高学习成效）。[②] 具体来说，认真责任的教师能做到以下三点：

（一）对自身的工作质量负责

认真负责的教师对工作富有热情，他们会花费更多的时间和精力投入教育教学工作，以兢兢业业、一丝不苟的态度对待自身工作，努力追求更高质量的教育教学效果。与此相反，那些对工作缺乏投入的教师会有各种敷衍塞责的表现和行为，如：课前不认真备课，对教学内容不作精心准备；在教学内容不断更新的情况下仍然守着多年前的教案进行教学；课后不认真批阅学生的作业，敷衍了事；对学生在学习成绩、行为表现等方面存在的问题视若无睹，漠不关心；经常迟到早退；等等。

（二）对学生的全面发展负责

教师不仅要重视学生的学习，也要重视学生的健康、生活、品德、习惯、情感、态度、价值观，以全面发展学生的各种素养为己任。雷夫老师说：“孩子们的天生资质不一，但是，徒具天赋并不保证能够成功。比拥有天赋更重要的是：家长与教师们须精雕细琢这些本质，循循善诱地教导孩子们，让这些基础的本能与性格转化他们的天赋，成为卓越超群的特殊结果。”[③]雷夫老师就是一位致力于发展学生天赋，努力帮助学生，对学生高度负责的教师。在第 56 号教室里，雷夫不仅教授学生数学和语言，他还培养学生各种一生都用得上的品质和技能，这是教师富有责任心的表现。

思考交流 5 – 6

以下是一位小学教师的陈述：

我一直教小学高年级的语文。送了几届毕业班，突然就发现了一个问题，那几个学习特别刻苦的女孩子都没有长个儿。女孩子长个儿的关键期正好处于五六年级。在她们正好生长旺盛的时候，大量的作业压着她们，导致严重的睡眠不足，而孩子们是在睡眠中长个的。女孩子比男孩子受的影响大，因为女孩子更听话、更用功一些，男孩子比较贪玩儿。

看到这种情形，我心里也不好受，觉得对不起孩子，学习是终身的，长个儿就那么

---

① 郭元祥．教师的 20 项修炼［M］．上海：华东师范大学出版社，2008：64.

② 连榕．教师专业发展［M］．2 版．北京：高等教育出版社，2019：84 – 85.

③ 艾斯奎斯．第 56 号教室的奇迹：3：说给老师的真心话［M］．俞大河，赵金基，译．北京：光明日报出版社，2015：7 – 8.

几年。可是，话又说回来了，不压着孩子们写作业哪行啊！道理很简单，多做题才能保证正确率，所以，我是我们组里印卷子最多的。虽然我知道小学生不应该有那么多作业，可是评价制度就是这样的，我有什么办法！我的教学成绩在区里一直排在前面，成绩好了，领导高兴、家长满意，自己也脸上有光，那谁不奔着成绩去呢？虽然有时候会觉得，这样好像扼杀了孩子们童年的快乐，但是评价制度就是这样的，我一个普通老师又有什么办法呢？①

思考问题：

这位教师自认为是一个负责任的教师，尽管她也遇到了良心的拷问。你是否认为她是负责任的教师？“负责任的教师”该如何定义？

（三）对学生的安全负责

《中小学教师职业道德规范（2008 年修订）》增加了保护学生安全这一条款，强化了教师的相关责任。教师在工作中教育不当、管理不力，均有可能给学生的健康及生命带来危险。负责任的教师，应及时制止各种威胁学生安全的行为，排除学校环境中的各种潜在危险，不可麻痹大意，过于主观自信。

（四）对专业水平的提高负责

教育家马卡连柯指出：“不论你是多么亲切，你的话说得多么动听，态度多么和蔼，不论你在日常生活中多么可爱，但是假如你的工作总是一事无成，总是失败，假如处处都可以看出你不通业务，假如你做出来的成绩都是废品——那么除了蔑视之外，你永不配得到什么。这种蔑视有时是宽大的，含讽刺的，有时是暴怒的，含无比的憎恨，有时是执拗的，含着侮辱。”②教师的专业水平决定着自身工作的质量以及学生学习的成效，有责任心的教师不会对提升自己的专业素养漠不关心，而是会潜心钻研业务，勤于阅读，虚心求教，持续反思，这是教师实现更好的专业发展的必由之路，也是教师对工作认真负责的重要体现。

二、廉洁从教

廉洁从教是教师处理教育教学活动和个人利益关系之间的准则，也是教师为人师表的人格魅力所在。2008 年教育部颁布的《中小学教师职业道德规范》把“自觉抵制有偿家教”作为廉洁从教的重要内容首次写进了政策文本中。2014 年教育部颁布了《严禁教师违规收受学生及家长礼品礼金等行为的规定》，主要内容有：严禁以任何方式索要或接受学生及家长赠送的礼品礼金、有价证券和支付凭证等财物；严禁参加由学生及家长安排的可能影响考试、考核评价的宴请；严禁参加由学生及家长安排支付费用的旅游、健身休闲等娱乐活动；严禁让学生及家长支付或报销应由教师个人或亲属承担的费用；严禁通过向学生推销图书、报刊、生活用品、社会保险等商业服务

① 蔡辰梅．小学大爱[M]．上海：华东师范大学出版社，2016：95－96．

② 朱金香．教师职业道德概论[M]．北京：中央编译出版社，2002：239．

获取回扣;严禁利用职务之便谋取不正当利益的其他行为。①

[拓展阅读]
中小学教师违反职业道德行为处理办法

【拓展阅读5-5】

教育职业道德负面清单②

相应主体	具体内容
对待教育事业	(1)不准在生活或网络中有违背国家法律、方针和政策的言行,不准参加和支持有损国家和人民利益的活动 (2)不准参与赌博、变相赌博、封建迷信活动和酗酒等不健康活动 (3)不准无故迟到、旷课,随意调课和对工作敷衍塞责,不思进取 (4)不准在工作时间内做与教育、教学工作无关的事情 (5)不准在课堂上抽烟和使用手机、电话等影响课堂教学正常进行的通信工具 (6)不准利用专业职务或专业工作的便利,收受他人的财物 (7)不准未经组织批准从事第二职业和经商活动 (8)不准不修边幅、着奇装异服、浓妆艳抹等
对待教育对象	(1)不准以任何借口歧视、侮辱学生,不准使用威胁性的语言以及体罚或变相体罚学生 (2)不准以成绩优劣、家庭、相貌、性别、民族、地域为由偏袒或歧视学生 (3)不准凭借教师工作的便利,向学生推销商品或未经国家和省教育主管部门审定的课外书刊、教辅复习资料、音像制作成品 (4)不准以任何借口向学生索要财物或接受学生的馈赠 (5)不准乱办班乱收费,强制有偿补课 (6)不准以任何借口隐匿、毁弃、查阅学生的日记和信件 (7)不准泄露学生及其家庭的隐私 (8)不准利用教师的优势地位和便利条件与学生谈恋爱
对待其他教师	(1)不准利用职务的便利和影响,妨碍同事的正常工作 (2)不准以任何借口在公共场合或学生面前采取造谣中伤或诽谤等方式诋毁其他教师或教育集体的人格、声誉 (3)无正当理由,不准违反教育集体共同做出的决定、规则而擅自行动 (4)不准抄袭、剽窃、贬低他人的学术成果
对待家长	(1)不准因学生的原因,训斥、羞辱学生家长 (2)不准暗示学生家长体罚或变相体罚学生 (3)不准向学生家长索要钱物或谋求其他方面的方便或好处 (4)不准因民族、性别、地域、经济状况、职业、职务、是否残疾及相貌等原因,偏袒或歧视学生家长

① 中华人民共和国教育部. 严禁教师违规收受学生及家长礼品礼金等行为的规定[S]. 2014.

② 杨杰. 站稳讲台:新教师行动手册[M]. 上海:上海教育出版社,2019:49,54,58,62.

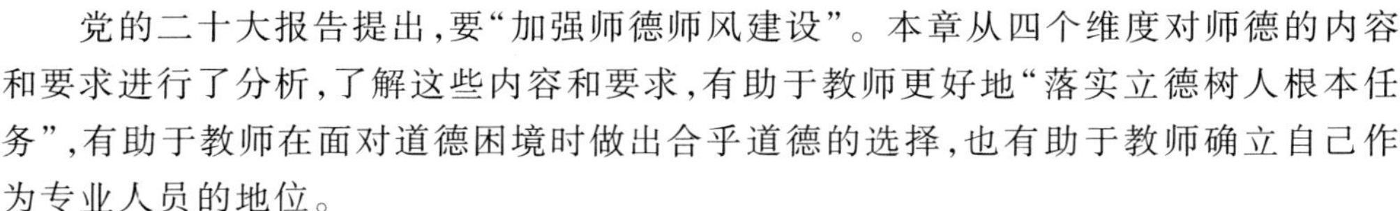

党的二十大报告提出，要“加强师德师风建设”。本章从四个维度对师德的内容和要求进行了分析，了解这些内容和要求，有助于教师更好地“落实立德树人根本任务”，有助于教师在面对道德困境时做出合乎道德的选择，也有助于教师确立自己作为专业人员的地位。

思考与练习

1. 请从教师专业伦理的角度阐明以下四位教师的行为不当之处。

2017 年 4 月 11 日《钱江晚报》报道，杭州某小学的老师把学生分成三种，精英组、平民组、麻将组。其中，平民组又分好几个等级，而麻将组底下的，就是学习不好的小朋友。某网友说：“老师把我女儿编在平民组 2 号，我想麻将组的小朋友心理阴影面积有多大呢。”

某小学一名五年级学生用老师给的“人”字造了这样一个句子：“老师是人。”结果老师在他的作业本上打了一个大大的红叉。这学生不服气，问老师：“我说‘老师是人’不对，那老师就不是人了？”老师很生气，口不择言地骂学生“混蛋！”，还责令他在全班面前作检讨。学生仍不服气，拒绝承认自己有错。教师便和家长联系，痛斥该学生的表现，让家长好好管一管自己的孩子。

安徽省长丰县某中学两名学生上课时打架，致使其中一名学生死亡。在这个过程中，授课教师杨某并没有进行制止，而是继续上课，其间说了一句“你们有劲的话，下课后到操场上打”。

我儿子上初中时，老师留过这样一个作业：把 5 门课已经考完、订正过的卷子连题目带答案抄写一遍。那可是将近 10 张 8 开纸呀！可想而知，任务量是相当大的，肯定要把星期日都搭进去。儿子哭丧着脸站在我面前。我莫名其妙，问：“你都考了多少分？”他把卷子拿给我看，每门都是 95 分以上，错的地方很少。我更奇怪了：“这种情况下让你把错题抄一遍，还有点道理。已经做对的题，为什么还要连题目抄？”儿子说：“不知道。反正全班都得做。”我说：“这个作业你别做了。”儿子立刻做惊恐之状：“那不行，老师会说我的！”……我常常想，这样留的作业，就属于“垃圾作业”。①

2. 对某些家长来说，最难熬的莫过于听老师点名。“上学期期末考试，我们班总成绩在 450 分以上的一共有 3 个人，从全区的总排名看，这些孩子有可能考上区重点高中”，班主任开始了家长会最重头的部分——分析学生成绩，“总分不到 250 分的同学可能毕业都成问题，咱们班共有 8 名同学，×××、×××……”被先念到名字的学生家长露出了笑意，头也抬高了起来，越往后，没被念到的家长越紧张，最后念到名字的家长看起来最不自在：头抬起来又低下，眼睛一会儿瞟一眼老师，一会儿看一

① 王晓春. 王晓春帮你走出教育误区：评说 100 个教师常用语[M]. 北京：中国轻工业出版社，2012：103.

眼周围的家长，手也似乎不知道往哪放。[①] 请从教师专业伦理的角度对材料中教师的行为进行分析。

3. 观看电影《放牛班的春天》，并从教师专业伦理的角度对克莱门特·马修老师这一角色进行分析。

---

① 陈昌国. 优秀教师的十项基本功[M]. 广州：世界图书出版公司，2010：155.

第六章　通过实践反思实现教师专业发展

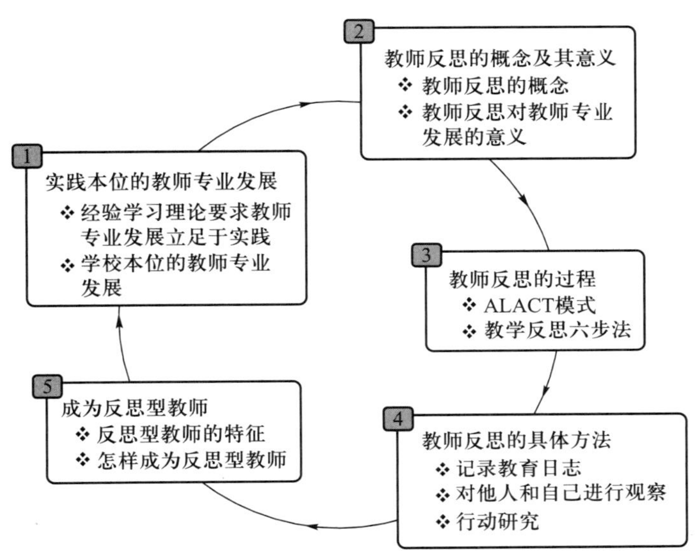

本章导入

在反思中快速成长①

有的教师已经工作了三十多年，但教学成绩总是不佳，每接一个班都怨气冲天："又没遇上好班，把差学生都给我了，怎么这么倒霉啊！"他就从来没有反思过自己，从自己身上找出点毛病，导致工作多少年就痛苦多少年。

我们当教师的要向农民学习，当打下的粮食不如别人多的时候，农民不会怨恨土地，他会主动反思自己是少浇了一遍地，还是少施了两次肥，明年他一定会吸取教训。我见过一个小餐馆的厨师，所有的菜都是由他一个人做的。每次客人走了，他不让服务员抄桌，要出来观察，哪个菜剩得多，他就细细品尝这个菜，找到顾客不爱吃的原因，以便下次改进。他的这种自我反思的责任意识值得我们学习。

我刚上班时，有个语文教师对我说："我们语文课好比是一桌丰盛的宴席，而你们数学课则是一盒单调的盒饭。"作为数学教师的我，心情久久不能平静，我在反思：我们数学课能否改变枯燥乏味无趣的现象，能否也充满欢声笑语，能否也充满生命的

---

① 张彦春，雷玲．特级教师的特别建议[M]．福州：福建教育出版社，2009：133－134．

活力，能否像大宴席那样丰富多彩。经过我不断地努力，这些想象都已成为现实，我也形成了自己鲜明的教学特色。

2007年10月，我给三年级上了一节“逆序推理”观摩课，这个内容原来教材没有，属于解决问题板块，只有三年级兴趣班有，就是兴趣班的学生也觉得难度很大，这样的内容哪个教师都不愿意用它上观摩课。我大胆地尝试了这节课，试讲还没完，我就感觉学生的眼光有些迷茫，结果做完题发现有近一半学生没有学会。我站在黑板前反思学生不会的原因，学生的班主任和数学老师一起安慰我，说：“别着急，您这课设计得特别好，我班学生成绩差，要是上别的班绝对没问题。”我立即说：“你们别逗了，那么多学生都没学会，我能怪学生吗？米饭做成了夹生饭，不是水少了，就是火小了，能怪大米吗？我知道了，这节课我少给学生搭了两个台阶，致使一些学生跟不上了。”我指着板书告诉他们：“我要在这里，还有这里搭上两个台阶，过两天换班再讲。”过几天，我又一次讲给我校的数学教师听。后来，在山东省第十二届年会上给1 500多名教师上示范课，不用电脑，一根粉笔上好一节课。学生学得兴趣盎然，教学效果很好。讲完课后，我实事求是地汇报了这节课从一节失败课变成一节优质课的过程。教师们夸我说：“要不你能当特级呢，总是在找自己的原因。”

思考问题：

1. 作者认为，各个行业的专业成长都需要“自我反思的责任意识”，你能谈一下反思对教师专业发展的重要意义吗？

2. 文中的教师进行了富有成效的反思，请详细阅读第四段，并参考本章介绍的“ALACT模式”和“教学反思六步法”，对这位教师的反思过程进行分析。

3. 教师要通过自我反思实现专业发展，可采用哪些方法或策略？

4.“反思型教师”是一个值得追求的目标，请反思自己是否具备“反思型教师”所需要具备的开放的心态、责任心和执着等品质？

在明确了教师专业发展的基本内容（知识、能力和伦理），解决了“教师专业发展到底要发展什么”这一问题之后，接下来要探讨的是教师专业发展的方法问题，解决“到底怎样实现教师专业发展”的问题。教师专业发展的方法多种多样，许多研究者曾进行过归纳。例如，贝利就根据“个体的—合作的”和“观摩的—行动的”两个维度对教师专业发展的各种方法做了分类（见图6－1）。

学者范良火把对教师学科教学知识的研究集中在教学的课程知识、教学的内容知识和教学的方法知识三个方面，研究了教师获得学科教学知识的来源途径。结果发现，教师自身的教学经验和反思及其与同事的日常交流是教师学科教学知识最重要的来源（见表6－1）。

参考贝利提出的教师专业发展的分析框架以及范良火的研究结论，并根据实践领域的经验，本教材将“实践反思”和“互动合作”作为教师专业发展的基本方法，这两种方法也是本教材第六章至第七章要深入阐述的问题。

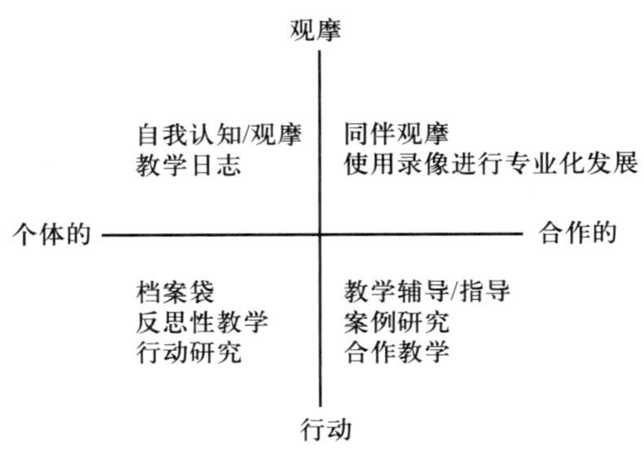

图 6－1　教师专业发展活动

表 6－1　教师学科教学知识的来源①

来源	教学的课程知识			教学的内容知识	教学的方法知识
	关于教材	关于技术	关于其他教学材料		
最重要	G, E	G, E, C	G, E	G, E	G, E, C
第二等重要	C, D, A	D	C, D	D, A, C, F	D
最不重要	F, B	F, A, B	F, B, A	B	B, A, F

注：A＝当学生时的经验　B＝职前培养　C＝在职培训　D＝有组织的专业活动
E＝和同事的日常交流　F＝阅读专业书刊　G＝自身的教学经验和反思

第一节　实践本位的教师专业发展

传统的教师专业发展范式，通常将教师专业发展视为一种可以与教师日常工作情境相脱离的活动，它可以在实践场所之外进行，其主要任务是向教师传授具有普适性的教育理论。然而，事实证明，教师在剥离了具体情境的理论学习中获取的抽象概念和规则，并不能帮助教师灵活地应对复杂而多变的实践情境，它们不过是一些储存在教师头脑中的“僵死的符号”而已。新的教师专业发展范式更加强调教师是“在实践中或从实践中学习”，而不是“在准备实践中学习”。② 在当代，世界各国的教师专业发展越来越呈现出“现场主义”的特征，中小学校在教师培养中扮演着越来越重要的角色。

一、经验学习理论要求教师专业发展立足于实践

经验论是杜威教育哲学的核心。按照杜威的观点，经验学习的核心要义为“做中学”。他指出，教育必须植根于个体真实的生活经验，促成个体经验的改组和改

① 范良火．教师教学知识研究[M]．上海：华东师范大学出版社，2003：211.

② THOMPSON C. S. Powerful pedagogy: learning from and about teaching in an elementary literacy course [J]. Teaching and Teacher Education，2006，22：194－204.

造。虽然经验学习的理念来自杜威，但是最具代表性、应用最广的却是科尔布的理论。

科尔布以杜威的“做中学”思想、勒温的场域理论以及皮亚杰的认知发展理论等为基础，发展了经验学习理论。科尔布将经验学习定义为“通过经验转化来创造知识”的过程。他认为，要进行经验学习，需要有四种能力：具有开放的意愿，愿意把自己置身于新的经验中（具体经验）；具有观察和反思的技巧，以便从各种不同的观点检视新经验（反思观察）；分析的能力，即通过观察创造出整体的观念（抽象概念）；做决定及解决问题的能力，以便新的观念可以在实践中运用（主动实验）。① 科尔布认为，经验学习是一个连续的循环过程，每个循环周期包括四个阶段：具体经验、反思观察、抽象概念和主动实验。每个经验学习周期就是人们在活动中获得具体经验→通过反思去观察、体会自己的实际经验→由反思中悟出新的原理、观念，形成个人的概念化知识→把新观念应用于新的具体情境加以验证的过程。由这一循环可知，教师的实际经验并不一定会带来学习与领悟，而必须通过反思才能产生学习，故反思是经验学习最重要的一环（如图 6 – 2 所示）。

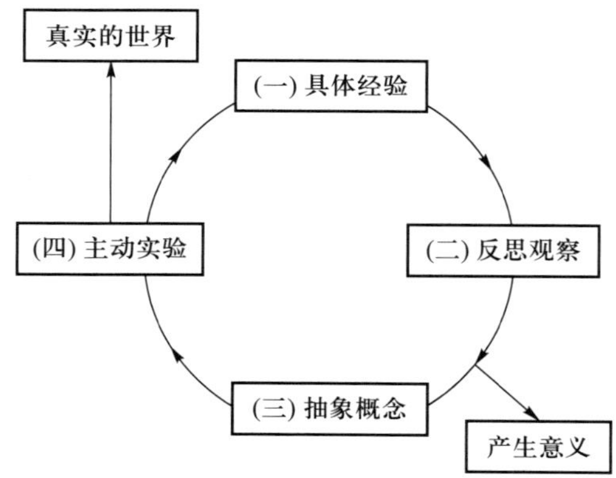

图 6 – 2 科尔布的四阶段经验学习圈

经验学习理论对教师培养的最大启示，就是将教师的学习和发展置于真实的实践之中，使教师能够通过“在行动中求知”和“在行动中反思”来获取专业知识和技能；同时经验学习理论必须要确保教师拥有丰富的实践机会，不断扩充自己的经验，并对所学的新观念和新方法进行验证、体悟和内化。

二、学校本位的教师专业发展

教师的学习无法脱离具体的情境和经验，随着这种认知获得越来越广泛的认同，教师培养“重心下移”的趋势开始形成。日本学者佐藤学指出：“教师是在学校中养成的”“无论大学中的教师教育或在职教育多么完善，无论教育委员会或教师中心的

---

① KOLB, DAVID A. Experiential learning: experience as the source of learning and development[M]. Englewood Cliffs, N. J.: Prentice – Hall, 1984: 26 – 34.

研修讲座多么引人入胜，无论教育研究活动多么活跃，都无法取代学校在教师养成过程中的独特作用。可以说学校才是教师养成的真正沃土，学校通过校本研修培养教师并使其成为专家。"①

从制度上确定中小学校在教师专业发展中的基础性地位发端于英国。1992 年 1 月，英国教育大臣克拉克签署了一系列新的教育政策，其中最有冲击力的规定是：将来做中学教师的师范生应将 80% 的时间用在学校。这些举措促使英国的教师培养转向"学校本位"，中小学校在教师教育过程中起到了决定性的作用。时隔不久，英国政府又发布通告，建议大学和中小学建立伙伴关系，将中小学作为完成教师专业发展任务的主体，师范生在伙伴学校的时间为 66%，其余 34% 才是在大学接受理论学习的时间，而且理论学习的内容还应侧重同学校活动相联系。② 2002 年，英国政府又颁布《合格教师资格与职前教师教育要求》的文件，对师范院校学生"学校真实体验"提出明确要求。根据规定，师范类学生至少要在两所学校进行学校体验，师范生在中小学体验学校生活的时间为 140～150 个半天。③ 英国的一系列改革，使中小学校成为职前、职后教师教育的主要力量，也开启了"学校本位教师专业发展"的新时代。

"学校本位的教师专业发展"源于对教师知识和教师学习的重新理解。教师个人的实践性知识，很难通过学院化的正规培养获得，只能植根于学校的实践情境，在教师的反思性实践中生成。关于教师学习，学界已经探索出一些规律，有学者称之为"教师成长三大定律"——"越是扎根教师的实践需求越是有效；越是扎根教师的鲜活经验越是有效；越是扎根教师的实践反思越是有效"。④ "学校本位的教师专业发展"符合上述三个定律的要求。教师专业学习的特点是强调问题意识、实践反思、行动改进，而这些都依赖实地情境。与其他成人一样，教师的学习大多受自己的工作需求所驱动，教师经常带着工作中要解决的问题进入学习，解决工作中的问题是他们最重要的学习动机，而学校正是问题浮现并最终得到解决的场所，这也是"学校本位的教师专业发展"得以成立的重要原因。

教师专业发展意味着教师"学会在工作情境中做正确的事"，学校是教师工作最重要的场景，在这样一个场景中，教师从事着各种专业活动：了解学生，钻研教材，收集各种教学和课程资源，设计并实施教学活动，评价学生的学习成绩，管理班级，解决学生在学习和其他行为上存在的问题，等等。也正是在从事这些专业活动的过程中，教师才有了"做中学"的机会，可以说，教师是通过教学实践学会教学，通过班级管理实践学会班级管理的。一项对中学优秀教师各种特殊能力的形成时间的研究表明：除语言表达能力以外，教育教学所必需的其他能力，如处理教学内容的能力、运用教学方法和手段的能力、教学组织和管理的能力、科学研究的能力、教育机智、与学生交往的能力等都有 65% 以上是在任职以后形成的。⑤

---

① 佐藤学．教师花传书［M］．陈静静，译．上海：华东师范大学出版社，2016：127.

② 崔允漷，柯政．学校本位教师专业发展［M］．上海：华东师范大学出版社，2013：71－72.

③ 吴艳，陈永明．教师专业发展［M］．北京：高等教育出版社，2017：73.

④ 钟启泉．核心素养十讲［M］．福州：福建教育出版社，2018：101.

⑤ 王邦佐，陆文龙．中学优秀教师的成长与高师教改之探索［M］．北京：人民教育出版社，1994：46.

思考交流 6－1

有的师范生认为,“学校本位的教师专业发展”这一概念的提出,会大大削弱大学在教师培养中的地位,有的师范生甚至会产生“进入中小学后再学习当教师也不迟”的错误观念。请分析职前教师教育的任务以及师范生学习的重点应该是什么?

第二节 教师反思的概念及其意义

自杜威在1910年出版《我们怎样思维·经验与教育》一书之后,学术界言及反思则必提杜威。杜威将反思定义为“对某个问题进行反复的、严肃的、持续不断的深思”①。杜威认为,“思维开始于困惑的、困难的或混乱的情境;思维的结尾是清晰的、一致的、确定的情境。第一种情境可称为反省前(pre－reflective)的情境。它提出需要解决的问题,提出反省思维要回答的问题。后一种情境中,怀疑消除了,这是反省后(post－reflective)的情境,它的结果是控制直接经验,获得满足和愉快。反省思维就是在两种情境之中进行的”。②

思考交流 6－2

请联系自己的生活经验,举出一个自己通过反思获得观念或行为上的进步的实例。

“我们可以简单地把教师在学校层面的知识生产方式分成两类,一类是通过自我的研究或反思来获得大量所需要的知识技能,第二类是通过同伴合作互导来生成新知识。”③教师反思是教师生成知识的重要途径。如果从科尔布的经验学习循环的观点来看,单纯的实践并不必然导向教师学习,教师学习是一个教师进行实践并对实践进行反思的过程。经过实践——反思的不断循环,教师内在的专业结构才得以形成、改变或强化,其过程如图6－3所示。④

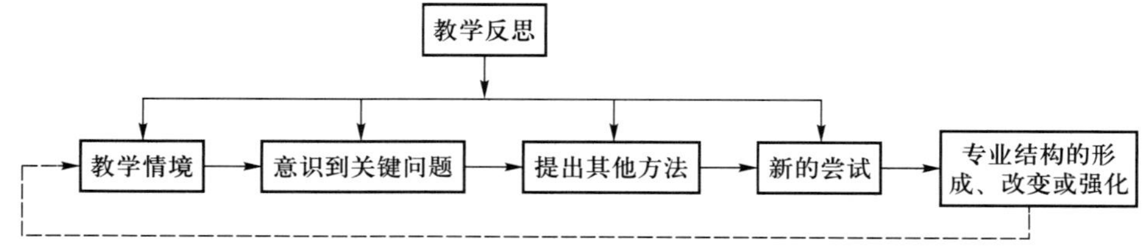

图6－3 教师专业发展的基本循环

① 杜威.我们怎样思维·经验与教育[M].姜文闵,译,北京:人民教育出版社,2005:11.
② 杜威.我们怎样思维·经验与教育[M].姜文闵,译,北京:人民教育出版社,2005:93－94.
③ 崔允漷,柯政.学校本位教师专业发展[M].上海:华东师范大学出版社,2013:159.
④ 傅建明.教师专业发展:途径与方法[M].上海:华东师范大学出版社,2007:139.

一、教师反思的概念

教师反思是教师对于自身教育教学知识、意识、观念的审视与重构，也是教师对于自身过去或当前的教育教学行为、经验、实践活动的反省与调节。教师反思意味着教师对"旧我"所包含的教育理念和行为的扬弃，这是一种自我超越。从本质上看，教师反思是一种深层次的自我对话，是"主体的我"对"客体的我"的审视、检讨与重构。

要完整地理解教师反思的概念，应把握以下五个要点。

第一，教师反思的发生，源自教师实际经验中的问题，或教学情境中惊奇、困惑的感受。

第二，教师反思是对自身经验的再思考，进而以过去的经验引导未来的行动。

第三，教师反思的态度是审慎的、持续的、探究的。

第四，教师反思的内容包含教师的个人信念、基本假定、价值观以及手段与目的等多个方面，反思的目的是达成更好的行动，实现教师个人的专业成长。

【拓展阅读 6－1】

教师反思的内容[①]

1. 教育观念反思

教育观念反思旨在吸收、内化外在的教育理论，并结合自己的教育实践和职业生活，形成对教育的个体性的认识。

2. 课堂教学反思

课堂教学反思旨在获得有关教学的实践性知识和缄默知识（教学策略知识、课堂情境知识、课堂应变知识等），以及教学的计划与准备、组织与管理、检查与反馈、控制与调节等教学监控能力。

3. 学生问题反思

学生问题反思旨在了解和把握学生学习和心理发展中的问题，包括学生学习的特点和个性心理的特点，以便更好地认识自己的教育对象、更有效地因材施教。

4. 教育现象反思

教育现象反思旨在透过现象看本质，把握规律，转换思维，提升能力。

5. 人际关系反思

人际关系反思旨在建构一个和谐的师生关系和教师间的人际关系，为用脑教学和用心工作奠定心理基础和人文环境。

6. 专业水平反思

专业水平反思旨在分析和把握自己的专业发展状况，制订完善专业结构、提升专业水平的规划和措施。

---

① 胡惠闵，王建军．教师专业发展［M］．上海：华东师范大学出版社，2014：153.

7. 自我意识反思

自我意识反思旨在不断地认识自我、评价自我、设计自我、超越自我。

8. 个人成长反思

个人成长反思旨在通过对个人成长过程和影响因素的分析,认清自己成长的特征和阶段,进而制订自己下一步成长和发展的规划。

二、教师反思对教师专业发展的意义

虽然促进教师专业成长的途径很多,但反思却具有独特和重要的作用。美国心理学家波斯纳提出一个著名的公式:教师成长 = 经验 + 反思。① 可以这样理解这个公式:没有反思的经验是狭隘的经验,至多只能形成肤浅的知识;没有经验的反思只是空洞的思考,至多只能形成抽象的理论观念。所以,“教师只有经过反思,通过思维的分析、综合、比较、抽象和概括的加工之后,才能有效地去除原始经验中的无益成分,提炼出原始经验中的精华并加以系统化。这种经过反思充分加工的经验,由于抽象性和概括程度提高了,也产生了质的升华。不仅应用范围扩大了,作用也更加显著了,能够随时提取出来。”②具体来说,反思对教师专业发展的价值主要体现在以下四个方面。

(一)教师反思可以帮助教师检验那些支配自己的常识

在实践情境中,教师的行为常常被一些未经思考和验证的常识所支配,如果没有反思,那么教师就很难发现这些常识的不合理之处。“没有反思习惯,我们将会一直面临着做出糟糕的决策和判断的风险。……我们最终陷入了这样一种习惯,那就是参照未作检验的‘常识’来判定我们所做的事情,认为尚未证明的证据总是精确的,总是合理的。我们会告诉自己说,‘当然了,我们知道课堂里正在发生的事情,毕竟,我们已经从事了多年的教学工作,不是吗?’然而,未经过检验的常识是行动极不可靠的向导。”③

(二)反思能帮助教师审视业已形成的工作习惯

随着工作经验的积累,很多教师都会形成一种较为稳定的工作习惯,这些工作习惯融合了教师的经验、个性以及外部的规范等,是教师专业成熟的表现。工作习惯的形成也意味着教师的专业发展进入一个较为平稳的时期,一些教师会根据沿袭多年的“套路”来工作,而忽视了对其合理性的审视。反思是帮助教师走出“舒适区”、突破已有的工作习惯、实现自我超越的重要推动力。

 教育实例 6-1

反思自己的工作习惯:奖项真的那么重要吗?

一般学校每年都举行春季或秋季运动会,运动会上根据各班向广播站投稿的数

① POSNER G. J. Field experience:Methods of Reflective Teaching[M]. New York:Longman,1989:127.

② 陈振华. 论教师的经验性学习[J]. 华东师范大学学报(教育科学版),2003(3):17-24,35.

③ STEPHEN D. ,BROOKFIELD. 批判反思型教师 ABC[M]. 张伟,译. 北京:中国轻工业出版社,2002:4.

量来评选“文明班级”，因此，各班都会组织学生写稿子，以致学生无法全身心地投入和体会运动的乐趣和美。这是一种常见的现象。一位班主任明确要求学生在运动会期间尽情享受运动带来的快乐，不必一个劲儿地写稿子。但是，当学生们看到其他班级都踊跃投稿的时候就坐不住了，焦急地表示希望通过写稿子，争取文明班级奖。当班主任坚持既定原则的时候，他明显感觉到了同学们的失落。这位班主任面对这一事件，进行了难能可贵的反思。“为什么同学们会对这个奖项表现得如此焦虑呢？一方面，当然反映出他们强烈的集体荣誉感，但我想更重要的可能与我先前的工作立场有关。在此前两年，我带领班上的同学几乎参与了学校的所有评比，先后获得了‘卓越班集体’‘优秀班集体’‘文化先进班集体’。应该承认，这些奖项的确可以‘聚气’，让我们班看起来更加优秀；但扪心自问：我们是不是也迷失其中，为了奖项而奖项，使同学之间、班级之间出现了一种排他性而非共生性的关系？当有一天我突然意识到这样做可能不妥的时候，长期浸在‘奖项文化’中的学生又如何能理解呢？”①

（三）教师反思能促进教师实践性知识的积累与实践理论的形成

在教育教学实践中，教师的表现在很大程度上依赖教师个体建构出来的实践性知识，而教师实践性知识的形成，又以教师主动地实践和反思为条件。荷兰教育家柯瑟根将教师实践性知识称为“小写理论”，并对教师通过反思形成“小写理论”的过程做了详细介绍。

柯瑟根提出，“小写理论”的建构历程是一个“格式塔→图式→小写理论”逐渐递进的过程，具体包括以下三个阶段。

1. 格式塔

传统的教育观认为，教师在课堂上的行动，是“教育理论指导教育实践”的结果，教师凭借自身掌握的教育理论来解释教学情境，进行决策，进而采取行动。但柯瑟根却认为，课堂情境的基本特点是即时性和同步性，教师感知情境和做出反应都是瞬间发生的，他们无暇对复杂的课堂情境进行理性的分析，其行为反应多是下意识的，起决定作用的是由教师的个人经验、情感、价值观、角色认知以及个人需要等融为一体所构成的格式塔，这一格式塔则源于教师对自己获得的带有大量实例的经验的概括。

为了说明格式塔的构成及其发挥作用的方式，柯瑟根举出了一个实例进行说明。

威尔逊老师已经教授完两位数加一位数的计算方法，接下来他想让学生进行一下练习，于是在黑板上写下了“34 + 7 = ”这一算式，并让吉姆来回答。吉姆给出的答案是“42”，威尔逊老师直接说：“错了，34 + 6 = 40，所以 34 + 7 = 41。”大多数教育者可能不同意威尔逊老师的这种教学方法。首先，威尔逊没有弄清为什么吉姆得出了“42”这个答案，因为在教学中了解学生的前概念是很重要的；其次，威尔逊没有促进吉姆的反思，这种反思对学生独立学习能力的发展十分重要；最后，威尔逊没有帮助吉姆发展出他自己解决问题的策略，这增大了吉姆继续犯同类错误的可能性。

---

① 吴非．一盏一盏的灯[M]．南京：江苏教育出版社，2013：142－143.

柯瑟根分析指出，上述案例中威尔逊的行动并非出于某种理论的指导，实际上，一系列的“感知→解释→逻辑思考→决策→行动”过程不可能在那么短暂的时间内发生。真正在教学中发挥作用的，是并非完全理性的、甚至没有被教师意识到的、作为整体发挥作用的格式塔。这一格式塔包含着威尔逊行为的各种可能的源头，如：

——早年的“学徒观察”，例如，威尔逊自己在小学时代曾观察到老师对类似吉姆这样的表现就是以这种方式回应的；

——教师的情感，例如，威尔逊对吉姆仍然犯错误非常不满；

——教师的价值观，例如，威尔逊认定，像吉姆这个年级的儿童能够无差错地完成 100 以内的加法是非常重要的；

——角色概念，例如，威尔逊持有的将教师视为传递正确答案的人的观念；

——需要与关注，例如，威尔逊希望尽快解决当前的问题以进入其他主题的学习，或者威尔逊尽力避免出现课堂混乱；

——常规，例如，威尔逊快速纠正学生错误回答的例行做法。

柯瑟根指出，实践中的教师更倾向于直觉性推理而不是分析性推理，格式塔使教师以一种直觉式的、不假思索的方式对教学情境做出回应，但是这种反应的成分比较复杂，以无意识的方式发挥作用的格式塔，其合理性却未经过考量，在某些时刻，教师很可能像威尔逊老师那样，是以一种不适当的格式塔来应对教学情境的。

2. 图式

如果有人——特别是教师教育者——支持教师对自身的格式塔进行审视和反思，他们就会觉察到构成格式塔的各个要素及其相互关系，实现由直觉反应式的格式塔到有意识的图式的飞跃。图式既和具体经验相联系，又在很大程度上超越了具体经验，因为图式的形成需要一定的认知加工，教师必须对个人的经验、假设及信念等进行分析和澄清，形成一个能对实践情境进行描述和解释的概念系统。

在上述案例中，威尔逊经过反思，可能在头脑中形成了类似“学习困难者”和“重新教授”这样的概念，这二者之间的关系是：针对“学习困难者”，教师需要应用“重新教授”的策略来使他们掌握特定的知识。

图式是教师在提炼概念和梳理关系的过程中形成的意识水平更高、也更为抽象的思想框架，与格式塔一样，图式的合理性也未经过考量，上述案例中，威尔逊“学习困难者需要重新教授”的推导并不符合现代教学思想。

3. 小写理论

如果教师通过学习和反思，将已经形成的图式按其内在逻辑联系起来，并以命题的形式加以表述，就生成了“小写理论”。与格式塔、图式相比，“小写理论”的意识水平更高，也更简洁、更抽象、更具有逻辑性，它能够被应用于更大范围的情境。无论是形成图式，还是建构“小写理论”，教师反思都扮演着至关重要的角色。

“小写理论”形成之后，教师是否就会依据其来进行推理和决策呢？柯瑟根的回答是“否”。他指出，“小写理论”形成并经过一段时间的运用后，它就会变得更为清晰和娴熟，教师能够在低度注意的情况下应用它们。这样一来，“小写理论”似乎又被简缩成图式或格式塔了，柯瑟根将这一现象称为“层次递减”。由于“层次递减”，相关的图式或理论就需要更少的注意，这可以使教师将精力集中于其他事情上面（整个过程见图6－4）。通过“层次递减”，“小写理论”被融进了教师不假思索的格式塔之中，但是，这种经由“层次递减”而来的格式塔，与最初的格式塔已经有了质的不同，因为“小写理论”的加入，使得这一格式塔能引导教师在实践情境中更为审慎和明智地行动。由图6－4可以看出，“小写理论”是教师知识发展的最高阶段，它也是通过教师长期的实践以及持续的反思逐渐形成的，要建构“小写理论”，既不可能一蹴而就，也不可能轻而易举。

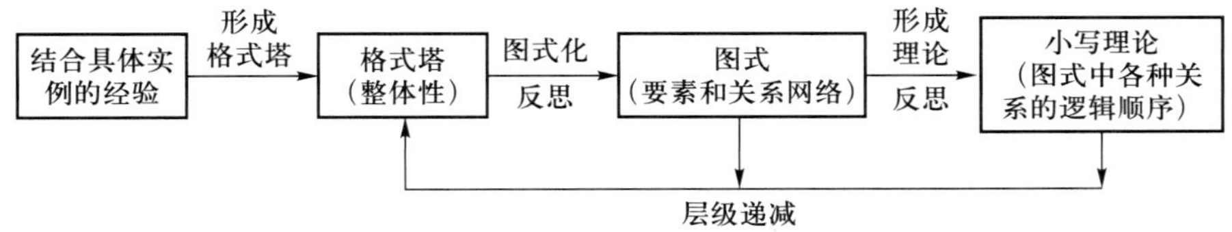

图6－4　格式塔→图式→小写理论的递进过程

思考交流　6－3

研读柯瑟根的理论以及图6－4的说明，思考下列问题：

1. 联系第一章有关教师工作特点的理论以及第三章有关教师实践性知识的理论，谈谈教师实践为何较为依赖“小写理论”，而不是教育专家确立的“大写理论”？

2. 根据柯瑟根的分析，反思在“小写理论”形成中发挥着怎样的作用？

3. 根据柯瑟根的观点，分析一下为什么专家教师能够比新手教师更为迅捷、有效地应对教室情境中出现的各种问题？

（四）教师反思是教师成长为优秀教师的重要条件

赵昌木对94名来自全国、省、市、县的优秀教师进行调查发现，他们都具有“经常反思自己的教学观念和教学实践”和“在讲完课后，根据教学效果不断审视、修正自己的教案”的良好习惯和品质。胡定荣的研究也发现，优秀教师在对影响职业成功的个人因素进行归因时，“反思与研究”被排在第一位，如表6－2所示。

表6－2　影响优秀教师职业成功的个人因素①

因素	人数	百分比（%）
反思与研究	34	94.4
专业知识的学习	29	80.6
教改实践	25	69.4

① 胡定荣．影响优秀教师成长的因素：对特级教师人生经历的样本分析[J]．教师教育研究，2006(4)：65－70.

续表

因素	人数	百分比(%)
教育理想与信念	24	66.7
学习经历	3	8.3

第三节　教师反思的过程

关于教师反思的过程,国内外学者已经进行了大量研究,提出了很多有影响力的观点。

一、ALACT 模式

荷兰学者柯瑟根阐述的教师反思的 ALACT 模式,该模式包含五个阶段(如图 6-5 所示)。①

第一阶段是行动:也就是教师参与具体的教学实践并获取一定的经验,这是反思发生的前提。

第二阶段是对行动进行回顾:对行动的回顾使得教师将注意力集中到课堂行为的某些片段和细节之上。

第三阶段是注意到必要的方面:通过分析,教师对于自己实践中存在的问题有了较为清楚的、概括性的认识。

第四阶段是产生替代性的行动方法:教师借助与同伴的互动以及教师教育者的指导,寻求解决自身存在问题的办法。

第五阶段是尝试:教师开始新的实践,并将替代性的行动方法应用于实践。

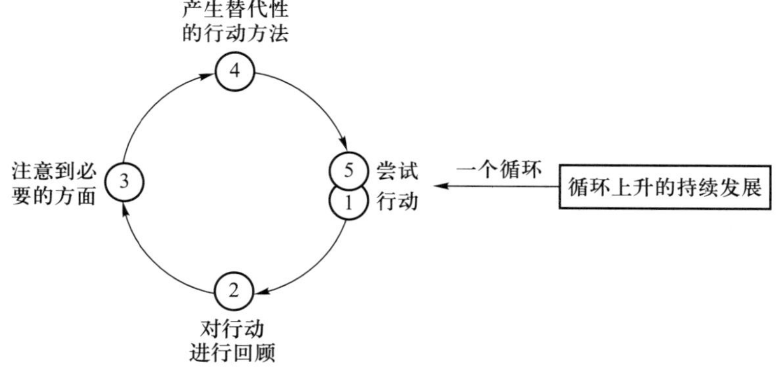

图 6-5　ALACT 模式的五个阶段

ALACT 模式依据上述五个阶段英译的首字母来命名。在柯瑟根的论述中,教师专业发展是一个循环上升的过程,ALACT 模式的五个阶段只是其中的一个循环,第五个阶段“尝试”又是下一个循环中的第一个阶段“行动”。

---

① 周成海. 弗雷德·柯瑟根教师反思理论述评[J]. 外国教育研究,2014,(10):1-12.

教育实例　6－2

朱迪斯老师的反思过程

1. 行动：课堂上，朱迪斯要求学生两人一组，围绕指定的内容进行合作学习，并在学习结束后进行汇报。但她忽然发现一向令她头疼的学生皮特没有按照要求做，他正在学习其他学科。朱迪斯很生气，她以一种不满的口吻对皮特说："哦，你又在忙别的，看来你又要有麻烦了！"

2. 对行动进行回顾：课后，朱迪斯参加了以一线教师和教师教育者为主体的研讨会。在研讨会上，朱迪斯回顾了自己的教学实践，并觉察到她在课堂上对待皮特的态度是有问题的，她对皮特的不满和恼火，或许也会引发皮特的强烈不满，甚至使他自暴自弃，不再追求课堂上的良好表现，而这正是朱迪斯要竭力避免的。

3. 注意到必要的方面：通过分析，朱迪斯意识到，自己和皮特之间矛盾的升级与恶化，只会使自己的教育工作走进死胡同，收不到任何教育成效。朱迪斯还发现，自己的工作有趋于更加严格的倾向，对于怎样看待皮特这类学生也存在着认知偏差。

4. 产生替代性的行动方法：陷入困境的朱迪斯找不到解决问题、走出困境的办法，此时，教师教育者表现出对朱迪斯的同情与理解，并对其提供支援。他们给朱迪斯提供了一些简明的理论，这些理论主要涉及如何挽救趋于恶化的师生关系这一问题。他们还给予朱迪斯一些指导和建议，比如，建议她打破僵局，给予皮特更多理解，并有意识地对皮特进行一些积极的评价等。教师教育者还提醒朱迪斯思考一下跟皮特谈话时该怎么说，并和朱迪斯进行了一个练习，学习使用一些表达情感的词汇，目的是使朱迪斯在与皮特交流时能够做出适当的、富有同情心的回应。

5. 尝试：研讨会结束后，在下一次课上，朱迪斯开始尝试着运用一种更加积极的、更具有同情心的方式与皮特进行沟通，了解他的想法与打算，努力使两个人之间形成了一种更加积极的师生交往方式。

二、教学反思六步法

陕西师范大学衣新发教授综合多种理论并结合自己的实践，提出了教学反思六步法，其基本程序包括以下六个环节。

（一）发现问题

发现问题就是描述自己或他人的教学行为（包括教学效果的成功之处或遗憾之处）。这一步的总体原则是找准反思点并及时、详尽地记录下来。"找点"意味着后续反思都会围绕此点进行，教育实例 6－3 就是一个"找点"的例子。

［拓展阅读］初任教师课堂教学自我反思表

教育实例　6－3

找准反思点

在一年级语文课文《静夜思》的教学中，一位教师组织孩子们以对口令的方式学习生字。领读的学生问:"它是谁?"其他的学生对:"它是静。"领读的学生又问:"什么静?"其他的学生对:"安静的静。"

陕西师范大学附属小学王林波老师的听课反思:

一节课仅有宝贵的40分钟,以这样的方法学习本课的十个生字,仅一个孩子领读,"它是谁"这样的话就重复了十遍,那么两个、三个、四个孩子的领读呢?组织游戏,有效是前提。当形式大于内容时,我们的游戏还有什么意义![①]

有效反思首先需要找准反思点,这个反思点就是教师反思的突破口。有研究者阅读了500多篇教师的反思日记,发现其中只有20多篇日记中教师意识到了自己的教学问题,质疑了自己的教学过程,这说明其他大部分教师都无法发现自己在教学过程中的问题,其教学反思也都流于了形式。

(二)归结原因

在找到反思点并描述清楚以后,就要进入第二步——归结原因,就是解释教师为何会有这样的教学行为(从教学意向和设计两个角度),以及其中的亮点或遗憾之处。如果用一个心理学的术语来概括这个阶段的工作,那么就是归因。如果第一步发现问题中的反思点是模糊不清的,那么归因这一步势必也将大而化之,让教师反思的效果消失于无形。

(三)解决方案

第三步要找到解决方案,分析有没有更好的教学意向和教学设计。这种解决方案既可以是思想层面的,也可以是操作细节层面的。如果发现问题和归结原因都很准确且精当,那么解决方案也应该水到渠成。

(四)科学依据

在找到了解决方案之后,教师应该就能写出一篇比较好的反思了。如果以解决问题为目的,毫无疑问,找到解决方案也就意味着解决了问题。但是,如果我们追求超越"就事论事"的反思,那么找到解决方案背后的科学依据和理论基础就显得格外重要。

(五)纳入实践

接下来教师要回到教学实践中去,用行动检验通过反思得出的方案的科学性,所以在这个部分教师应想出能够纳入实际教育教学实践的具体操作方法。

(六)优化调节

教学反思六步法的最后一步是确认有效的方法纳入教学实践之后会发生什么效应,产生怎样的影响,出现什么状况,原因是什么,应该如何解决,为何这样解决——这便又循环到了之前的第一步、第二步和第三步,只不过是在更高的层面上。

第四节 教师反思的具体方法

对促成教师反思的具体方法,许多学者进行过分析,表6-3呈现的是部分学者

---

① 王林波.上好小学语文课:在思考与行动中润泽课堂[M].上海:华东师范大学出版社,2013:11.

提出的教师反思的方法。

表 6－3　教师反思的具体方法

研究者	对教师反思方法的分析
康纳利，克兰迪宁①	1. 自我反思的方法：记日记、传记、图例、档案分析 2. 与他人合作的方法：讲故事、写信；同行对话、教师访谈、参与式观察
申继亮②	1. 在头脑中想一想 2. 记日记法，即以教后记的形式记录所思所想，然后自我分析 3. 与同事合作讨论 4. 行动研究
胡惠闵，王建军③	1. 专业日志反思法 2. 读书评论反思法 3. 360 度对话反思法 4. 录像反思法

归纳前述学者的看法可知，教师反思的主要方法包括以下三种。

一、记录教育日志

教育日志是对教师日常专业生活的记录，教师的见闻感受、与某个学生的课外交流、课堂上的某个事件、教学过程中的调整与师生互动、办公室里教师之间的闲谈等等，都可以记录下来，形成一个个包含着教师自己的体会和感受的“故事”。教师对这些“故事”进行书写和分析，赋予它们意义，同时澄清和反思“故事”背后的信念、假设与价值倾向，从而实现认知结构的扩充与重构。教育日志书写简便，形式灵活，是教师自我反思的重要工具。

教育日志可记录的内容非常丰富，汤普森（Thompson）给出一个教育日记的内容清单：你所接受的一些建议；你听到、看到的趣事；你体验到的情绪情感；新想法、新观念；你将不再重犯的错误；你所遇到的问题的解决办法；一个教授新单元的方法；进展顺利的一项活动或事件；进展不顺的一项活动或事件；你对一起事件的感受；课堂事件的原因和结果；你所学到的一些新东西；你需要改变的一些过程；你做得很棒的事情；你的抱怨；你的目标；对其他教师、学生或学校事件的印象。④

教育日志可以是一日一记、几日或一周一记，格式灵活多样。教育日志的写作可分成“描述性的”和“分析性的”两大部分，前一部分应及时地记下日常学校生活中所发生的特殊事件，后一部分要记下对事件的分析。以下就是一个教育日志的实例：

---

① 康纳利，克兰迪宁．教师成为课程研究者：经验叙事：第 2 版［M］．刘良华，邝红军，等译．杭州：浙江教育出版社，2004：34－59.

② 申继亮．教学反思与行动研究［M］．北京：北京师范大学出版社，2006：78.

③ 胡惠闵，王建军．教师专业发展［M］．上海：华东师范大学出版社，2014：165－176.

④ THOMPSON J. 从教第一年：新教师职场攻略［M］．赵丽，卢元娟，译．北京：中国轻工业出版社，2007：14.

 教育实例 6－4

学生为什么不举手了[①]

记得刚接手三年级时，学生课堂发言非常踊跃。可是随着时间的流逝，举手发言的人越来越少了。面对寥寥无几、犹豫的小手，我不禁心生疑惑“你们为什么不举手呢？”学生答道：“我不敢。”听了他们的回答，我陷入了沉思。在课堂上，我一般都叫学习好的学生回答问题，很少叫学困生，叫到他们答不上来时，因为怕耽误时间而影响教学进度，我总会说“请坐”，或者委婉地说“谁来帮帮他”。这看似帮助他，实则让他“靠边站”。有时，遇到不听讲、不举手的学生，我干脆就故意请他们回答问题，看他们一脸窘迫时，我再“语重心长”地教育他们“谁叫你不听讲呢”。当时可能有效果，逼着一些学生举起了手，却伤害了他们的自尊。慢慢地，会回答问题的学生怕说错，没把握的学生不敢说，课堂上举手的学生就越来越少了。就这样，不举手、不发言成了他们维护自尊的唯一方法，更是对教师冷漠态度的无声抵抗。看来，学生不敢举手却折射出了我教育观的偏颇，没有真正做到尊重学生，这才是问题的本质啊！以后，我要改变对学生的态度。如果学生答错了，我就鼓励他们“别着急，老师相信你”。如果学生总答不对，我就把重点放在错误产生的思路分析上，或者肯定他敢于发言的态度上。

二、对他人和自己进行观察

教师可以通过对他人的观察和了解来发现问题，启动反思，也可以通过对自己的观察来进行反思，教育实例 6－5 就是一个通过观察资深教师的教学而促成自身反思的实例。

 教育实例 6－5

通过课堂观察进行的反思[②]

每次观察其他老师的课，我都会写一些课堂观察后的反思，记录一些有价值的细节，权当一种练笔吧。

12 月 27 日，我观察了吴老师一堂家常课，那是高三复习课《物质循环》，我的观察点是“教师的感染力”。我记下了一个细节：

上课之初，吴老师问了一个女同学 4 个问题，该同学 4 个问题都答得不全面或答错了。在这个女同学回答这些问题的过程中，吴老师始终保持微笑，继续问，没有指

① 张四方．中学教师专业化发展导论［M］．北京：中国石化出版社，2019：361－362.

② 沈毅，崔允漷．课堂观察：走向专业的听评课［M］．上海：华东师范大学出版社，2008：45－46.

出答错与否。这些问题的设计是为了检测同学们对高二学习内容的掌握情况,然后吴老师就以这4个问题为线索复习了该节内容。我在后面听课时就想,这位女同学4个问题都答错了,她知道后心里肯定不好受,会觉得很丢面子的,以后可能害怕或不愿回答生物问题。这节课内容讲完了后,吴老师又微笑着问这位女同学"你满意吗?"该同学不好意思地说:"满意。"吴老师接着又问:"在刚才的讲解过程中你派生出新的问题了吗?"该同学又问了一个问题,吴老师解答完毕后,继续微笑着问:"现在你满意了吗?还有问题吗?"该同学终于说:"满意了,没有了。"吴老师笑着对她说:"你的满意是我最大的幸福!"这位女同学和同学们都笑了。

现在看着纸上的这个细节,我依然感到我仍坐在那个教室里,吴老师的追问、那位女同学的表情……历历在目,印象还是那么深刻。当时,我在课后就把这一细节及反思记录了下来:

在上课时,应注意一些教学细节;

有意识地始终面带微笑,用饱含激情的眼光关注学生;

关注学生的学习情绪,有意识地跟学生开玩笑活跃气氛;

多用表情、眼神、手势和肢体语言辅助课堂教学;

有意识地注意讲课时语调的高低变化、语速的快慢变化、使用重音等,通过这些变化达到强调重点、提醒注意、吸引兴趣的目的;

多用黑板画辅助讲解,黑板画注意色彩丰富,保留一定时间给学生留下深刻印象;

讲解知识点时注意语言准确,通过打比喻、举例子帮助学生理解;

指导看图时注意说明关注重点,用问题链引导学生逐步深入分析图形;

学生答错问题时,教师应微笑,态度和蔼,还应考虑如何弥补学生的挫折感,让其以后不惧怕回答问题。

我会经常读读自己的课堂观察笔记,想想自己当时的思考。每次读的时候,脑海里总是浮现出那情那景,这些反思、这些情景好像有一种无形的力量,总是时时地、点滴地改变着我撰写教案、课堂教学、批改作业,也改变着我与学生的交流、与同伴的讨论,甚至我的整个专业生活。

我还会想下去、写下去……

教师还可以通过观察自己的课堂教学录像来进行反思。录像的价值在于它的客观性,能够展示教师表现的具体方面,例如,讲话的速度和抑扬顿挫、非言语性行为、课程内容呈现的技巧、材料呈现的顺序以及对学生回答的反馈方法等。它可以展示学生的言语以及非言语的表现、他们参与课堂的程度、注意力集中情况以及个别学生的动作。最后,录像可以提供给我们教学的内容以及课堂组织、课堂活动的多样性、教学辅助设施的使用情况、教师与学生讲话的比例等方面的信息。

通过观看课堂教学录像,教师可以从不同的角度对教学进行回顾,可能会关注到自己以前没有注意到的某些方面。录像可以为教师在实际教学与观察自己之间隔开一定的空间,而这种空间可以让教师像其他人那样客观地认识评价自己的教学。

 教育实例 6-6

一位职前教师通过观看自己的课堂教学视频进行自我反思[①]

小徐教师通过观看自己的课堂教学视频进行了自我反思,他清晰直观地认识到自己在课堂教学方面存在的问题,并力争在以后的教学中克服这些问题。其反思内容总结如下:①课上几乎没有与学生进行互动交流,只是一直看着课件,这样会让学生产生被忽视的感觉。小徐教师在反思过程中,认识到自己之所以一直盯着课件看,主要是第一次正式上课心理上比较紧张以及自身没有把所要讲授的知识点进行一个比较系统的语言组织;②由于第一次上课比较紧张,小徐教师感觉在上课的过程中,自己说话语速比较快,这样就导致吐词不清,教学重难点不突出;③由于对授课内容的熟悉度还不够,小徐教师在讲课时经常会出现中断现象,譬如说,在讲解完某一个知识点之后,就容易出现不知道下一个该讲什么知识点的现象。同时由于熟悉度不够也造成了小徐教师太过于依赖课件上所呈现出来的知识,而不擅长用自己的语言将知识点阐述出来;④在回顾之前所学知识点的时候,小徐教师只是把知识点完整地读了一遍,但其实应该以提问或者讨论等方式与学生进行互动会比较好,通过这种方式还可以及时了解学生对所学知识点的掌握情况;⑤小徐教师发现自己在教态方面存在比较大的问题,一直都是站在讲台前面,这样就容易造成教师与学生之间在心理上、空间上的距离感;⑥小徐教师在讲课过程中口语化问题比较严重,譬如,“就是说”“然后”等,这些口语化的词容易使学生产生疲倦感。同时,小徐教师深感自己在站姿方面需要重点注意一下,松散的站姿会给学生一种非常不好的印象。[②]

三、行动研究

教师成为研究者的概念由来已久,早在1926年,西方就有学者在一本名为《教师的研究》的书中表达了这样一种理想:“教师有研究的机会,如果抓住这种机会,不仅能有力而迅速地发展教育技术,而且将赋予教师的个人工作以生命力和尊严。”[③]英国学者古德森认为,“提高实践水平的最佳机制是教师是否在不断地进行研究,并对自己的实践进行反思”[④]。英国课程论专家斯坦豪斯明确提出了“教师成为研究者”的理念,在他看来,“教育科学的理想是,每一个课堂都是实验室,每一名教师都是科学共同体的成员”[⑤]。在现实中,教师参与教育研究,能对自身专业水平的提高、教育

---

① BAILEY K. M. ,CURTIS A. ,NUNAN D. 追求专业化发展:以自己为资源[M]. 北京师范大学“认知神经科学与学习”国家重点实验室脑与第二语言学习研究中心,译. 北京:北京师范大学出版社,2007:148-150.

② 王青. 职前教师基于课堂视频的教学反思研究[D]. 上海:华东师范大学,2011:22-23.

③ 周耀威. 教育行动研究与教师专业发展[J]. 全球教育展望,2002(4):53-55+58.

④ 古德森. 专业知识与教师职业生涯[M]. 刘丽丽,译. 北京:北京师范大学出版社,2007:19.

⑤ STENHOUSE L. An introducation to curriculum research and development[M]. London: Heinimann Education Books Ltd. ,1975:142.

实践的改善产生影响。例如,有位小学教师,发现一年级的学生抄写生字一字多遍,负担很重,于是进行了“抄四遍和抄八遍的效果比较”的实验。结果证明抄四遍效果最佳。然后写成研究报告,论证“减轻负担,提高质量”大有潜力可挖。①

不过,古德森和斯坦豪斯所说的教师研究并非学术性的教育研究,而是教育教学实践研究,即教育行动研究。关于行动研究,学者的定义不尽一致。如澳大利亚学者凯米斯认为,它是“由社会情境(教育情境)的参与者,为提高对所从事的社会或教育实践的理性认识,为加深对实践活动及其所依赖的背景的理解而进行的反思研究”。贝利认为,“行动研究被界定为人们在社会环境下所从事的自我反思研究,以便能够提高自己社会或教育实践的合理性与正当性,以及对这些实践与其赖以存在或运作的环境的理解”②。在国外众多关于行动研究的定义中,美国学者迈克南对“行动研究”所下的定义较为概括和易于理解:“行动研究是在一个特定的困难情境中的反思过程,在这个情境中,人们试图提高实践或个人理解。实践工作者开展研究,首先明确地界定困难;其次,确定行动计划,包括提出假设、检验假设和面对困难所采取的行动,接着进行评价以监督和确立所采取的行动的有效性。最后,实践工作者反思、解释、改进自身行动,同时与其他行动研究者交流研究结果。行动研究是实践工作者开展的系统的自我反思的科学探究,其目的在于改进实践。”③

行动研究作为一种教师专业发展的途径,并没有整齐划一的模式。上文中,迈克南已对行动研究的程序做了说明,教育实例 6-7 提供一个更为复杂的行动研究程序。

 **教育实例 6-7**

贝利:针对“学生不愿在课堂上发言”问题的行动研究④

第一轮循环	教师记录
1. 问题	我的学生不愿意在课堂上发言
2. 初步的研究	通过几天的课堂观察、记录以及与学生的交谈,我获得了基本资料
3. 反思/形成假设	基于文化和教育背景的原因,学生不敢在全班面前发言

---

① 马新研. 教师必备的10项基本素质和能力[M]. 广州:广东世界图书出版公司,2010:57.

② BAILEY K. M., CURTIS A., NUNAN D. 追求专业化发展:以自己为资源[M]. 北京师范大学“认知神经科学与学习”国家重点实验室脑与第二语言学习研究中心,译. 北京:北京师范大学出版社,2007:160.

③ MCKERNAN J. Curriculum action research: a handbook of methods and resources for the reflective practitioner [M]. London: Kogan Page,1991:5.

④ BAILEY K. M., CURTIS A., NUNAN D. 追求专业化发展:以自己为资源[M]. 北京师范大学“认知神经科学与学习”国家重点实验室脑与第二语言学习研究中心,译. 北京:北京师范大学出版社,2007:163.

续表

第一轮循环	教师记录
4. 计划进行干预和实施	通过关注小组学习、分开的信息任务、课堂上更多的身体移动来改变课堂的教学策略
5. 控制/搜集资料	我对我们班进行了录音和录像
6. 观察结果	学生发言的人数增加了,其中大部分都愿意在课堂上发言
第二轮循环	
7. 反思	我发现仍然有一部分学生不愿意重新认定自己的角色和对自己的学习负责
8. 计划进行干预和实施	我把学习策略和反思性学习融入课堂中

在行动研究的过程中,教师通过在实践中发现问题—研究和反思—改进实践的方式,使自己的反思与行为实现了有效的互动。在这个过程中,教师也不断地加深对自己行为和教学实践的理解,并在这种理解的基础上提高自己,实现以“反思”促进教师专业发展的目的。

第五节 成为反思型教师

宫本武藏是日本的一名著名剑手,他曾对急于成为世界一流剑手的徒弟柳生又寿郎说过:“你的眼睛全都盯着第一流的剑手,哪里还有眼睛看自己呢?第一流剑手的先决条件,就是永远保留一只眼睛看自己。”宫本武藏的“保留一只眼睛看自己”,说的就是反思。[①] 作为教师,也要有“保留一只眼睛看自己”的意识和习惯,做一名反思型教师。

一、反思型教师的特征

鱼霞博士给“反思型教师”下了一个定义:在学习教育理论、借鉴他人和拥有自己的教育教学经验的基础上,教师为了保证教育教学的成功、达到预期的教育教学目标,而能够以自身的观念与教育教学实践活动中出现的疑惑和困境为意识对象进行理性的审视、分析、判断和选择,积极、主动地计划、检查、评价、反馈、控制和调节教育教学的全过程,积极改进自己的教育教学行为,主动承担起教师专业化发展的责任和义务,进而促进自我自主发展的教师。[②]

要有效地进行反思,必须具备某些态度。根据杜威的观点,反思型教师必须具备

---

① 杜秀芳. 教师职业生涯规划与发展[M]. 上海:华东师范大学出版社,2014:154.

② 鱼霞. 反思型教师的成长机制探新[M]. 北京:教育科学出版社,2007:123-124.

以下三种态度。[①]

一是"虚心"或"开放的心态"(open mindedness)。也就是用一种积极的心态去倾听多方面的意见,而不是固守一种观点,对可能出现的答案与选择给以关注。"开放的心态是一种以新的、不同的方式看待问题的能力,特别是对一个人以前所没有接触过的观点和想法保持开放。[②]"开放的心态意味着教师要做一个积极的倾听者,能倾听关于同一个事物不同方面的看法,能倾听与自己观点相反的主张并承认自己之前所持的信念可能是错误的。

二是"专心"或"执著"(whole heartedness)。专心的教师才会全身心投入,对自己的教育信念以及教育教学行为的结果进行不断的审视,并提出问题,生成种种假设,做进一步的研究和阅读。

三是责任心(responsibility)。这种责任心指教师会仔细地思考自身的行为所导致的结果。具有责任感的教师常常会追问自己:我为什么要这样做?这样做的效果是否有效?这样做是为了谁?

二、怎样成为反思型教师

(一)具有问题意识

[拓展阅读]反思型教师的特征

善于进行反思的教师都是有问题意识、探究心很强的人,他们善于敏感地发现工作情境中存在的问题,而这些问题的发现是教师一系列反思活动的起点。举例来说,一位教师刚接手一个新的班级,发现"学生上课不听讲"这样一个问题,接下来,他又将这个问题具体化:学生不听讲的具体表现有哪些——是上课干自己的事情、说话,还是捣乱?学生是在某门课上不听讲还是在所有课上都不听讲?是在学习某部分内容时听不进去还是对所有的内容都不感兴趣?不听讲的学生占多大比例?……在确认问题之后,教师会进一步查阅资料、学习和请教,对问题进行梳理和分析,直至在问题解决的过程中获得专业上的提升。

教师对自身实践问题的觉察,可以借助外部的促进力量。例如,学生的反馈意见、来自同事的评价与建议、理论文献提供的新视角等,都可能促使教师检视自己的实践,发现并解决实践中存在的问题。

教育实例　6－8

对"名字事件"的追问[③]

接手一个新班级,第一次点名,读到一个男生的名字时,那个生僻的汉字一下子让我脑门直冒汗。我竟然没有见过那个字,更不知道应该怎么读。怎么办?我的脑子急速运转起来。幸好,我曾经在季羡林先生的文章中读到过一个类似的事件。那

① 杜威.我们怎样思维·经验与教育[M].姜文闵,译.北京:人民教育出版社,2005:33－36.

② 洛克伦.专家型教师做什么[M].李琼,张弘治,译.上海:华东师范大学出版社,2018:216－218.

③ 王维审.做一个不再困惑的老师[M].济南:山东文艺出版社,2017:自序6－7.

时，季先生刚刚毕业不久，在一所学校当教员，他的同事就教过他这么一招：如果遇到不认识的姓名，你大可以把他故意漏掉，在点名结束时问一声“谁没有点到”，自然会有人应声，你就可以顺势问一下他叫什么名字。

于是，我借鉴了这一绝招。没想到的是，就在我“顺势”问他叫什么名字时，他笑嘻嘻地反问：“老师，你是不是不会读我的名字呀？要是不会读就直接问我，不用这么拐弯抹角，你这一招有很多老师用过了，我都习惯了。”学生顿时哄堂大笑，我尴尬地站在那儿。待冷静下来，我还是郑重地向学生道了歉，并真诚地请教了他的名字。事后，很多学生感觉我是个特别好的老师，敢于承认自己的错误，我也对自己的做法感到满意，这份尴尬似乎就这么轻易地过去了。

但有一天，我在书中读到了《美国优秀教师行为守则》，其中的第一条就是“记住学生的名字”，由此我深刻理解了名字对于学生和教育的意义。我不由对“名字事件”进行了一次追问：

为什么会出现这个尴尬？因为没有提前做功课记住学生的名字。为什么会不记学生的名字？因为觉得这件事不重要。为什么会觉得不重要？因为没有充分尊重学生的意识和习惯。怎样才能充分尊重学生？记住学生的名字，把学生名字之类的小事当作教育的大事来做。怎样才能记住学生的名字？学生的名字有什么样的教育意义？

追问，是一种自觉的寻找，向更深处漫溯的寻找。一次名字的尴尬，若是没有这次追问，也许很快就会在忙碌的生活中随风散去，但却在自我追问中绽放了教育的光彩。习惯了追问的我，总会把每一个教育元素进行一次彻底的追问：追问班规，追问作业，追问仪表，追问班会，追问家长会，追问学生座位，追问班干部建设……这种追问和思考，打破了常规对我常年的束缚，引导我在阵痛中开始寻找出路，让那些平庸、肤浅、简单的经验，那些似是而非的疑惑和困扰，在自我剖析和碰撞中得到了升华、确定了答案。

（二）具有直面问题，勇于剖析自己的勇气

教师反思往往意味着教师要对自己惯常行为的否定，需要教师以一种客观冷静的态度对待自己的教学实践，有足够的勇气面对自己不完美的工作。如果自己的工作出现了问题，教师总是诿过于人或者寻找借口，那么就不能通过反思提升自己。

 **教育实例 6－9**

直面问题的杰斯老师①

杰斯，一位八年级的社会研究课教师。校长给他在班级管理上的评分不高，一开

① 科特勒，齐姆，科特勒．怎样成为一名优秀教师[M]．方彤，左星，译．上海：华东师范大学出版社，2009：148.

始他十分恼火，本能地找了一堆借口，认为都是外部原因："这不公平，校长没有考虑这学年分给我的是大班。另外，有些学生不能认真听讲、埋头学习也不是我的错，谁让她把那么好动的孩子分给我？"

不管这些借口是否合理，其实都解决不了真正的问题（聪明人不会为自己办糟的事找借口）。后来，杰斯打算不论校长对他的评价是否公平，自己也要坚持这样的底线：(1) 不必为自己不能改变的事情伤神；(2) 要为自己的专业发展而提高班级管理技能。有了这样的反思，杰斯更倾向于这样的想法：是自己没把事情做好，但自己也有能力解决问题。与其抱怨校长或者自己，倒不如在调动学生参与社会研究课的学习上多下功夫。

（三）丰富自己的教育理论知识

教师的反思行为是以一定的教育理论知识为基础的。教师的教育理论知识越丰富，就越有可能发现问题、找到问题的原因及解决问题的方法。例如，教师如果学习了"布卢姆教育目标分类学"，就有可能反思自己在教学中是否很好地促进了学生高层次认知的发展。因此，教师需要不断学习先进的教育教学理论，借此来审视、分析和研究自身的教育理念和教学行为。

［拓展阅读］阅读理论如何帮助批判反思

调查研究发现，目前60%的教师认为，制约自身反思，使之难以深入的主要困难是自己缺乏教育理论知识。教师们反映"理论积累少，站在理论的高度来分析具体事例的能力不强，对一些事例往往分析得不够透彻"；"在写反思日记的过程中，我常常苦于找不到问题背后的原因，我深深地感觉到自己理论知识太匮乏了"[①]。正是由于教师理论知识和素养的薄弱，使他们觉得对自身问题进行反思和分析无从下手，反思也缺乏深度。

（四）勇于行动

在教师进行反思的过程中，教师的思考集中于"是什么""为什么"和"怎么办"三类问题。教师要根据对"是什么""为什么"的分析，确定"怎么办"的构想，并将构想落实于行动，通过行动来对自己反思的结果进行检验，并在行动中发现问题，从而启动新一轮的反思过程。

 教育实例　6－10

反思助我成长——王惠敏老师的专业成长经历与感悟[②]

来到学校的第一年，我担任了五年级的班主任。在最初的工作中，我还是以原有的教育教学模式开展工作，直到有一次发生的一件事，对我产生了很大的触动。

按照学校常规要求，每个学生每天放学后必须清理自己的课桌，课桌里不能有废纸、杂物。于是，我很自然地将有关要求向学生说明，并转化成这样的命令：每天放学

---

① 张彩云，张志祯，申继亮．小学教师关于反思日记的认识［J］．教育学报，2006(01)：91－95.

② 张万祥，万玮．教师专业成长的途径：30位优秀教师的案例［M］．上海：华东师范大学出版社，2005：253—255.

时，个人必须清理干净课桌，放好椅子，由值日生负责检查，若有不合格者，其名字将被写上黑板，这些名字被写上黑板的学生第二天做值日生！我本以为学生会乖乖服从，没想到会引出一大堆问题：有的学生由于不重视学校的要求或习惯差，结果经常被留下做值日生；有的值日生乘机“假公济私”，报复某些与他不和的人，于是乎，黑板上名字一大堆。还常常有学生愤愤不平前来告状……面对这些始料未及的问题，我有些吃惊。于是又加了一条命令：记名字必须有4位值日生同时作证！结果，每天黑板上又多出了一条证人栏，可是情况还是不尽如人意。这时的我感到很是苦闷。

就在这时，学校开展了“反思型教师的培养”这个市级课题的研究。为了使自己能尽快适应新环境，也为了能把自己的工作开展得更出色，我自荐参加了《第五项修炼》中“改善心智模式”这一段的学习讲座。理论的学习让我看到了一个全新的工作模式，体会到了一种全新的教育教学理念。通过学习“改善心智模式”的相关理论，我了解到，心智模式不但决定我们如何认识周遭世界，而且影响我们如何采取行动。要正确地认识事物、认识世界，只有不断改善自己的心智模式，将镜子转向自己，并加以审视，才能找到问题的所在。

于是，我重新对这件事做了反思。通过反思，我认识到了自己的心智模式产生的偏差：我只是简单地认为惩罚也是一种教育，而忽略了作为一个有思想的学生的感受！于是，我在晨会时，通过与学生的真诚交流．利用团体学习的方式共同协商解决了这个问题。

改善心智模式的方法使我顺利地解决了问题。我感到《第五项修炼》的理论学习是如此重要与及时，让我第一次懂得理论学习与实际工作的关系，并学着用理论来指导我的工作。

思考与练习

1. 图6－6是特级教师方梦非对自身专业成长模式的总结，请解读此图，并阐明实践反思在教师专业成长中所发挥的作用。

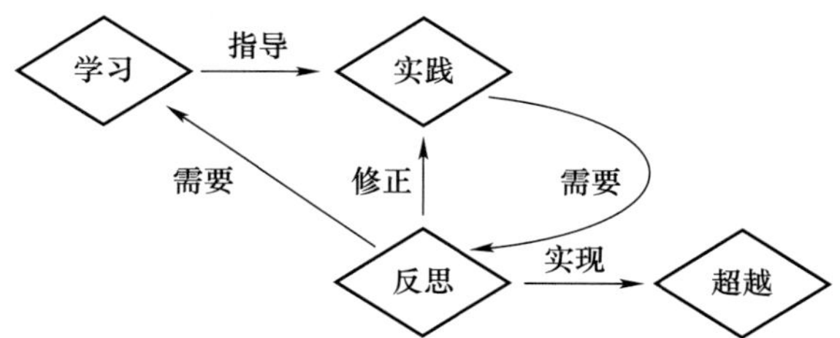

图6－6 特级教师方梦非对自身专业成长模式的总结①

① 上海市特级教师特级校长联谊会．修炼：百位特级谈教师专业成长：下［M］．上海：上海教育出版社，2018：116.

2. 以下是一位教师通过行动研究优化语文教学策略的过程:[①]

(1) 计划

一位高中语文老师发现,在新课程环境下语文课本翻了一倍,课堂容量增大,有预习习惯的学生也许能够接受,但对大部分不会预习的学生来说,上课犹如走马观花,很多学生只能被动接受、不发表自己的意见,更别说成为课堂的主体了。

经过分析发现,这可能与学生缺乏课文背景知识有关,进而将问题界定为"如何促进学生有效预习",并制定《李逵负荆》一课预习提纲。

(2) 行动

随后,这位教师将预习提纲在前一天晚自习时口头布置给学生,要求学生:

① 根据提纲查阅资料,了解《水浒传》的作者与主题内容;

② 阅读课文解决字词、理清文章思路;

③ 在文中画出与李逵形象有关的字句、对李逵形象进行初步感知;

④ 读一读鲁达、武松的故事,将本文的主人公换成他们,进行故事改编,写在练习本上。

(3) 观察

经过这一设计,课堂上学生的反应虽有所改善,但仍显拘谨,并未完全达到预期教学目标。

(4) 反思

接下来,这位教师通过自我反思与教研组研讨,认为预习提纲的内容设计与教学设计契合很好、难度也适中,问题可能出在布置预习任务的时间与呈现方式上。布置预习任务与课程教学时间间隔短,学生很难充分准备,而且口头布置的效果不如书面形式提供预习任务效果好。

(5) 改进后再行动

改进方案后,教学效果大为改善,问题得到解决。

(6) 新的问题出现

然而研究并未结束,新的研究论题随之涌现,例如,如何结合不同教学内容、不同学生特点设计预习提纲,如何结合学生现有水平提供差异化预习提纲,如何确保每位学生从预习中获益等。

思考问题:

(1) 请将这位语文教师的行动研究过程与[教育实例 6-6]进行对比,分析其共通之处。

(2) 请结合自己的教育经历或者教育见习中的体验,确定一个行动研究主题。

3. 请用手机拍摄一段 10~15 分钟的教学视频,认真观看后,写下对自身教学的

---

① 曲苒. 教育行动研究在中小学课堂教学中的实施[J]. 教学与管理,2011,(18):7.

反思。

4. 对于教师是如何工作的这一问题,存在“技术性实践”和“反思性实践”两种观点。“技术性实践”建立在这样的假设之上:教育工作存在通用的原理与技术,它们是由专家学者建构出来的,教师的任务就是掌握这些原理与技术并以其指导自己的实践,理想的教师应扮演“技术熟练者”的角色。“反思性实践”则建立在这样的假设之上:不存在对所有教师和所有教室都普遍有效的技术与原理,教师必须以实践为基础,通过不断反思和检视,建构出个人化的、更加实用的实践性知识,理想的教师应扮演“反思性实践者”的角色。

思考问题:

(1)“反思性实践”的观点最早由舍恩提出,这一观点的提出有何重要意义?

(2)作为“反思性实践者”的教师具有哪些特征?

第七章 通过互动合作实现教师专业发展

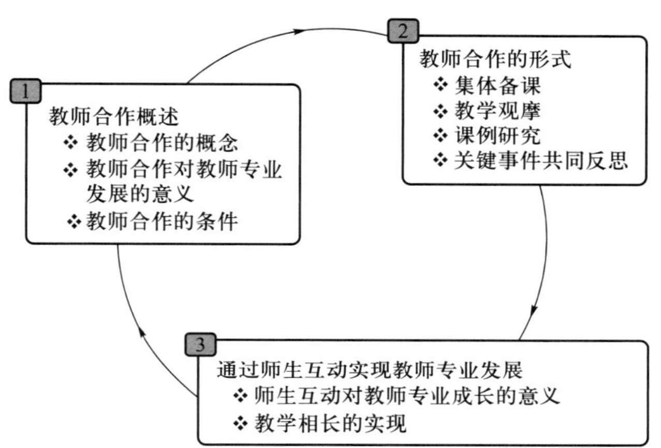

本章导入

以下是两则教师与同事和学生进行互动、合作，实现自身专业发展的实例，阅读之后思考文后的问题。

1. 名义小组技术：促进教师知识分享①

在教师从事专业工作的过程中常常会遭遇各种问题，如果将问题公开并运用集体的智慧来解决问题，则这一过程也能成为专业知识分享的过程。弗伦德（Marilyn Friend）将教师遭遇的专业问题划分为“定义明确的问题”“部分定义的问题”和“定义不明确的问题”三类，并提出可应用“名义小组技术”来解决问题并实现专业知识的分享。

“名义小组技术”是这样操作的：首先明确一个需要解决的问题，然后由教师群体共同面对该问题，参与者先自己在清单上列出所有可能的问题解决办法，然后一位教师先说出一种问题解决办法，并写在纸上让大家看到；第二位教师接着说出另外一种问题解决办法，并写在纸上让大家看到；然后是第三位……

举例来说，教师们集体面对这样一个“定义不明确的问题”：“在某个班级，有一个男生上课总是不带铅笔，作为老师，该如何应对这种情况？”教师集体面对该问题，每个人首先进行独立思考，并在一张清单上列出该问题所有可能的解决方案，然后由

① 周成海. 推动教师知识分享的四种策略[J]. 教学与管理，2015，(12)：61－64.

一位教师给出一种解决方案，该方案写在卡片上，要让大家都看到："每当学生不带铅笔时，教师就给学生提供铅笔使其能够正常学习。"

接着第二位教师出示写有解决方案的卡片："让这个学生干坐着，不让他参与课堂活动"。

再接下来由第三位教师出示写有解决方案的卡片："教师在课桌上准备一盒短铅笔头，当学生一上课忘了带铅笔时，教师拿出最短的铅笔头借给学生，学生用这支铅笔完成一天的学习"。

……

如果后面的教师已经提不出新的解决方案，就说"过"(pass)。

当所有教师都尽可能多地提出自己的解决方案之后，主持人(通常是校领导)将教师们所写的卡片收上来，并把写有解决方案的卡片按照一个从"很重要"(等级5)到"不重要"(等级1)的等级量表排序，这实际是确定最优解决方案、次优解决方案的过程。

通过以上说明可知，"名义小组技术"类似于头脑风暴的过程，它可以使教师突破一己之见，借助集体的智慧了解各种可能的问题解决方案，在对各种方案进行排序、优选的过程中，他们还必须对问题做更全面地分析，甚至需要对自己做出的选择背后隐藏的理论、信念和价值观进行审视。而逐一公开问题解决方案，并对其进行排序、表决的过程，也是一个知识共享的过程。

2. 教学相长：学生激起教师的反思

那天上完课，吴伟国走出教室，小王——一位学习成绩平平、日常表现一般的学生追上来，匆匆将一张纸条塞进他手里，他疑惑地打开纸条，一行写得很大的字跃入眼中："老师请您注意我！！！"那三个惊叹号特别醒目。他心中一惊，不禁自问：怎么，我没注意他？他已觉察到我没注意他？吴伟国的心不由得沉坠下去。这张纸条促使他想得很多很多。

这一事件激起了吴老师对自己原有观念的反思。与其他多数教师一样，他也总是喜欢思维敏捷的学生，而忘记了"中不溜秋"的学生。小王的纸条，使"我的心从寂寞中走出"，"关注每一个学生，做每一个学生的知心朋友，将是我毕生的座右铭"。[①]

思考问题：

1. "单打独斗式"的教师专业发展有何局限性？教师为何要借助与同事和学生的合作与互动来实现自身的专业发展？

2. 通过"名义小组技术"可以促成教师之间的知识分享，除此之外，还有哪些能够促进教师之间合作、共享的有效策略？教师要通过与专业伙伴的合作来实现专业发展，自身应具备哪些关键的品质？

3. 教师要通过与学生的互动来改善自身教学，可采用哪些方法？

① 傅道春．教师的成长与发展[M]．北京：教育科学出版社，2001：172.

教师专业发展既需要教师个人的实践与反思，也需要教师借助人际互动与合作的力量。很多教师在他们整个的职业生涯中专业水平没有长进，始终依靠模仿自己中小学时代的老师以及在入职最初几年所形成的教学技能来应对一届又一届的学生，之所以出现这种专业发展停步不前的局面，并不是因为这些教师懒惰或者就愿意应用那些低效的方法，而是因为他们没有别的选择——孤立和封闭使他们只能按照自己所知道的最好的教学方式来教学。要摆脱这种局面，就必须将教师自身实践“去个人化”，也就是教师要以各种方式与专业伙伴——包括同事、学生、校外专家等——进行互动与对话，借助他人的视角审视自己，从他人那里汲取经验和智慧。正如贝利所说：“当我使用‘发展’这个词时，我指的总是‘自我发展’，但是绝对不是孤立的发展。‘自我发展’也需要他人（同事和学生）的帮助。通过与他人合作，我们能对自己的经验和想法有更客观全面的理解；同时，通过了解他人的思想和经验，我们也能够帮助别人不断进步。合作，让我们摆脱了简单的、以自我为中心的主观臆断的做法，更好地立足于现实。”①

第一节　教师合作概述

在中小学校中，教师与同事在实践中都会积累很多经验，生成很多对于专业工作的理解，并且，他们面对着相同或相似的难题与困境，具有较为一致的专业学习需求，在空间距离、心理距离上也最为接近，因此，如果教师能与同事进行教学方面的交流合作，就能实现专业成长上的互通有无、相互促进。

? 思考交流 7－1

你认为有效合作需要具备哪些条件？

一、教师合作的概念

“教师合作”是一个众说纷纭的概念，饶从满教授结合国内外学者的意见以及自己的理解，给教师合作下了一个定义：“所谓教师合作，就是教师们为了改善学校教育实践，以自愿、平等的方式，就共同感兴趣的问题，共同探讨解决的办法，从而形成的一种批判性互动关系。”对于教师合作的理解，要把握以下四点。

第一，教师合作指向的是教师专业发展以及学校教育的改善，从人际互动的角度看，教师合作主要是一种专业上的互动，单纯的社会——情感互动不能称其为合作。

第二，教师合作未必会自发产生，但是教师合作必须是教师自愿参加的，否则，合作的关系难以长久维系。

第三，教师合作是建立在参与者的平等的基础上的，所谓平等是指参与者之间在

① BAILEY K. M. ,CURTIS A. ,NUNAN D. 追求专业化发展：以自己为资源［M］. 北京师范大学“认知神经科学与学习”国家重点实验室脑与第二语言学习研究中心，译．北京：北京师范大学出版社，2007：15.

资源共享、共同决策、共同负责等方面拥有平等的权利和义务。并且,教师在整个合作活动中,无论贡献大小,都应被平等地对待。

第四,教师合作带有“相互批判”的意蕴,合作中的教师与同事的关系是一种“诤友”关系,而不是一种表面的礼貌和亲密关系。①

二、教师合作对教师专业发展的意义

教师合作的重要性主要体现在以下两个方面。

(一)教师合作能促进教师知识分享

美国学者霍利对英美两国60位教师进行了访谈,当受访者被问及“在过去的教学生涯中,你主要从何处获得教学观念”这一问题时,68%的美国教师和63%的英国教师均表示“其他教师”是自己教学观念最主要的来源。② 我国学者赵昌木调查发现,80%以上的教师认为自己的教学思想和方法得益于同事间的交流,同事的思想和良好的建议成为自己专业发展的重要资源。③ 上述研究证明,同事交流是教师专业发展最重要的外部来源,教师合作实现了教师之间的知识分享。

教师知识分享是指在学校情境中,教师之间运用语言、符号、行为、信息技术等多样化的沟通媒介,通过多种互动方式进行的教师专业知识的外显、传递、吸收和重构过程。参与分享的教师知识大多是经验性、情境性、内隐性的个人实践知识;教师知识分享的结果是教师在已有知识经验的基础上能够重新建构自己的知识经验体系。

教师知识分享主要有三种形式:④第一种形式是信息分享,即教师把个人作品、教学档案以及通过阅读书籍、参加进修获得的新信息,通过口头讲述、文件散发、上传网络等方式发布出来;使其他教师也能够分享这些信息;第二种形式是行动示范,主要是指有经验的教师把多年累积的经验、工作上的窍门以及各种实务知识以面对面示范的方式,传递给经验不足的教师,这种情境性、内隐性知识的分享要求双方建立起亲密、信任的人际关系;第三种形式是问题解决中的知识共构,即教师共同参与到合作教学、行动研究等活动中去,一起面对要解决的问题,并在彼此的交流中,共同建构出知识,这种形式的知识分享,“施方”与“受方”的界限已很模糊,知识分享的深度和广度也超过前两种形式。

教师合作能够实现教师之间的知识分享,当参与合作的教师都能更大限度地“敞开”自己,每位教师都能公开自己的见解,为集体贡献自己的智慧时,全体教师就可通过“视界融合”的过程来实现专业上的发展。正如日本学者油布佐和子所说:“教师集体内部存在很多具有出色能力的熟练教师,在很多场合下,这都是被作为教师个人的技艺来看待和评价的。但是,通过各自交换这种个人性、实践性知识,可以

① 饶从满,张贵新. 教师合作:教师发展的一个重要路径[J]. 教师教育研究,2007(1):12-16.

② HOLLY M. L., MCLOUGHLIN C. S. Perspectives on the teacher professional development[M]. New York: The Falmer Press,1989:190-191.

③ 赵昌木. 教师成长研究[D]. 兰州:西北师范大学,2004:137.

④ 周成海. 教师知识分享:困境与出路[J]. 中国教育学刊,2006(11):63-66.

在教师集体内部建立起实践知识储藏，进而通过谋求其共有，使得磨炼相互的能力成为可能。”[①]与此相反，如果教师们彼此缺乏合作，他们“只能独自享有自己的专业知识，使专业传递的链条断裂——那些经过多年经验积累的不可估量的个人知识，无法被传递给新教师。学校因此遭受‘集体记忆的缺失’”。[②] 也正是因为认识到教师与专业伙伴之间的交往和对话的价值，德国教育家第斯多惠很早就提出这样的主张：“教师要团结互助，互通有无，取长补短，经常交流教学经验，双方相得益彰，提高教学水平”。[③]

 教育实例 7－1

经验分享会[④]

我周围有许多优秀的教师，但我们很少相互分享各自的教学经验。有一天，我们几个老师正在聊天，大家一致认为，如果有时间的话，我们其实可以从同事那里汲取到很多有益的经验。当时，校长恰好听见了这段谈话，他说：“这个想法不错，我们应该这么做。”然后他召集了一次教师大会，事前让每位教师准备一个自己在教学实践中总结出来的经验和技巧，在会上和其他教师分享。第一次分享会讨论的主题是学生的表现，分享会上只有一个要求，那就是发言时不许抱怨学生和学生的行为，而是要分享每位教师在课堂上处理纪律问题的经验和技巧。大家的发言十分踊跃，有一位教师专门负责记录大家的发言，并在会后整理出一份文件供大家分享。

这次会议给我的收获比我以往参加的所有会议的收获都大。很多教师都对平日里默默无闻的同事所分享的经验赞叹不已。经验分享会之所以能获得成功，最重要的因素在于它的组织形式，每个人都有发言的机会。做了这么多年的教学工作，这是我第一次参加如此高效的分享会，要是以前也有这样的机会该多好。从那以后，我们决定每个月都举办一次类似的分享会。会议的主题涵盖了学生表现、管理策略、如何与父母沟通等话题。我相信每个人都能从别人的经验中学到很多东西，我自己就从同事的经验里收获良多。而且每当有人对我说“你上次分享的那个办法真不错，谢谢你”时，我都格外高兴。

（二）教师合作能够推动教师反思

自20世纪80年代以来，“反思”对教师专业发展的价值获得空前关注。但是芬德勒发现，有的教师发展项目也创造出一些教师个体反思的机会，却没有收到预期的效果，其原因在于，在缺乏他人介入的情况下，教师只能在自身已有的认知框架内进

---

① 饶从满，张贵新．教师合作：教师发展的一个重要路径［J］．教师教育研究，2007(1)：12－16.

② 古德森．专业知识与教师职业生涯［M］．刘丽丽，译．北京：北京师范大学出版社，2007：88.

③ 第斯多惠．德国教师培养指南［M］．袁一安，译．北京：人民教育出版社，2001：202.

④ 威特克尔，布鲁肖．给教师的40堂培训课［M］．张乐，译．北京：中国青年出版社，2019：167－169.

行反思，结果陷入“思维方式循环”，教师的发展与改变也成为镜花水月。[①] 教师业已形成的教育观念也会充当过滤器，将那些与自己现有观念不一致的新观念阻拦在理解过程之外，并不断地强化现有观念。举例来说，一位教师持有“教师是信息的传递者”这样的观念，而且这一根深蒂固的观念使他对“教师是学习的促进者”这样的新观念持排斥态度，如果他在课堂中没有成功地扮演“信息传递者”这一角色，他可能不会去对这一角色的合理性进行审视，而是更加努力地把自己打造成一个好的“信息传递者”，这就导致“更加相同现象”的发生。[②] 要走出以上困境，就必须借助教师合作的力量。教师之间建立起彼此信任的关系，并通过观摩、研讨等活动来分享各自的经验和观念，并彼此有所质疑及挑战，同时为受到触动，并意图改变自身的教师提供指导、反馈及各种资源，帮助教师减少独立反思的偏差，调适、重建自己的观念和行为。

【拓展阅读 7－1】

教师之间的“非正式专业对话”的重要性[③]

一项针对中学教师的国际性调查 TALIS 项目结果显示，世界各国的受访教师一致认为，在所有专业发展活动中，最为普遍的还是“关于改善教学的非正式谈话”。也就是说，平时较少被关注的教师生活中持续性的、情景性的非正式专业对话，实际上是参与率最高的教师专业发展活动，有 86.7% 的受访教师认可其对教学实践的影响。它如此广泛地得到教师认可，是因为它发生在专业实践情境中，有问题导向和及时反馈的特征，能够最大限度地回应教师个体和情境的需要。

三、教师合作的条件

开展教师合作无疑是有意义的，然而，在现实教育实践中我们看到的却是教师合作的稀缺。日本教育学者佐藤学对日本教师的合作情况进行过描述：“在教室之间相对封闭的学校里，教师间的团结、合作的意识很淡薄”，“由于相互不信任而形成沉闷气氛的场合也不少，对彼此的工作大家都恪守‘各人自扫门前雪，莫管他人瓦上霜’的不成文的规矩。结果，每个教师都在孤立的状态下开展自己的工作。”佐藤学还对造成这种现象的原因进行了分析，他认为，教师不愿意合作是因为“不想在同事面前暴露自己的弱点，不愿意自己的工作方式被别人指手画脚”，他们抱持的想法是：“我不会对别人的事说长道短，同样地，也不希望别人来干预我的工作。”另外，佐藤学认为，“教师文化中也存在问题，即每个教师都不愿意听到别人

① FENDLER L. Teacher reflection in a hall of mirrors: Historical influences and political reverberations[J]. EducationalResearcher, 2003,32(3):16－25.

② 周成海．弗雷德·柯瑟根教师反思理论述评[J]．外国教育研究，2014,41(10):3－14.

③ 杨杰．站稳讲台：新教师行动手册[M]．上海：上海教育出版社，2019:34.

批评自己的工作"，"希望自己所做的能得到别人百分之百的肯定"，"有这样的教师文化存在，要让教师打开自己教室的大门，让别人来观摩教学，那遭到抵抗就是理所当然的了"。[①]

由此可见，要顺利开展教师合作，必须要突破一些障碍，满足一些基本条件。美国学者彼得·库普认为，合作性的教师专业发展应包括三个前提条件：共同的兴趣，开放的思想以及相互信任。共同的兴趣能吸引教师全心投入，是合作活动的推动力；开放的观念能确保教师不固执己见，尊重合作伙伴的不同观念；互相信任能确保教师们开诚布公、坦诚相待，共同努力去探究所面对的观念和实践。[②] 国内也有研究者将教师合作的条件归纳为四个方面：具备有效的合作需求；具备有效的合作资本；具备支持性的合作平台；有合作的时间和机会。[③] 概而言之，要开展旨在推动专业发展的教师合作，需满足以下六个基本条件。

（一）教师有合作的意愿

理想情况下，教师合作是一群志同道合的教师，基于共同的兴趣，为了完成相同的任务和目标而采取的联合行动。只有当教师想要合作、愿意合作时，真正的合作才能发生；任何强制性的或所谓的"人为合作"都无法使教师真正投入合作的行动中去。而教师之所以愿意合作，主要是他们有这样一种心理预期：通过参与合作，能为自己带来一定的收益和回报，如解决自己面临的专业上的难题，获得在专业团体中的声望，改进人际关系等。

（二）以共同的可分解的任务为载体

完成共同的任务为教师合作提供了机会，这个共同任务可以有多种具体形式，如教师共同研究的课题、共同阅读的文本等。同时，这个共同任务还是可以进行分解的，通过分工，每位教师都承担了一部分责任，为团体合作做出了自己的一份贡献。这也意味着，教师个人的行动与反思是他们合作的基础，当每位教师都能分享自己的经验，提供自己的想法时，教师合作才会富有成果。

（三）教师应具备虚心和坦率的品格

如果教师只认可自己的观念与行为方式，不肯承认别人的长处和优势；如果教师只想指摘别人，而对自己教学实践中存在的问题避而不谈；如果教师用坚实的盔甲把自己严密地包裹起来，拒绝向别人坦露自己的内心世界；如果教师在交流中口是心非、言不由衷，而不是有一说一，那么教师就很难在合作中获得真正的进步。

（四）教师合作依赖一种批判性同事关系

批判性同事关系以教师之间彼此的尊重、信任为基础，但是又不回避批评、分歧和冲突。教师之间互相尊重、彼此信任，能够使教师获得安全感，并真诚坦率地进行

---

① 佐藤学．静悄悄的革命：课堂改变，学校就会改变[M]．李季湄，译．北京：教育科学出版社，2014：52－53.

② ANDREA P. K. Collaboration in teacher education: examples from the context of mathematics education[M]. Dordrecht: Kluwer Academic Publishers, 2003: 205.

③ 吴振利，饶从满．关于教师合作问题的理性思考[J]．课程·教材·教法，2009，29(11)：69－75.

交流。需要指出的是，教师间的互相尊重、彼此信任并非一团和气，甚至相互奉承，批判性同事关系鼓励教师通过观念的碰撞与竞争来彻底地反思自己，不断突破自身的肤浅与狭隘。

 教育实例 7-2

“诤友”式评课①

年级里搞教研公开课，由孙老师执教《草船借箭》一课。老师们听完课后，回到办公室进行评课教研。大家对孙老师的课赞不绝口，评课教研成了“形势一片大好”的“吹捧会”。

我在听课记录本上不仅记录了优点，而且记录了这节课的不足。如果让我在评课中只说“好”，不点明问题，这无疑是虚伪的。有一种不吐不快的感觉驱使我要做一次不欺骗自己的诚实评课。

轮到我发言时，我翻开听课记录本，说道：“刚才，大家都说到了孙老师在上这节课时的闪光点，但我认为闪光点的背后也不乏值得商榷之处。优点，大家说得都很全面了，我就不再谈了，只是想说说不同意见，与孙老师商榷，与大家共商。”

吸了一口气后，开始发表我的不同意见：“这节课，我听得很仔细，可以说没有漏掉任何一个细节。教学过程中，当孙老师分析课文时，有个学生站起来发问，‘老师，我认为诸葛亮并没有这么大的才能，因为就当时各种实际情况的分析，诸葛亮绝对借不来十万支箭。我看过《三国志》，借箭的事发生在孙权的身上，并不是诸葛亮的行为……’面对这样的发问，孙老师说，‘这不是我们今天要研究的问题，请坐下’。很显然，这个发问应当属于课堂教学中的意外。面对学生的疑问，孙老师采取了阻绝的方式……”

我的“长篇另类”评论结束了，办公室里先是弥散着一种严肃而不可捉摸的气氛，然后教研组长开始鼓掌，接着主讲人孙老师鼓掌，然后大家都鼓掌，掌声一片……在掌声中，我心里的一块石头落地了——一是因为我很“圆满地”说完了自己真实的想法；二是同事们并没有因为我“挑刺”而“鄙视”我。我轻轻地对自己说：评课说实话，真好！

（五）教师合作应依托一定的组织

教师合作通常要依托一定的组织，并且这一组织应有共同的目标，明确的分工。在这一组织中的教师要彼此尊重和信任，并对组织有一种安全感和归属感。同时，教师还要能在组织内公开他们自身的教育理念与教育实践，并与组织中的其他人进行频繁的互动和对话，分享各自的经验和见解。饶见维将教师合作所依托的组织称为

① 饶从满．义务教育教师专业发展导论[M]．长春：东北师范大学出版社，2009：151－153．引用时内容有删减，标题为编者所加。

"协同成长团体",并将其分为三种类型(如表7-1所示)。

表7-1　协同成长团体的类型和运作[①]

类型	运作方式
读书会式成长团体	教师约好每周在固定的时间聚会,聚会时彼此轮流作读书报告,分享读书心得,并进行讨论。这种聚会可以持续一段时间,直到一本书读完再读另一本书,或者也可以各自选择喜欢的书于课余时间阅读,并事先安排好轮流报告的时间,每周由一位教师报告,然后再进行讨论
问题导向式成长团体	约定好在每周固定时间聚会。在聚会中,教师们轮流提出自己目前所遭遇到或以前曾经遭遇到的问题。然后其他教师询问此问题的相关资料,以深入了解状况,集思广益地讨论,并提出解决之道
主题中心式成长团体	约好于每周的时间内聚会,聚会时针对某个主题来讨论,(例如:班级经营与教室管理、某学科的教学方法与内容)。教师们可以针对一个主题持续讨论一段时间再继续下一个主题,或者就同一主题一直持续下去,但是探讨的层面愈来愈宽广、愈来愈深入

为了确保教师合作的顺畅、有效,还必须确立所有组织成员都认同并遵守的规则,规则应将组织内教师共享的价值理念以及共同的行为方式确定下来。参与合作的教师,应放弃自己的校长、教务主任、年级组长等行政上的身份,共同遵守组织所约定的规则,也就是以规则控制合作而不是以身份支配合作。

 **教育实例 7-3**

一个教师合作小组的规则体系[②]

1. 鼓励、支持所有成员积极参与;2. 在进行交流时要怀有善意;3. 不得严厉谴责其他教师的观点;4. 接受错误,重视错误的价值,把错误当成是可以从中学习的机会;5. 耐心倾听,不打断别人的谈话;6. 围绕主题进行交流,避免跑题;7. 积极提问,最好能提出有挑战性的问题;8. 不要让手机响铃、插科打诨、不该此时完成的课外工作(如批改作业等)分散自己的注意力;9. 注意说话的时间。

(六) 教师应掌握一定的交流与沟通技巧

教师要善表达,会倾听,能提问,这样才能保证教师合作的顺利进行。弗兰德等提出,教师在进行口头交流时,应遵循两项基本原则:具体和中立。交流时的具体性会使沟通更有效,减少误解的可能,而过度抽象的语言会使传达的信息变得不清楚。中立性的语言能增进教师之间的信任,因为它传达了一种不做判断的、接受的

---

① 饶见维. 教师专业发展:理论与实务[M]. 台北:五南图书,1996:317.

② VIVIAN T., KATHERINE C. B. The power of teacher rounds: A guide for facilitators, principals & department chairs[M]. Thousand Oaks: CORWIN, 2014:35.

态度。像"我已经注意到你在教学时围绕着教室走"就是中立性的语言,而"你绕着教室走得太多了,会干扰学生的""你不应该绕着教室走那么多"就是非中立性的语言。

 思考交流 7-2

在教师中组建了"备课组""师徒对子"等组织是否标志着教师合作关系的确立?为什么?

第二节 教师合作的形式

教师合作作为一项原则,可通过多种形式来实施。不同形式的教师合作,所依托的组织、所遵循的程序等均有所不同。关于教师合作的形式,一些学者进行了梳理(见表7-2)。

表7-2 关于教师合作形式的研究

研究者	教师合作的形式
李特尔(Little J. W.)①	① 关于教学的日常交谈;② 协同进行教学设计、教材开发和教育方法开发;③ 观察同事的教学;④ 同事间就新的想法、实践方法等相互授受
格莱泽(Glazer E. M.)②	① 交流个人故事;② 分享教学资源和教学经验;③ 运用头脑风暴的方法反思教学,产生新的思想和问题解决方法;④ 示范、展示教学策略;⑤ 讨论和解决冲突;⑥ 为解决教学中遇到的困难而给予或寻求建议;⑦ 互相激励和帮助等
杨骞③	① 协同进行教学设计和教学方法的研制;② 分工制作课件、搜集课程资源和开发教材;③ 一起讨论教学中的问题和事件;④ 共同协商解决教学中的困难;⑤ 共同实践一种教育改革;⑥ 教育教学经验的沟通;⑦ 关于教育教学的日常交谈;⑧ 分享教育中的体验(快乐与幸福);等等

借鉴以上学者的分析,并结合中国教育的实际,本章着重对以下四种教师合作的形式进行阐释。

① LITTLE J. W. Teachers as colleagues[A]. LIEBERMAN A. Schools as collaborative cultures[C]. New York: the Falmer Press, 1990: 24-29.

② GLAZER E. M., HANNAFIN M. J. The collaborative apprenticeship model: situated professional development within school settings[J]. Teaching and Teacher Education, 2006, 22(2): 181.

③ 杨骞. 教师发展的学校责任与实践模式[J]. 教育研究, 2008(4): 95-98.

一、集体备课

（一）集体备课的概念

备课是教师为了上好课，在课前所进行的各种准备活动，包括研究课程标准、教科书和相关的参考资料；了解学生学习的实际情况；分析教学内容；研究教学方法；完成教案等。

备课的实现形式有两种：个人备课和集体备课。个人备课是由教师个人独立发起的，其优势在于可以提高教师备课的效率，彰显教师的教学个性和独创性。但是，由于缺乏他人意见的参与，教师个人备课很可能陷入“陈陈相因”“自以为是”的窠臼。

集体备课是指以教研组或备课组为单位来开展备课活动。集体备课的价值在于它不仅能够减轻教师的备课负担，更重要的是，它为教师提供了专业交流和学习的机会。集体备课能将教师的个体创造性置于群体之中，通过集思广益、扬长避短实现教学资源、教学经验和教学智慧的共享。

（二）集体备课的程序

集体备课有多种方法，典型的集体备课包含以下四个步骤。

1. 分配主题

教研组长或备课组长每学期初按教材专题（或单元、章节）分配到个人，确定每一专题的主要备课者（也称主备教师）。

2. 准备活动

主备教师在明确备课任务之后要研读教材，搜集相关信息，设计教案，将其打印成文，在集中讨论的前两天把教案发给组内每位教师，同时还要准备好主讲内容，交给备课组长。在此期间，辅备教师也要熟悉教材，并考虑自己应如何进行教学设计，在得到主备教师的教案之后，还要认真阅读教案，提出自己的观点，为组内集中交流做好充分准备。

3. 分组活动

分组活动包括三个环节：第一个环节是由主备教师阐述主讲内容；第二个环节是全体教研组或备课组教师针对主备教案、主讲内容，发挥自身的教学想象力，各抒己见，进行讨论交流；第三个环节为组内教师根据本班实际情况，参考有价值的意见，在空白处对教案进行修改补充，形成个性化、特色化的教案。

4. 教后活动

教后活动包括两项内容：一是教后反思，即每位教师都要对自己的课堂教学进行反思；二是教案的再设计，即教师要对教案进行进一步优化。

要使集体备课真正收到改善教师教学、促进教师发展的效果，需注意一些事项，如：集体备课要以教师的个人钻研为基础，没有每位教师对于教学设计的深思熟虑，集体备课就不会取得好的效果；教师群体的参与意识、创造精神是集体备课健康运行的前提，所以要充分调动教师个体在集体中的参与量、投入量、接受量；集体备课的中心是教学研究，备课组长及主备教师要担负起组织职责，切忌将集体备课变成轮流备课；避免“一言堂”，尤其是不能使集体备课成为主备教师的独角戏；辅助备课教师可

充分地利用网络资源来进行辅助备课，但要避免将集体备课搞成网络资源汇编；课后教师对教案的重新整理十分重要，不可忽略这个步骤；等。

二、教学观摩

（一）教学观摩的概念

“相观而善之谓摩”，“观摩”的意思即为彼此相互观察，相互学习，取长补短，共同进步。教学观摩是指授课教师愿意开放自己的课堂供其他教师进行观察，并通过观课后的座谈，使所有参与本堂课的教师一同分享所学、反思教学，从而实现教师的共同成长。观察学习、知识分享、反思、开放性及探索性等词汇能较好地体现教学观摩的成效与特征。

教学观摩可视为公开课的一种类型。公开课即“对他人公开的课”，强调的是教师教学的开放性。公开课的目的多样，有的公开课将听课教师与上课教师之间的关系看成是“评价”与“被评价”“考核”与“被考核”的不平等关系，而不是平等的合作关系，这样的公开课与教学观摩是截然不同的。教学观摩的主要目的是促进教师发展，它为教师的专业合作提供了有效的机会和平台。地位平等的多位教师，依托教学观摩共同体，围绕共同关心的问题，开展自我反思和专业对话，探究具体的课程、教学、学习、管理上的问题，以改进课堂教学、提升教学智慧，促使共同体中的每一位成员都得到应有的发展。这是一个教师的教学主张相互碰撞、教学理念相互交融、教学实践相互切磋的过程。

（二）教学观摩的程序

教学观摩包括备课、说课、听课和评课四个基本步骤。

1. 备课

教学观摩始于备课。在此阶段，教师既可以独立完成备课工作，也可采用集体备课的方式来完成教学设计。在备课阶段，执教教师要完成了解学情、分析教材、搜集和筛选教学资源、选择教法、准备课件、完成教案等工作。

2. 说课

教学观摩的重心是课堂观察，课堂观察主要包括课前会议、课中观察和课后会议三个步骤，这三个步骤与教学观摩的说课、听课和评课环节基本重合。说课是课前会议的主要内容，主要围绕以下四个方面的问题展开。

一是说明本课的内容主题。执教教师应向观察者介绍本课的主题和内容，并说明本课内容所对应的课程标准的规定，再对教材进行分析说明。要说清楚本课内容的重要性、与前后内容的关联、教材知识的呈现方式、教材的二次开发与处理、使用了哪些课程资源等。

二是介绍本班学生的情况。主要包括学生的思维特征、学习习惯和课堂氛围等。

三是说明本课的教学目标、重点和难点。学习目标最好能表述成表现标准，指出本课重点、难点的同时应说出具体的解决策略。

四是本课的大致结构。主要介绍本课的教学设计，让观察者对教学环节和流程有个大致的了解。

说课的一个好处是使教师在听课前增加了一次分享观念的机会。说课的另一好处就是帮助观摩者快速掌握本次教学的教学目标、教材内容、学生经验、教学活动、观察焦点等。

说课还包括执教教师与观摩者的简短互动,执教教师可能要对本课做一些扼要的解释,目的是让观摩者对本课有更深入的理解。双方还可通过商议,确定观察点,从而使接下来的听课有所聚焦。

3. 听课

听课的重心是进行课堂观察,为下一阶段的评课做好准备。纷繁复杂的课堂教学活动犹如一个多面体,因此在进行课堂观察时,既要有宏观视角,也要有微观视角。

宏观视角意味着教师要对课堂教学进行整体观察。为了协助教师进行整体的课堂观察,一些学者设计出了结构化的课堂观察框架,其中比较有影响的是崔允漷教授为了改变“传统的听评课存在听课无合作、评课无依据、听评课无研究的症状”而开发的 LICC 框架。该框架将课堂教学分为“学生学习、教师教学、课程性质和课堂文化”四个要素,再将这四个要素细分为 20 个视角、68 个观察点,旨在克服传统听评课的随意、零散、肤浅等问题,确保听评课的专业性。[①]

课堂观察还要有微观视角,即每一位教师要设置自己感兴趣的课堂观察点,“过滤”掉一些不必要的课堂现象,实现“定点”观察。因为只有把视野缩小,才能实现听课的有效聚焦,避免听课目标的游离。精准的听课是避免评课泛化、增强评课针对性、确保评课品质的前提,也是评授双方深度交流的基本保证。例如,在一次教学观摩活动中,一位教师将“教师如何有效地提问,并更好地引导课堂讨论”这一实践问题确定为课堂观察点,为了使课堂观察能够更好地聚焦,这个观察点又被细化为三个小的方面:① 执教者是否提出了能激励学生分享、解释自己想法的问题? ② 在课堂讨论中,学生是否理解了执教者所介绍的对话规则以及各种信号的意义? ③ 在讨论中,执教者能否对学生提出的观点进行进一步的解释,帮助学生深化、延伸自己的思考?[②] 只有通过这样的聚焦、再聚焦,教学观摩才能更为深入、扎实,富有成效。

教学观摩的核心特征是合作,将课堂观察的任务分解之后分配给不同的教师,也是教师合作的要求。每位教师的课堂观察点不同,看到的课堂现象也不同,这样就能避免评课时的“同质化”现象,从而保证每位教师在评课时都有话说,每位教师的意见都不同,每位教师的评课都使人印象深刻。例如,在某节课上,有的教师关注媒体的运用策略,有的教师关注学生的学习状态,有的教师关注授课者的意义传达,有的教师关注课堂的互动类型和互动成效。

有效的课堂观察不仅要有聚焦、有分工,而且要有效地利用课堂观察工具,获取自身所需要的信息,这些信息材料又是观察者下一步“评课”时进行讨论和反思的原始素材。课堂观察的记录方式有很多种,大体可分为定量的记录方式和定性的记录方式两种。

---

① 崔允漷. 论课堂观察 LICC 范式:一种专业的听评课[J]. 教育研究,2012,33(5):79-83.

② 周成海. 美国中小学的“教师巡课”介评[J]. 外国教育研究,2015(8):37-51.

定量的记录方式是观察者预先对课堂中的要素进行解构、分类，然后对在特定时间段内出现的类目中的行为进行记录，主要有等级量表和分类体系等记录方式。等级量表是指事先根据观察目的编制合理的量表，在课堂观察中，观察者依据对象的行为表现在量表上评以相应的等级。分类体系是指预先列出可能出现的行为或要观察的目标行为，在观察过程中以合适的时间间隔取样对行为进行记录。分类体系包括编码体系（如美国课堂观察研究专家弗兰德斯的互动分析分类体系）和记号体系或核查清单。在预设的单位时间内，编码体系对课堂上发生的一切行为都予以记录；记号体系或核查清单只记录课堂观察中不同的行为种类。

 **教育实例** 7－4

观察教学过程清晰度的七级测量表[①]

1. 清晰地展示出学生在教学结束时应当掌握的技能及达到的理解水平								教学内容不切实际且缺乏条理
2. 向学生明确学习新内容所需要的前提性或基础性知识								没有涉及背景性的知识而直接切入新内容的教学
3. 在上课之初即检查学生是否掌握了学习新内容所必需的前提性知识，必要的时候回过头来进行复习掌握								没有检查学生为掌握新内容而必需具备的前提性知识的掌握情况，直接进入新内容的教学
4. 教学结束时进行回顾复习或概括总结								教学结束时没有对课程内容进行强调或进行回顾
5. 在教学过程中给予学生适时而清晰的指导，整个教学进程都伴随着检查学生的理解情况								对学生的指导唐突，过早地进行反馈
6. 了解学生的理解水平，根据学生的最近发展区进行教学								不了解教学是否适应或超出了学生的水平
7. 运用实例、图表或说明等方式进行教学和指导学生练习								只是进行口头教学

① BORICH G. D. 教师观察力的培养：通向高效率教学之路［M］. 么加利，张新立，译. 北京：中国轻工业出版社，2006：105.

说明：最左栏和最右栏分别为绝对对立的两极，它们都指向同一目标“教学过程清晰度”。如果观察的情形完全符合左栏的描述，则在中间的7分栏的最左栏标注7；如果观察的情形完全符合右栏的描述，则在7分栏的最右栏标注1。最后把所得的值相加并求出平均数，超过3.5分即属于正向的结论，越接近7越说明教学过程清晰度高。

定性的记录方式是以非数字的形式呈现观察的内容，包括：(1) 描述体系，即在一定分类框架下对观察目标进行的除数字之外的各种形式的描述，描述的角度可以是空间、时间、环境、行动者、事件活动、行动、目标、感情等。(2) 叙述体系，即没有预先设置的分类，对观察到的事件和行为做详细真实的文字记录，也可进行现场的主观评价。(3) 图式记录，即用位置、环境图等形式直接呈现相关信息。(4) 技术记录，即使用录音笔、手机等电子媒介对所需要进行研究的行为事件做现场的永久性记录。

教育实例　7-5

定性的记录方式：课件的设计与演示①

观察内容		教学环节一	……	教学环节 N
课件设计	1. 文字			
	2. 声像			
	3. 整体布局			
	4. 内容指向			
	5. 内容完整性			
课件演示	6. 时机			
	7. 速度			
	8. 站位			
	9. 配合讲解			
	10. 学生反应			

定量的记录方式和定性的记录方式可以相互补充使用，记录中所获得的数据、信息应尽可能地反映真实的教学环境和课堂活动。

在进行课堂观察时，还要思考授课教师行为背后的教学理念和教育追求，知道授课教师是如何思考和决策的，这就要求课堂观察者必须掌握一定的教学理论知识，具备解读课堂教学的能力。

4. 评课

评课是教学观摩的关键环节，“听而不评、评而不深”会使教学观摩的收效大打

① 沈毅，崔允漷．课堂观察：走向专业的听评课[M]．上海：华东师范大学，2008：114.

折扣。在教学观摩活动中，必须确保充足的评课时间。在评课时，听课教师要运用既友好也具有批判反思性的对话引导上课教师反思自己的教学。比如，听课教师可以向上课教师提出这样一些问题：当……（观察信息）的时候，你是怎么想的？你为什么这样想（做）？你觉得这样做是否恰当？你认为你的课好在什么地方？达到了哪些目标？什么地方还需要改善？假如让你重新上一次课，你会怎么上？类似这样的问题能引导上课教师逐渐进入反思状态。在明晰问题的基础上，上课教师要与听课教师一起进行分析、讨论，共同生成改进建议和措施。

［拓展阅读］评课视角是什么

在评课时，以下几点是评课者特别需要注意的。

第一，当前评课最突出的问题是评课者在评课时过于感性、笼统，缺乏证据支持和量化分析，或者仅仅就教学做漫谈式的、即席发挥式的评论，这样的评课很难给参与教学观摩的教师提供有价值的意见。评课者要养成“用证据说话”“用数据说话”的习惯，做到言之有物、言之有据、言之有理。用证据说话，就是在课堂观察时要获取扎实的事证和例证，并从证据出发生成意见，避免空洞、盲目地评课。用数据说话，就是要围绕“课堂观察点”进行精准统计和数据分析，并在此基础上生成意见。

第二，评课标准不能僵化。一些评课者头脑中充斥着“目标明确、重点突出、内容正确、方法恰当、表达清晰、组织严密、气氛热烈”的评价标准，于是，评课的过程就成了检验执教者与所谓的标准契合程度的过程。课堂情境是复杂且多变的，僵化的评课标准必然会阻碍教师对课堂教学的丰富的、深度的分析，教学观摩就失去了意义。

第三，评课的目的不是评价和诊断，而是合作解决问题，改善课堂教学。在评课中，要避免一味指责别人缺点的研讨方式。评课要做的，就是使上课、听课的教师都能发现并解决问题，反省自己的观念，生成新的理解。

 **教育实例** 7－6

以“困难”和“有趣”为中心的评课①

在广见小学，教学公开是根据教师的烦恼、意愿或教师自己设定的课题来讨论教学的，不是评价教学的好与坏，而是根据教室中的事件，以“困难”和“有趣”为中心来讨论和研修。这样，一直对教学公开持消极态度的教师加入进来，建立所有教师的教学公开，互相研讨的“同僚性”成为可能。

第四，在评课过程中，评课者应以授课者“诤友”的角色出现，必须真实地表达自己的想法和建议。对于教学观摩来说，“争鸣”比“共鸣”更重要。评课者还应做一个倾听者、理解者、理性表达者，尊重且包容不同的教学理念，这样评课过程就成为多种教学理念碰撞、交融的过程。

---

① 佐藤学．教师的挑战：宁静的课堂革命［M］．钟启泉，陈静静，译．上海：华东师范大学出版社，2012：131.

●【拓展阅读 7－2】●

以 QQ 群辅助教学观摩①

依托网络建立名师工作室 QQ 群，要求全室成员做到每天登陆和浏览一次，了解活动安排，掌握工作动态。比如，每一次公开课，上课教师先把教学预案发至网上，供全体成员阅读、修改，待完善后，就把该教学预案下载到自己的文件夹中，到参加活动时带上，便于教师有针对性和专业性的参加活动。活动结束后，又用 QQ 对课堂进行点评，畅谈心得和感悟。利用这种形式进行评课没有空间的限制，可以实现跨校合作。如果部分教师不在线上，其他教师也可以给他留言，等他有时间时可以及时查看信息。并且还解决了教师可能会因为害羞或自尊的原因不愿讲出自己的意见而造成的尴尬局面。

三、课例研究

（一）课例研究的概念

课例，顾名思义，就是课堂的实例，即围绕一节课所开展的一系列教学活动的总称，它呈现着完整、真实的课堂教学过程。课例研究就是对课例的研究，它是一种以教师为中心、基于教师课堂实践的合作性的专业学习活动，教师在研究小组里共同设计、观察和讨论特定的课例，并可能重复这一过程，以此发展教师的洞见，改善教师的课堂实践。与多数常规教研中的"就课论课"有别，课例研究强调从教师教学实践中的问题出发，通过教师群体的研究活动解决教学难题，改进教学实践。所以"课"在课例研究中仅仅是问题解决的载体，而非传统公开课教学致力于打磨成教学范本的课。②

（二）课例研究的程序

"课例研究"发源于日本，后被引入包括中国在内的许多国家。在日本的中小学，课例研究主要按照下述的八个步骤来进行。

1. 确立课例研究主题

明确研究主题是课例研究的起点。课例研究的主题是通过教师反思发现的，因此，课例研究主题的选取必须唤起教师的反思精神和问题意识。比如，在一堂语文课上，教师按照惯常的方式问学生："读了课文，你有什么疑问？"学生们的问题一个接一个，但这些问题显然通过阅读课文就可以回答。正在此时，一个学生发出了不同的声音，他认为同学们是明知故问，因为他们所提出的问题在早自习预习课文时都已经知道了。这件事对语文教师触动很大，他对这种常用的教学方法产生了怀疑，经过反思，他以"如何在语文课上让学生提出有价值的问题"作为研究主题，开始了极富意义的课例研究。

课例研究的主题应该是具体可行的。"提高课堂教学的有效性""开发语文教学

---

① 何灿华．名师工作室里的教师合作[J]．上海教育科研，2013(12)：57－58.

② 安桂清．以学为中心的课例研究[J]．教师教育研究，2013，25(2)：72－77.

资源”等极其泛化的研究主题因无法聚焦问题，必然导致对研究内容的解读浮于表面；因无法引导研究者深入探究，这样的研究主题对改进教师实践也就收效甚微。课例研究主题的选取还必须紧密结合课堂教学的实际，从小处、细处、实处捕捉问题，选取具有较强的可操作性、具备研究条件的主题来小题大做。例如，一位英语教师有感于课堂教学语言的重要性，试图以“课堂教学语言分析”作为研究主题，但经过与研究小组的讨论，他意识到这一主题涉及的范围太大。通过观看和反思自己的课堂教学录像，他感到自己对学生的评价语言非常单调、乏味，经常使用的就是“Good”“Excellent”等单词。为改善这一状况，他把自己的研究进一步聚焦于“英语课堂中教师的评价话语”问题。可以想象，因为问题的聚焦，研究的可行性、所能达到的深度和实际价值将会大大增加。①

2. 集体设计教案

带着具体的目标，教师集体备课，分享自己的想法，包括对过去经验的反思、对运用教学指导书的看法、对教材内容的处理意见等，最终群策群力，形成一份凝聚着集体智慧的详细的教案。初步设计出来的教案可以拿给其他教师或是专家进行评议，在获得意见和反馈之后，对其进行修改完善。

3. 试验教学及课堂观察

团队中的某位教师按照教案在自己任教的班上进行授课，团队其他成员作为观察者进入该课堂，这些观察者是手捧着教案来听这节课的，他们要做的有两点：第一，全面观察课堂，既注意教师，看教师如何执行教案；更要注意学生，看学生的反应和表现。第二，认真进行思考，思考课堂的“亮点”与“缺点”，思考教师如何能做得更好。

表 7－3 是课堂观察记录表的示例。

表 7－3　课堂观察记录表

教学者		观察者	
教学主题		观察时间	

观察记录

时间	教师活动	学生反应	评论

① 安桂清，课例研究[M]. 上海：华东师范大学出版社，2018：111－112.

4. 第一次试验教学的评价与反思

［拓展阅读］课后研讨活动的基本原则

在完成试验教学的当日，小组教师要留在学校中共同评价与反思该教学的优缺点。担任教学的教师可先发表自己的体会，反思本课有效和有待改进的地方。其他教师也要毫无保留地交流各自在课堂上观察到的问题，同时提出教学可以如何改进的建议。在讨论时，教师会常戴“三顶帽子”（黄、黑、绿），这能够帮助参与者从不同角度理解和发现课堂。

“黄帽子”是肯定的，它代表着乐观主义的判断，主要思考的问题是“这样教学的好处是什么？合理性在哪里？积极因素是什么？”。“黄帽子”给人阳光灿烂的感觉，能帮助教学的教师获得教学信心，积淀教学勇气。

“黑帽子”是质疑和否定的，思考的问题是“这样教可能出现的问题是什么？风险有哪些？有什么问题是被我们忽略的？”。“黑帽子”能够使教师审慎地对待教学，仔细地权衡教学。

“绿帽子”是新的发现和选择，着重关注“除了现有方案，还有没有其他更好的选择？我们能不能以其他方式来做这件事？有没有另外的解释？”等问题。“绿帽子”是对新思路的探寻和发现，具有创造性。

“三顶帽子”的思维使教师对课堂教学保持开放和审视的态度，它强调在认清“正”（黄帽子）和“反”（黑帽子）的种种可能后，从中寻求新的发现（绿帽子）。①

 教育实例 7-7

第一次试验教学后的讨论②

［小组合作是小学英语课堂教学的一种常态，但是在具体的教学过程中，小组合作学习从设计到实施，尚有很多问题值得再思考，例如，怎样进行分组才合理？小组合作的内容如何确定？采取哪些策略能够提高小组合作的成效？为了解决上述问题，并生成小组合作学习的理性认识，教师们组成课例研究小组，合作设计了要研究的课例，进行了课堂观察，并在课后开展了讨论。本次课试教教师选择的教学材料是人民教育出版社出版的义务教育课程标准实验教科书《英语》（Go For It）三年级第六册第二单元 My Birthday Part B Let's Talk，当堂课的教学目标设定为能够熟练运用十二个月份和 30 以内的序数词以及 When is your birthday？和 What's the date？两个句型进行有关生日、节日、纪念日的英语会话实践。］

● 观察发现及问题诊断

1. 小组合作的形式主要以问答为主，形式比较单一。课堂上组织的 3 次活动基本上都是以 When is your birthday？和 What's the date？来展开，主要是问答的训练。如：When is PanWeibo's birthday？It's in July. What's the date？It's July 6th.

① 陈大伟．观课议课与课程建设［M］．上海：华东师范大学出版社，2011：13.

② 胡庆芳．课例研究，我们一起来：中小学教师指南［M］．2 版．北京：教育科学出版社，2014：106－108.

2. 小组学习的内容局限于12个月份和部分序数词，课堂学习过程中的信息量偏少。课堂上教师唯一添加的内容就是5位流行明星，但也局限于生日信息，致使课堂上小组活动的内容显得单薄。

3. 部分小组合作学习活动的设计不周全，目标词汇运用出现错误的比例较大。例如，选取5位明星的生日时，所有日期没有涉及1、2、3做序数词时词形需要做特殊变化的情形，致使在最后一个小组活动即“做生日调查”中，10个小组的学生采访员在针对36名学生的出生日期记录中，有7处出现错误。

4. 部分小组合作学习活动的指导不到位，致使活动的实效性大打折扣。如，在最后一个环节“做调查”的小组合作活动中，教师让4人一组，其中一个学生对全组做调查，本来是需要采访员与小组成员就“name/birthday/favorite food/ability”这4方面进行英语采访并做要点记录，但很多组的采访员都是用汉语提问，只是在机械地完成填空任务。

5. 部分小组合作学习活动的设计，在内容上有些重复。如，有关周杰伦等明星的生日话题就细分成了月份和日期来组织两次合作活动，任务划分不太合理。

- 改进建议

第一，在课堂导入环节，可以针对月份和表示一个月里30天的序数词来设计小组的接龙游戏，既可以活跃气氛，又可以复习前面刚学习过的词汇，为新课的句型运用做充分的预热及准备。

第二，在有关生日的小组合作学习过程中，也可以适当进行拓展，例如，可以与季节相联系设计问题，还可以引入六一儿童节、国庆节、母亲节、父亲节、感恩节等节日的日期、星期等信息进行交流互动。

第三，在小组活动设计上，考虑以恰当的梯度编排，从而循序渐进地开始学习进程。

5. 修改教案

根据观察与反思的结果，小组教师可再度修改教案，重点是增删教材内容、改变教学方法、变换提问的问题等。

6. 第二次试验教学及课堂观察

经过修改的教案必须再次进行试验教学，这一次由团队中的另一名教师按照修订的教案进行授课，其他教师再次进行课堂观察。之所以要让另一位教师来上课，其原因是：通过变换教师和学生，可以给小组提供一个更为宽广的经验平台以资探究和学习；这种变换，也给了更多教师展示自我的机会。

7. 第二次试验教学的评价与反思

与第一次试验教学一样，也是先由授课教师进行自我评价和反思，再由观察教学的其他教师或专家提出他们的意见。课例研究的讨论会议通常需要10—15个小时，横跨3－4个星期，两次试验教学只隔几天而已。校外专家经常被邀请参加听评课环节，这些专家要承担起课例研究指导员的角色，发表真知灼见，并为团队成员带来最新的理论与实践成果。

8. 分享研究结果

课例研究小组将研究结果与他人进行分享是很有意义的,这也是整个课例研究过程不可缺少的一部分。研究结果一般以课例研究报告的形式出现,报告的重点在于真实地记录团队已开展过的活动及一路走来的各种体验与收获,也包含定版的教案。此后,研究小组便可开启新一轮的课例研究。

在课例研究中,从设计教学,到课堂听课,再到课后交流,都是小组成员在一起集思广益,建言献策的过程。课例研究为教师审视自身与改进教学实践提供了绝佳的机会,同时还增强了教师的问题意识,帮助他们发现课堂教学中潜在的问题,并能够分析、解决这些问题。

四、关键事件共同反思

(一) 关键事件共同反思的概念

关键事件是指个人生活中的重大事件,教师必须围绕这个事件做出关键性决策,它促使教师选择某种特定的专业行为,并通过自我澄清的过程来对自己的专业知能进行解构和重构。对教师来说,给他们个人生活带来重大改变或具有转折意义的关键事件可能是日常生活中的小事,而这一小事之所以成为关键事件,原因就是教师赋予了这一小事以重大意义。对关键事件的记录能使教师注意到自身实践的某些重要方面,这是他们进一步反思的基础,如果教师还能在专业群体中分享自己的"故事",他们就打开了专业对话的大门,为改进自身的实践、丰富自己的洞见提供了可能。

(二) 关键事件共同反思的程序

为了将教师个体的关键事件转化为专业集体共享的资源,美国学者霍尔设计了一个教师集体反思关键事件的流程:

1. 写故事

每个小组成员简要地写下已经发生的事件,参与者必须明确,他们分享自己作品的目的是获得其他成员对于发生事件的反馈,所以不要把太多精力放在提高写作质量方面。

2. 选择一个故事

小组成员共同确定哪一位教师叙述的关键事件被采用。

3. 发生了什么

故事提供者读自己已经写好的故事,讲清发生了什么关键事件,其他成员要认真倾听,尽力理解该事件及其背景。

4. 这一事件为什么发生

小组成员们提出一些澄清性的问题,如"到底发生了什么""事件为什么发生"等。

5. 这一事件可能意味着什么

小组成员对所发生的事件的意义进行讨论。在教学实践中,当关键事件发生时,教师做出的反应多是不假思索的,小组集体对关键事件进行重新检视,有助于教师全面深入地理解事件。此时,故事提供者要认真倾听并做好记录。

6. 这对实践意味着什么

此时故事提供者可进行回应，所有小组成员参与讨论这一关键事件的发生对故事提供者、对小组成员自身超越现有实践可能产生的影响，这也是一个集体反思、分享洞见的过程。①

霍尔设计的流程第一步就是教师个人把事件或故事叙写出来，但他并没有说明应该按照什么结构来叙写。另一位学者迪亚斯 - 马乔里为教师叙写关键事件提供了一个结构化的框架，他所设计的“关键事件记录表”如表 7 - 4 所示。

表 7 - 4　关键事件记录表②

<table>
<tr><td colspan="5">日期：__________ 时间：__________
事件概要：</td></tr>
<tr><th>事件</th><th>说明和阐述</th><th>你对事件的感受</th><th>你对事件的思考</th><th>还存在的疑问</th></tr>
<tr><td></td><td></td><td></td><td></td><td></td></tr>
<tr><td colspan="5">结论</td></tr>
</table>

总之，教师对自己的专业实践保持敏感，捕捉那些有意义的关键事件并进行结构化的记录，进而在专业群体中公开这些“故事”，则能使围绕关键事件的反思由个体层面扩展到集体层面，教师群体在对该关键事件进行解释、分析和澄清的过程中，也能获取一些共享的专业智慧。

第三节　通过师生互动实现教师专业发展

战国末期的《学记》是我国历史上第一部教育著作，“教学相长”的思想正是在这部著作中首次被提出来的。教学相长的意思就是教师的“教”和学生的“学”是互相促进的，教师和学生能够彼此互相学习，共同提高。

一、师生互动对教师专业成长的意义

师生之间的交往和互动可以使教师能够从学生的角度来看自己，使教师更好地认识和分析自己的教学。当教师在教学实践中不断听取学生意见的时候，就会对自己的教学有更新的认识。在师生交往中，学生可以成为教师的“镜子”，会帮助教师通过对“镜中之我”的观察和反思来发现自身在教育活动中的种种得与失，这正如日

① 周成海．推动教师知识分享的四种策略[J]．教学与管理，2015(12)：61 - 64.

② GABRIEL D. M. Teacher - centered professional development[M]. Alexandria：Association for Supervision and Curriculum Development，2004：101.

本哲学家熊野纯彦所说的："比方说我刚才做了一个愚蠢的或是下贱的动作，一下子感觉到他人的眼光，所以觉得害羞。在这种情况下，就是'我对于暴露给他人的自我'感到羞耻。我的愚蠢或下贱并非寄生于我的身体内部，只不过是他人的眼光把应该害羞的我的姿态呈现在我面前。因此，羞耻是'在他人面前的，对自身的羞耻'。"①

二、教学相长的实现

教师想通过学生的眼睛审查自己，可以采取多种方式，例如：

（一）利用练习提供的反馈

课堂练习和课外练习是一种有用的反馈，教师可以从中获得一些必要信息。教师还必须自问：为什么学生对于反复讲解的内容还是不懂？为什么学生总是犯同样的错误？

（二）听课意见表

亚里士多德在《治学》中说过，想判断饭菜的好坏，就要去问吃饭的客人，而不是去问做饭的厨师。教师可以在讲课之余运用一些调查方法了解学生的感受，如让学生填写听课意见表。澳大利亚学者斯坦托姆指出，教师在学期末，只需向学生提出下面三个问题，就能获得教师为改进教学而需要的全部资料：②第一，这门课程的最大优点是什么？第二，这门课程的最大缺点是什么？第三，你觉得应该怎样改进才能把这门课教得更好？需要注意的是，在使用听课意见表时，应让学生以匿名的形式提出意见，这样教师才能获得真实的意见。

[拓展阅读]
课程评价表

（三）联络会

与三五个学生定期聚会，讨论该课程的教学情况。选择的学生一定要有代表性，上、中、下三种成绩的学生都要包括在内。在联络会上，困难的地方、满意的地方和不满意的地方都可以提出来。会议隔多久开一次可以灵活掌握，参加的学生也可以不时地变换。这样做，不仅可以提供有价值的意见，也能够向学生表明教师是真心诚意地想提高自己的教学质量，以更好地满足学生的要求。③

思考与练习

1. 克拉克认为，有效的教师专业发展具有三项基本特征（见图 7－1）。

思考问题：

（1）教师学习与发展是一个社会化过程，需要与专业伙伴进行合作，这一观点的理论依据有哪些？

（2）请分析教师专业发展过程中"高质量的反馈"应具有的特征。

---

① 户晓辉．自我与他者：文化人类学的新视野［J］．广西民族学院学报（哲学社会科学版），2000（2）：14－15，26．

② 斯坦托姆．怎样成为优秀教师［J］．外国教育动态，1983（1）：16－19．

③ 程红艳，董英．新教师的专业发展［M］．武汉：华中师范大学出版社，2011：117－118．

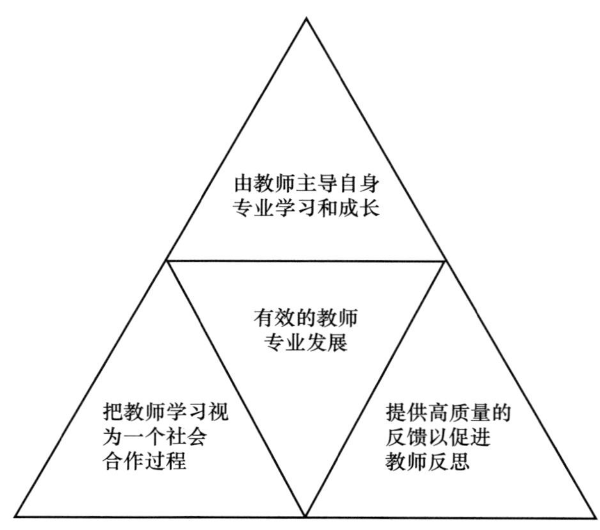

图 7－1 有效的教师专业发展的特征①

2. 不管是教学观摩还是课例研究都离不开深入的课堂观察。请参考相关文献，建构一个课堂观察框架，从而确保课堂观察的全面性。

3. 以下是某校小学教育专业的学生运用“合作自传法”开展的一次学习活动，活动步骤包括以下六个方面。

（1）将本专业同学分为三个自传小组，每个小组 8 人；

（2）为三个小组分配写作教育自传的任务，第一个小组的写作主题是“小学时代的我”，要求小组成员结合具体事件回顾自己在小学阶段的心理活动和行为表现，写作目的是更好地理解小学生的特点；第二个小组的写作主题是“难忘的小学老师”，要求小组成员回顾那些刻印在自己记忆中的小学老师的形象，写作目的是形成对“理想的小学教师应具备哪些素养”这一问题更为全面的思考；第三个小组的写作主题是“小学时期印象深刻的几堂课”，要求小组成员对小学的课堂教学情景进行细致的描述，写作目的是对小学教师的课堂教学进行反思，确立适宜的教学观。

（3）各小组成员利用两周的时间撰写教育自传；

（4）三个小组各自选择一个恰当的时间举行小组会议，在主持人的引导下，每个小组成员都公开自己的自传，并开展集体性的讨论和反思。

（5）小组会议结束之后，每个小组的成员参考其他小组成员的传记和见解，重新梳理自己的思想，形成类似“对小学生特点的认识”这样的文字材料。

（6）三个小组的成员都要公开自己整理出来的文字，在更大的范围内进行知识分享。

---

① CLARK S. , DUGGINS A. Using quality feedback to guide professional learning A framework for instructional leaders[M]. Thousand Oaks: Corwin Press, 2016: 17.

思考问题:

(1)“合作自传法”作为教师合作发展的一种形式,与“课例研究”“关键事件共同反思”等教师合作形式有何共性特征?又有何独特之处?

(2)如果要有效地运用“合作自传法”来促进专业发展,那么作为职前教师,需要具备哪些关键能力?需要克服哪些思想认知上的、行为习惯上的阻碍?

4. 以下是上海两位知名校长的一段对话。

徐校长:我们想象一下吧,在学校里有两个圆,一个是“学生圆”、另一个是“老师圆”,这两个圆都不是孤立的,而是杂糅的。教师在教学生时,自己也在进步,遇到好的学生,他的进步就要快些。你会发现,一些生源质量差的学校,如果学生不好好学习,教师就越教越傻,这妨碍了教师自身的发展。因为他没有挑战,没有进步。

郑校长:你的这个说法我不敢苟同。生源质量的好坏只会影响到教师的个人成就感。生源好的学校,教师的职业满足感相对较强;而生源差的学校,问题学生多,教师有时候非常无奈和无助。

徐校长:我只是从经验角度看,总体而言品牌学校的教师成长要快一些。比如我们学校的一个老师,当年在大学里有个同学与她同样优秀,毕业后这个同学分到了一所一般的学校工作。没几年,我们的这位老师已经是教学大奖赛全国一等奖获得者了,而她的那位同学……

郑校长:你难道不认为品牌学校的机会更多些吗?这是对教师成长不公正的地方。而且,我们评价教师成长的标准也是有问题的,那些薄弱学校要出点成绩实在是不容易。

徐校长:我们在谈“教师圆”和“学生圆”是杂糅的、教师成长和学生成长是相互促进的。教师个人的成长在促进着学生的成长,而学生的成长也在促进教师更好地成长。从这个意义上说,优秀的学生可能更好地促进教师的不断成长,这就构成了一个良性循环。相对来说,生源比较差的学校,教师的挫败感比较强,教师发展自身的动力就差些。①

思考问题:

对“教师成长和学生成长是相互促进的,优秀学生能更好地促进教师成长”的观点,两位校长的看法是不一致的,你更赞成哪位校长的观点,为什么?

① 郑杰,徐红. 谁是教育的敌人[M]. 上海:华东师范大学出版社,2011:20-21.

第八章 教师专业发展的过程

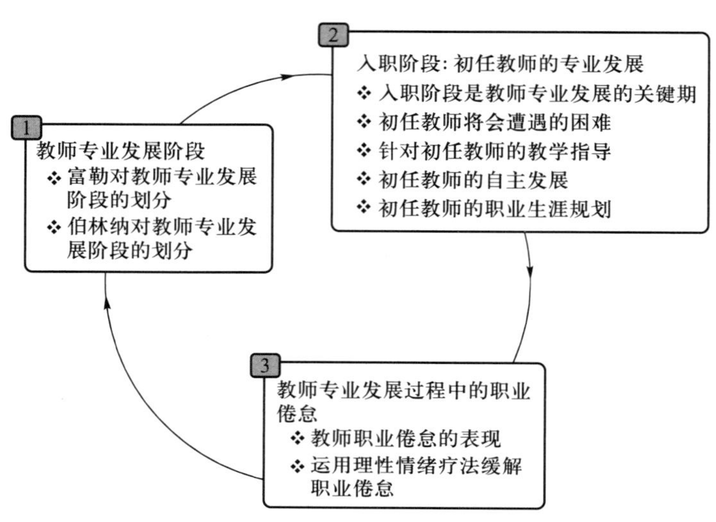

本章导入

小云老师的经历①

小云是一位刚从学校毕业、任教两个多月的教师。段考刚刚结束，她就被教研组长及教务主任通知去教务处办公室参加任课班级的学生干部座谈会。座谈是围绕学生提交的一封更换老师的请求信而召开的，学生反映“听了小云老师半个学期的课，却不知小云老师在讲什么，虽然我们试图去听讲，但还是跟不上小云老师的思维，所以段考成绩不理想，请求学校给我们换一位老师”。教务主任让大家帮助分析问题出现的原因，共同寻找问题解决的办法。班干部逐一指出小云老师教学中的缺点，不知不觉时间过去了两个小时——小云老师在整个座谈过程中一直都在微笑着，但内心却是那么的伤心。当初充满热情和理想，怎么会出现今天的结果？

小云老师曾经觉得教师职业是最适合她的选择，虽然出现了问题，但怎能放弃自己心爱的教师职业？于是小云老师主动找到高校的几位老师和研究教学法的同学，并在她任教学校的其他教师帮助下，找出了自己教学中存在的主要问题：

(1) 对教学理论重视不够，理解不深，想用在课堂上把知识讲得深而广的办法来

① 程红艳，董英．新教师的专业发展[M]．武汉：华中师范大学出版社，2011：102－104．有删改。

表明自己的水平，来赢得学生的尊重，所以没有在了解学生的认识基础上开展有效的教学，导致教学的成效不明显。

(2) 过分依赖教学参考书和名人教案，缺乏消化吸收，缺乏与学生实际结合的研究整合，教学中照搬照抄，照本宣科，没有把书上的知识变成自己讲授、点拨的语言。

(3) 知识不精熟。对所讲授内容没有达到烂熟于胸的程度，对知识的内在联系把握不住。

(4) 语言表述能力欠缺。如语言表达不确切、不生动以及不能形象地传情达意、学科语言不规范、语言贫乏等，所以课堂上的她看起来很激动，但教学中颠来倒去、无恰当词语或说不出话来等现象时常出现，这都造成学生的听不懂。

思考问题：

1. 根据富勒和伯林纳对教师专业发展阶段的划分，小云老师处在哪个发展阶段上？这一阶段的教师在关注对象以及教学专长的发展水平方面具有哪些特点？

2. 对初任教师来说，小云老师在教学方面存在的问题是否具有典型性？初任教师在入职阶段通常会面临哪些难题？

3. 小云老师应如何改进自己的教学，走出面临的困境？

4. 为了提升小云老师的专业水平，学校可以采取哪些措施？

联合国教科文组织做过一个调查，目的是研究教师的教育经验和教育效果之间的联系。结果发现，在刚走上工作岗位的5年之内，教师的教龄与教学效果是成正比的，曲线呈上升趋势；第五年至第八年，教师整体普遍出现一个平稳的发展趋势；8年以后，教师群体逐渐出现分化，小部分人通过再学习、再创造，教学水平得到升华，教学效果出现第二个上升期，逐步发展成所谓“学者型”教师；而大部分人教学水平和教学效果先后开始下降，虽然下降的幅度和速度不同，但一直是平平的“教书匠”。[①] 可见，教师的职业生涯发展是有其自身规律的，在不同的职业生涯发展阶段，教师面临的任务、关注的焦点、情感特征、成长的需要、专业发展的速度等均有所不同。全面了解教师职业生涯发展的规律以及阶段性特征，把握教师专业成长的关键期，对于规划教师培养方案，采取有针对性的措施促进教师专业成长，具有重要的意义。

第一节　教师专业发展阶段

自20世纪60年代以来，不少学者对教师专业发展的阶段进行了分析，相关的研究成果很多，以下仅列举其中两位研究者的成果。注意这两位学者采用的分析框架是不同的，富勒根据教师所关注核心问题的不同来划分教师专业发展的阶段，而伯林纳则根据教师教学专长的发展来划分教师专业发展的阶段。

① 俞国良，宋振韶．现代教师心理健康教育[M]．北京：教育科学出版社，2008：156.

一、富勒对教师专业发展阶段的划分①

[拓展阅读]
教师专业发展阶段：费斯勒和休伯曼的研究

富勒依据教师在不同时期关注对象的不同，将教师专业发展划分为四个阶段：

（一）执教之前的关注

这一阶段是师资养成时期，师范生仍然处于学生角色，对教师角色只是想象，他们没有教学经验，只关注自己的学习，而对今后将从事的教学工作问题关注甚少。他们甚至对那些与教育实践相关的重要课程缺乏兴趣和投入。这一时期，在对待中小学教师的态度上，他们也倾向于对中小学教师提出种种苛刻的、缺乏同情心的，甚至怀有敌意的批评。

（二）早期关注求生阶段

在刚刚入职的阶段，初任教师的关注对象会发生很大的变化，他们会更加关注自己对课堂的控制、对教学内容的掌握程度、是否受学生的欢迎以及他人对自己的看法。对于初任教师而言，这往往是一个高度焦虑的阶段。在专业行为上，这一阶段的教师更为强调对学生的控制，试图"管住学生"。

（三）关注教学情境阶段

在这一阶段，教师的关注焦点开始转移到教学上，他们会关注教学情境对于自己的限制和教学带来的挫折，以及教学情境对自己提出的（比关注求生阶段）更高的要求。在专业行为方面，他们开始重温以前学过的（包括在大学里学过的）教学方法和教材，更加关注自己在教学情境中的表现。

（四）关注学生阶段

这一阶段的教师开始关注自己的教育对象，注意到学生之间的个体差异，认识到不同学生的学习、情感和社会的需要。

富勒的研究揭示了教师发展过程中所关注的事物是依据关注自身、关注教学任务，最后才关注到学生的学习以及自身对学生的影响这样的变化规律而逐渐更迭的。富勒的研究成果得到了澳大利亚、比利时、荷兰以及北美国家学者的认同。富勒所提出的教师关注阶段论，也开辟了教师发展阶段研究的先河。

二、伯林纳对教师专业发展阶段的划分

美国学者伯林纳认为，教师的生涯发展从某种意义上说就是教师教学专长的发展过程。伯林纳刻画了教师从新手水平发展到专家水平的过程，并描述了各个阶段的教师所具有的知识和能力，以及面临的任务。②

---

① FULLER F. F. Concerns of teachers: A developmental conceptualization. American Educational Research Journal, 1969 (6): 207 – 226; FUTLER F. F., BOWN O. Becoming a teacher. In K. Ryan (Ed). Teacher education: seventy – four yearbook of the national society for the study of education (part II) [M]. Chicago: University of Chicago Press, 1975: 25 – 52.

② BERLINER D. C. Teacher expertise. In ANDERSON L. W., et al. International encyclopedia of teaching and teacher education [M]. London: Pergamon Press, 1995: 46 – 51.

（一）新手水平教师

新手水平教师主要指师范生或刚进入教学领域的新教师。新手水平教师的教学行为多刻板、不灵活，他们往往依照教育理论或者专家教师传授给他们的经验来教学。在这个阶段，教师的任务是学习一般的教学原理、教材内容知识和教学方法等，并熟悉课堂教学的步骤和各类教学情境，获得初步的教学经验。

（二）高级新手水平教师

高级新手水平教师是指有两三年教龄的教师。在此阶段，教师的教育理论知识逐渐与实践经验相融合，随着教学经验的逐步增加，教师可以忽略或打破一些规则，这意味着教师的策略知识已经获得了发展。在课堂上，教师开始意识到各种教学情境有其共性，也会运用一些教学策略来调节和控制自己的行为。但是，他们还不能有意识地把握自己的行为或课堂中的教学事件，还不能确定教学事件的重要性。因此，高级新手水平教师虽然获得了一些关于课堂教学事件的知识，但他们的课堂管理与教学活动并不是在自己意识水平下的行为，而是带有很大的偶然性和盲目性。

（三）胜任水平教师

胜任水平教师指至少有四五年教龄的教师。但是，并不是每个教师都能达到这一阶段。此时，教师的教学有两个特性：其一，能够明确自己的教学目标和内容，并依据事先的计划来开展工作；其二，确定课堂教学活动中各类事件的主次，可以决定哪些环节是重要的，哪些是不重要的。胜任水平教师对完成教学目标有较强的自信心，但教学技能仍然达不到迅速、流畅与变通的水平。

（四）熟练水平教师

熟练水平教师指至少有五年教龄的教师。在此阶段，教师对课堂教学情境和学生的反应有敏锐的观察力。教师由于具有较多成功的教学事件和教学案例，所以能从中总结出共性，识别出教学情境的相似性，并可以准确预测学生的学习反应。正是这些能力，使得熟练水平教师在面对新的教学任务或新的情境时，能根据课堂教学进程及学生的学习反应，及时调整自己的教学计划，并有效控制自己的教学活动，初步体现出教学迁移能力。

（五）专家水平教师

专家水平教师指至少有十年以上教龄的教师。在该阶段中，教师在处理课堂教学事件时，并非以分析、思考、有意识地选择与控制等方式，而是以直觉进行立即反应，从而能轻松、流畅地完成教学任务。进一步讲，专家水平教师会针对各种复杂程度各异的教学情境，采取多样化的、富有创造性的处理方式：当陌生的教学事件发生时，他们开始有意识地思考，采取审慎的解决方法；当教学事件进行得十分流畅时，他们的课堂行为就成为一种自然而然的反射行为。所以，专家水平教师的“专”，既体现在教师熟悉教学任务的自动化行为，也体现在教师对陌生教学任务上的游刃有余以及突出的教学控制能力。

【拓展阅读8－1】

斯腾伯格的专家型教师观①

斯腾伯格认为,专家型教师就是教学专长突出的人。他以“新手——专家”的范式对专家型教师的共同特点进行了概括,认为专家型教师具有三个共同特点:专业知识水平高;工作高效;具有创造性的洞察力。

第一,专家型教师拥有的专业知识水平高。专家型教师拥有更多从经验中得来的知识,他们根据这些知识理解和解决问题。专家型教师和新手型教师的差别不仅在于他们拥有的知识量,而且在于他们是如何在记忆中组织这些知识的,专家型教师比新手型教师对知识进行了更充分的整合(各个知识点更加密切地联系在一起),而新手型教师却尚未形成完整的知识体系。

第二,专家型教师比新手型教师能够更有效地解决问题,能够用更少的时间做更多的事情。这是因为专家型教师已经熟练地掌握了技能并使其达到自动化,通过自动化,专家型教师不用思考太多便能够完成任务,就像有经验的司机在正常的天气和交通条件下开车那样。例如,专家型教师几乎不费什么力就能更好地管理班级,让后排的学生保持安静且不影响其他同学听课。专家型教师还具有更高的思维水平,并能够有效地监督自己的进步、评价自己的表现。

第三,专家型教师具有创造性的洞察力。无论是专家型教师还是新手型教师,都要运用知识,通过分析来解决问题。然而专家型教师更可能找到创造性的问题解决办法,而且这些办法新颖又恰当。

第二节 入职阶段:初任教师的专业发展

经历了严格或宽松、正式或非正式的准备期后,以高校毕业生为主体的部分社会个体会获得官方认可的教师资格,开始具备“教师”这一特殊身份并正式步入教师行业。教师此一时期的专业生涯被视为入职阶段(novice stages),入职阶段的教师被不少研究者称为新手教师或初任教师(beginning teacher)。

一、入职阶段是教师专业发展的关键期

入职阶段是初任教师在教学中求生存,探求应对策略,逐步地适应教师角色的时期,也是教师专业发展的关键期。已有的研究证明,初任教师在职前教育阶段已经学习了许多有关如何教学、如何扮演教师角色的知识,并形成了很多教育教学观念,但是,所有这些在入职后会被迅速地“洗掉”(wash out)②,初任教师会发现,要应对面临

① 斯腾博格.教育心理学[M].张厚粲,译.北京:中国轻工业出版社,2003:6－16.

② ZEICHNER K.,TABACHNICK B.R. Are the effects of university teacher education washed out by school experiences?[J]. Journal of teacher education,1981(32):7－11.

的各种具体的、复杂的问题,需要对自己的专业知识、能力和道德进行重构。这样一来,入职阶段就成为教师专业发展最为迅速的一个阶段,这是教师专业发展的关键期。从心理学上讲,新生儿如果在出生后的三四年中没能正常地接触社会,便错过了智力发展的关键期,日后很难形成正常人的思维及语言能力。教师也是如此。对于初任教师来说,入职阶段是其形成专业知识、能力和道德的关键期,他们在职前阶段学到的只是一些"学校教育的语言",而在入职阶段,他们才开始建构更具效用的"实践的语言"。

有学者指出:"从教师自身角度看,入职期获得的专业实践经验很多都会成为教师专业发展的基底。例如,在入职期,教师的实践知识开始初步形成,由于其原初性,由这些知识演绎出的价值观念可能会影响教师未来整个专业生涯。"①这个观点与国外的研究结论具有一致性。美国学者休伯曼通过对100名有经验教师的访谈,发现在教学第一年有着不愉快经历的教师与那些顺利通过入职期的教师相比,他们对自己今天的教学仍感到不满意,这也意味着,在第一年工作中存在很多问题的教师的专业水平决不会发展到他们顺利通过入职期而应该达到的程度。因为一旦人们形成一种工作方式,由于恐惧、习惯和教学惯性,许多人都不愿意进行过多的改变。这样,入职期的第一年很可能就形成了一个教师整个职业生涯的专业模式。②

正是因为认识到初任教师的入职阶段在整个教师职业生涯中的重要性,1996年国际教育大会第45届会议提出的建议书《加强教师在多变世界中的作用之教育》中指出:"应该对刚开始从事教师职业的教师给以特别的关注,因为他们的最初职位及他们将要进行的工作,对其以后的培训和职业具有决定性的影响。"③

二、初任教师将会遭遇的困难

刚刚走上教学岗位的初任教师要经历由"师范生"向"学生的教师"这一角色转换过程,虽然初任教师在从教之前为扮演自己的专业角色做了不少准备,但是入职之后,他才开始真正扮演教师的各种角色。对初任教师来说,诸如"教学设计者""学生管理者""道德楷模"等角色都是突然来临的,适应这些新角色对初任教师是一个挑战。

关于教师成长过程的研究也揭示了一个事实:初次真正面对复杂的工作情境时,初任教师常常会经历"现实震撼(reality shock)",亦即初任教师在职前教育阶段所形成的教学理想在严峻的日常课堂生活现实面前的彻底破灭。④ 史密斯对此作了生动的描述:

---

① 王帅. 教师专业发展:标准、内容与向度[M]. 北京:科学出版社,2018:168.

② 饶从满,杨秀玉,邓涛. 教师专业发展[M]. 长春:东北师范大学出版社,2005:92-93.

③ 联合国教科文组织丛书. 全球教育发展的历史轨迹:国际教育大会60年建议书[M]. 赵中建,等译. 北京:教育科学出版社,1999:530.

④ VEENMAN S. Perceived problem of beginning teachers[J]. Review of educational search,1984,54(2):143.

【拓展阅读 8-2】

经历理想幻灭的初任教师

开始从教时，对于做什么样的教师、想怎样实现我自己，我可能怀有明确的想法。我或许通过避免所教过我的教师的缺陷来建构自己，或许我以自己曾十分钦佩的某个教师为榜样加以模仿。也许我热爱自己心目中的教师这一角色，想以独特方式与学生打交道，极力想把课上得十分活跃，甚至可能认为学生会特别喜欢上我的课。这类自我建构，开始时可能起点作用，但久而久之都会化成灰烬。①

总之，一个师范生的书桌与一位教师的书桌之间的距离虽然在直线跨度上很短，但它却是初任教师在短暂的时期内要跨越的一段最长的心理历程。入职阶段是教师职业生涯当中最困难的一个阶段，许多刚刚入职的初任教师面临各种困难，对于这些困难，一些学者进行了揭示和梳理。

[拓展阅读]初任教师面临的困难：亚当斯和戈登的研究

维恩曼搜集了 83 篇有关初任教师问题的论文，并将初任教师面临的困难归纳为六大类：第一类为教学方面，包括激励学生、处理个别差异、评价学生作业、制订教学方案、有效使用不同的教学方法等。第二类是班级管理方面，包括课堂的常规管理等。第三类是人际关系方面，包括与家长、同事、校长等的关系。第四类为学生教育方面，包括对学生的个别教育、辅导学困生等。第五类是工作负担方面，包括教学负担太重、事务性工作过多等。第六类是个人问题方面，包括学科知识不足、缺少空闲时间等。维恩曼又指出，初任教师面临的问题具有一定的普遍性，但也可能因性别、年龄、人格特质、态度、经验等的不同而有所差异。②

赵昌木通过调查山东省 223 名中小学教师后发现，在他们最初教学的几年里，经常遇到的困难或问题依次是（依据教师回答问题出现的频率高低排序）：(1) 教材不熟，重点难点把握不准；(2) 教法不灵活，难以调动学生的学习积极性；(3) 教学管理能力差，难以维持课堂纪律；(4) 不能与学生进行有效的交流、沟通；(5) 不了解学生的需求；(6) 对学生提出的问题难以解答；(7) 不能妥善处理课堂偶发事件；(8) 教学材料匮乏；(9) 难以处理与同事的关系；(10) 教学设施简陋；(11) 教学语言不流利；(12) 板书不规范等。③

方贤忠发现，初任教师在备课时往往会出现以下问题：一是对中小学的教材知识与思维体系不熟悉，对教学重点与难点的认识往往只是从教参中获得，自己却把握不准。二是不了解学生的学习状况和学习需求，备课时大多从教材内容的解读入手，用成人的思维去设计教学过程，忽视了学生的知识与能力基础。三是备课的文字信息被机械地转换成口头表达，语言不流畅，有时还会产生停顿甚至口误。四是无法妥善

① 史密斯．全球化与后现代教育学[M]．郭洋生，译．北京：教育科学出版社，2000：28.

② VEENMAN S. Perceived problem of beginning teacher[J]. Review of Educational Research, 1984(02): 143-178.

③ 赵昌木．教师专业发展[M]．济南：山东人民出版社，2011：64.

处理学生的反馈信息,如对学生的错答、错题的应对无方,课堂沉闷或混乱后的应对不佳等。五是板书设计不规范,板书与语言表达不协调等。[①]

概括而言,初任教师最常见的问题大致集中在两个方面:一是教学上的困境,二是班级管理上的困境。

(一) 教学上的困境

具体来说,初任教师在教学上通常会遭遇以下五种困境。

1. 初任教师对于任教学科知识的掌握通常是浅显的、零散的

由于未能把握学科的整体结构,对学科知识的理解也不够准确、不够透彻,所以初任教师在教学时对内容既做不到"提纲挈领",也做不到"深入浅出";既不能将知识适当拓展和延伸,也不能将其与学生的经验联系起来。

2. 初任教师对于学生的认知特点、知识基础、需求与兴趣等方面的了解都非常有限

由于对教学对象的不了解,初任教师的教学设计以及教学决策都缺乏针对性和预见性,他们搞不清楚学生在什么地方会遇到理解上的障碍,也不知道怎样利用学生的兴趣来调动其学习的积极性。

3. 初任教师缺乏根据复杂多变的课堂情境来调控教学的能力

课堂教学是"预设"与"生成"的统一,它不会有条不紊地完全按照教师的"预设"运行下去,现代教学论非常强调课堂教学中生成性资源的价值,这也要求教师要具有较高的"教学机智",能够根据课堂情境以及学生的反应随机应变,灵活地调整自己的教学方法与教学策略。初任教师显然缺乏这方面的能力,他们往往只能按照教学计划机械地进行教学,很少能根据学生的课堂表现与教学情境的变化及时调整教学内容、选择合适的教学方法。初任教师对教学问题的处理也缺乏灵活性,他们缺少良好的课堂监控能力,甚至会因此造成教学的延误和中断,使得教学效能感降低。

4. 初任教师的教学技能较为生疏

专家教师的各项教学技能由于长期的磨炼已趋于定型化和自动化,初任教师尽管在职前阶段学习了一些专业技能,但由于缺乏应用的情境以及长期的训练,这些技能在实际的课堂进行应用时,初任教师往往表现得不够流畅、不够熟练。

5. 教学成绩不佳会使初任教师处于焦虑状态

在以绩效考核为主的中小学校,考试成绩一直被当作衡量教师是否称职、优秀与否的重要指标之一。初任教师由于自身知识与经验等方面的不足,因此所教班级的成绩往往不理想。初任教师大都抱有通过优异的教学成绩来获得领导、同事和家长的认可的想法,而不理想的考试成绩,可能会给初任教师带来挫败感,使其处于一种焦虑的状态。

---

① 方贤忠. 备课:基于教师的专业成长[M]. 上海:华东师范大学出版社,2018:19-20.

思考交流 8-1

前文列出了初任教师在教学方面可能面临的5点困难，请评估自身的教学准备情况，并分析如果自己进入学校实习，可能会遭遇哪些教学上的困难？自己要有针对性地进行哪些方面的学习？

（二）班级管理上的困境

班级管理是教师工作的重要内容，有效的班级管理，能够维持班级秩序，激发学习热情，确保有效教学。对于初任教师来说，不可避免地会遭遇班级管理上的困难，这些困难具体表现在以下方面：

1. 宽严的把握不当，忽略规则的建立与维护

任何一个群体都需要一定的规则才能保证基本的秩序，正因为如此，学校中各种校规、班规的存在是非常必要的。初任教师刚刚结束学生时代，通常对学生的管理会较为宽松，不太注重用规则来对学生进行约束，结果是学生逐渐不服从管理。由于初任教师对学生的要求往往不明确、不全面，加之缺乏规则执行与维护的技巧，因而他们的课堂很容易陷入混乱。但也有很多研究发现，初任教师在教学的第一年，对教育的态度会趋向传统、保守，对学生的态度逐渐转向更严格地控制，但过于严苛的管理同样会带来很多问题，很可能造成师生关系的紧张与对立，甚至引发师生冲突。

教育实例 8-1

小张老师毕业头一年，学校领导安排她教五年级的科学课。在教学中，小张老师最感苦恼的是怎样维持教室的秩序。学生们在课堂上似乎有说不完的话，以至于她不得不提高说话的音量，有时还要喊上几嗓子。课都上了一半了，有的学生连教材都没拿出来。最令她头疼的是，只要一进入实验演示或者学生动手操作这一教学环节，教室里就像变成了一锅持续加热的沸水，再也无法平静下来，偏偏科学课这样的内容又非常多。直到有一天，班主任把办公桌搬到了教室，每次小张上课，她都坐在教室的一角批改作业，课堂才恢复了平静。

2. 缺乏应对问题行为的技巧

初任教师在班级管理中不可避免地要遇到形形色色的“问题学生”，应对各种问题行为。学生的问题行为是指具有破坏性的、能干扰教师教学或干扰其他同学学习的行为，包括打架、上课大声说话、不服从教师的要求、挑衅教师、骂人、迟到、作弊、不按时交作业、偷窃、逃学等。初任教师对于学生问题行为出现的原因缺乏了解，对于如何预防和应对各种问题行为没有经验，一旦面对难以管教的问题学生或随时发生的问题行为，常常表现得手足无措。

3. 天然地缺乏威望，可能成为学生“欺负”的对象

与经验老到，已经树立起自己的权威的老教师相比，初任教师不大的年龄，较低

的声望，不够专业的教学与管理，使其缺乏足够的权威。一些家长可能会对初任教师的能力表示怀疑，对初任教师的工作更加挑剔；学生也常常对初任教师的要求表现出不在意、不遵从。

4. 不恰当的师生距离

初任教师在入职初期，对获得同事的友谊与学生的认可比在其职业生涯中的任何阶段都显得更为渴望与迫切，因此许多初任教师努力避免给学生造成一种独断、专横的印象，他们会最低限度地执行规章制度，向学生展示“友好”“富有人情味”的一面。但是，如果师生之间的距离过于接近，则初任教师的威信与教育影响力会大大降低。

教育实例 8－2

我们初三的数学老师，是一个刚毕业的高师学生。他真的是把我们这一届学生作为他在这个陌生环境里最亲近的人。我们班男生借他衣服穿，在他宿舍洗头洗衣服，跟他一起打球……真的像哥们！但是，随着师生之间的距离一天天的缩小，同学们在数学老师的课堂上越来越随便，而数学老师的话似乎不灵验了，即使他批评教育学生，学生也是满不在乎；他布置的作业，更是大家“优先”不完成的。结果，期末考试，我们班考得很惨……

思考交流 8－2

初任教师在入职之后，经常会面对“理想”与“现实”的冲突，下文记录的是一位执教语文的初任教师放弃“理想”（让孩子自由表达），向“现实”（向孩子灌输一些标准化的表达的套路）妥协的心路历程，请围绕初任教师如何处理理想与现实的冲突这一问题谈谈你的想法。

在语文学科角度，有些孩子的表达其实是很有诗意的。但是你在语言的角度，尤其是低年级阶段，你又觉得很有必要给孩子灌输一种标准化的教学。干什么、在哪里，以这种标准化的方式给孩子指导。有时候很为难。（我）也想让孩子随自己的表达，但是考试要求孩子在60字以内完整地陈述某件事情。你就必须要教给孩子一定的套路……①

三、针对初任教师的教学指导

目前我国初任教师的入职教育主要有三种形式，一是教学指导，即由有经验的教师进行“传帮带”，帮助初任教师掌握课程与教学的技能和技巧。二是集中培训，即将初任教师集中起来学习，时间长短不等，从几个月到1—2年均有。三是教师研修，即引导初任教师围绕一定的问题开展探究，使其在研究解决实际问题中提高自己的

① 刘素玲．初任教师的专业自主研究［D］．上海：华东师范大学，2019：104.

专业素养。在上述三种入职教育的形式中,最为传统,也是应用最为普遍的是教学指导,亦即通常所说的"师徒结对",由有经验的师傅通过观察、听评课、共同研讨、示范和点拨等方式,引导徒弟摸清门道,少走弯路,更快更好地胜任工作,实现专业的社会化。

教育实例 8-3

教学指导与初任教师专业成长

我觉得收获最大的是有一个好师傅,我的师傅对我的帮助很大。无论是在教学上还是生活中的为人处世,都给了我许多指点。虽然我们是师徒俩,可是却像朋友一样。有人带教,的确是让我少走了很多弯路。①

当时带教我的是杨墨秋和潘传东,他们是上海首批特级教师。潘传东先生知道我知识基础不够扎实,就给我开书单,告诉我应该读哪些书,他还带我去听课,听完以后让我评论,他再谈他的看法。杨墨秋先生当时开了很多课,他拿自己的课给我们年轻人做了很多示范,告诉我们怎样才是一堂好课。我觉得这两位前辈对我的影响很大,让我顺利走上了语文教学的正轨。②

(一) 教学指导的价值

促进初任教师发展的一个最直接的办法就是将优秀教师所具有的知识,尤其是关于如何进行教学设计、有意义地呈现教学内容、有效地布置家庭作业等方面的策略和技巧教给新教师。但是,优秀教师在教育教学实践中表现出的实践知识和隐性的经验,很难用语言来陈述和传授,初任教师要获得这些知识和经验,"师傅带徒弟"是最好的途径和方式。相对于徒弟,师傅在知识、技能、情意、观念等方面更丰富、深刻、全面,可以对徒弟加以指点,这种影响的内容和过程如图 8-1 所示:

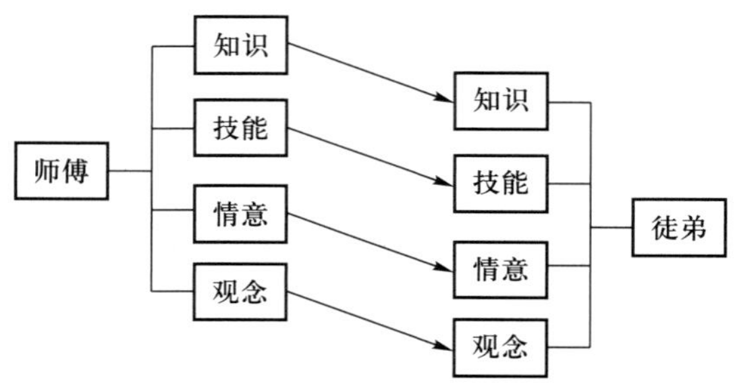

图 8-1 "师徒制"中师傅影响徒弟内容示意图③

在教学、班级管理、人际关系等方面存在诸多困难的初任教师,如果单纯依靠自己的"试误"来积累经验,那无疑会延长初任教师的适应期,并使他们付出更高的成

① 傅建明. 教师专业发展:途径与方法[M]. 华东师范大学出版社,2007:103.
② 李晓波. 教师专业发展[M]. 江苏:南京大学出版社,2016:123.
③ 王建军. 课程变革与教师专业发展[M]. 成都:四川教育出版社,2004:128.

长代价。通过教学指导,可以使初任教师直接获得有经验教师的指引和帮助,较快地提升自己的专业素养。

教学指导最大的益处是使初任教师能够从指导教师那里获取大量经验性的专业智慧。王洁等人比较了初任教师与有经验的教师以及专家教师的知识结构,她们发现,初任教师的知识结构以原理知识为主,包括学科的原理、规则,还有一般教学法的知识,这均属于明确知识。有经验的教师在教学实践中逐步积累了案例知识,主要是指学科教学的特殊案例、个别经验。专家教师则不同,他们还具备丰富的策略知识,也就是把一般教育原理运用于特殊案例的策略,其核心是对教学实践的反思。可见,案例知识和策略知识是初任教师最为缺乏的,而"师徒制"为初任教师提供了"看中学""做中学"的机会,使其能够通过观察、借鉴和模仿从指导教师那里获取大量的"行动中的智慧"。

教师专业成长与知识结构变化如图 8-2 所示。

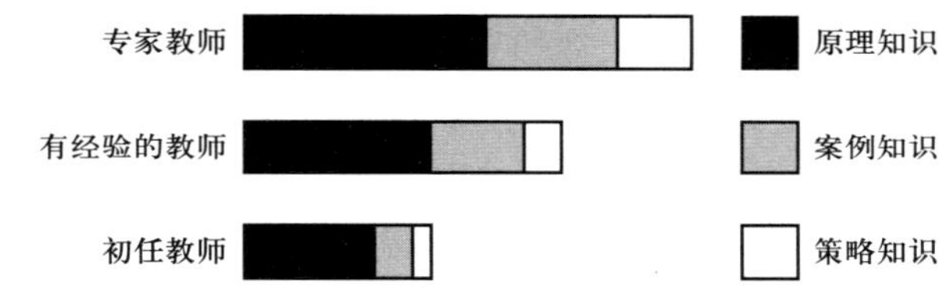

图 8-2 教师专业成长与知识结构变化[①]

(二) 教学指导的策略

教学指导包含多种具体的方法与策略。张德锐介绍了四种系统的初任教师指导策略,"观察初任教师之教学、协助初任教师建立教学档案、进行读书会或合作式行动研究、协助初任教师进行个案研究或对重要事件的省思"[②]。

约翰逊则提出了六种具体的教学指导策略:直接协助、示范、教学观察与反馈、协助制定专业发展计划、非正式接触及角色楷模。[③]

参考上述学者的意见,并考虑我国中小学校目前的实际情况,本节着重对"示范""教学观察与反馈"以及"告诫"这三种策略进行重点阐述。

1. 示范

在各个行业的师徒制中,一个比较常见的情形就是师傅为徒弟讲解并演示某种技能后,徒弟通过对师傅演示技能的观察和模仿来进行学习。一般来说,作为师傅的教师,其实践都很漂亮,但他未必能总结出为什么这样实践的规则,即便他能够总结出若干规则,徒弟教师也无法凭借这些规则直接成就属于自己的专业实践,因为"一种无法详细言传的技艺不能通过规定流传下来,因为这样的规定并不存在。它只能通过师傅教徒弟这样的示范方式流传下去。这样,技艺的传播范围就只限于个人之

---

① 王洁,顾泠沅. 行动教育:教师在职学习的范式革新[M]. 上海:华东师范大学出版社,2007:53.

② 张德锐. 中小学初任教师的教学困境与专业发展策略[J]. 教育资料集刊,2003(28):138-142.

③ JONSON K. F. Being an effective mentor : how to help beginning teachers succeed[M]. Thousand Oaks, CA: Corwin Press,2002:76.

间的接触了”[①]。在实践中，指导教师向初任教师做出的示范是多方面的，从穿着打扮到课堂教学；从教案写法到学生教育均在其中。在指导教师做出的各种示范当中，教学示范是最常见、也是最重要的。

教学示范与初任教师听指导教师上课并不完全相同。很多推行“师徒结对”制度的中小学校都对初任教师的听课做出了要求，甚至规定好了他们每周听课的节数。然而现实中初任教师的听课很有可能成为例行公事，对他们的专业发展影响不大，其中最重要的原因是听课结束后师徒双方没有进行深入地互动与交流。由于指导教师并未向初任教师详细地解释自己的思考过程，所以指导教师的教学示范只是给初任教师留下了一个印象，正如俗话所说的“外行看热闹，内行看门道”，初任教师由于其自身专业发展的局限，能看出的“门道”通常很有限，这无疑会大大降低听课的效果。

一个完整的教学示范活动应该包括以下四个环节：

第一，指导教师与初任教师同备一节课，并写下各自的教案。

第二，初任教师观摩指导教师的教学，并进行详细的记录。

第三，指导教师与初任教师共同研讨这一节课，这是教学示范最关键的一个环节。在这个环节，指导教师要进行“说课”，就本堂课的设计思路进行详细的说明和解释，这样就会使初任教师能够更为深入地理解指导教师教学行为背后的思维过程；由于师徒双方都备好了这节课，因而初任教师还需将指导教师的教学设计与自己的进行对比，找出不同之处，并分析两种备课的优劣；初任教师通过对指导教师教学示范的观察，也会生成一些问题和理解，因而双方可围绕这些问题进行深入探讨。

第四，初任教师对自己的备课教案进行修订，并通过教学实践对从指导教师那儿学到的方法和技能进行验证和体会，从而发展出自己的能力和方法。

2. 教学观察与反馈

正所谓“当局者迷，旁观者清”，初任教师通常对自己的教学缺乏自知，因而指导教师对初任教师进行教学观察和反馈就显得十分重要。教学观察与反馈是指导教师利用各种观察工具，系统地记录初任教师的教学细节与过程，并根据具体观察结果，给予初任教师反馈意见，使初任教师能够澄清自身教学的优点与缺陷，并据此改进教学过程，拓展教学策略。

在教学观察过程中，指导教师应将观察目标限定在一个比较小的领域，如：学生学习、教学计划、提问技巧、深化策略、课程教授、发展师生间的关系、建立常规、技术运用、小组活动等。[②]

教学观察这一环节的主要活动是观察记录，目的是为反馈阶段的专业对话提供事实或素材。在此环节可使用的各种课堂观察工具，在第七章中已经做了介绍。

指导教师的反馈可从初任教师的反思开始。指导教师可以提出诸如“你的课好在什么地方？达到了哪些目标？什么地方需要改善？”之类的问题，帮助初任教师进行自我反思。然后指导教师将在观察中收集到的资料呈现出来，与初任教师一起进行分析、讨论，共同生成改进建议和措施。

---

① 波兰尼．个人知识：迈向后批判哲学[M]．许泽民，译．贵阳：贵州人民出版社，2000：78－79.

② RIBAS W. B. 新教师入门指导[M]．王卫华，译．北京：中国轻工业出版社，2006：148.

3. 告诫

德国教育家博尔诺夫指出:“人的发展经常会由于障碍和偏离,或者普遍地由于人的弱点而告中断或误入歧途,这时就要借助外部的推动使中断的发展重新走上正轨。一个人借助于自然的力量很少能做到这一点,所以只要一有衰退的危险,就需要他人不断地给予告诫并激发他的意志力。”[①]对于初任教师的专业发展来说,“告诫”是指导教师对初任教师“走偏”时的强力纠正,能够给初任教师成长带来新的可能性。

指导教师对初任教师专业发展产生影响的告诫,能指出初任教师教学中存在的问题,分析该问题可能产生的后果,并给出具体、合理的建议。不可否认的是,告诫中包含着一定要求的成分,教师的专业生活有自决的一面,但任何人都可能存在着不可避免的无知,都可能走入误区或歧途,因此来自外部的要求和规范也是必要的。

 **教育实例 8-4**

老教师给新教师的告诫[②]

我进入这所小学后,学校安排李老师当我的师傅,我跟李老师的第一次交流,她就告诫我“千万不要动学生”,她说每个班都有淘的孩子,年轻老师有时控制不好情绪,就可能引发很严重的后果。李老师的忠告我一下子就记住了,此后无论遇到多么出格的学生,无论我多生气,都能做到不体罚学生。还有一段时间,我同时教自己班的语文课和品德课,有好几次我都自作主张把品德课改成了语文课,有一次李老师发现了这一情况,很严肃地对我说:“教书、育人都是教师的职责所在,你只想着教书了,品德课也很重要,不是可以随便停掉的!”她的这番话给我震动很大,反省一下,自己确实太功利了,只盯着考试科目来教……

【拓展阅读 8-3】

北京十一学校孙京老师对新教师的告诫

新教师应提前对自己的教学风格有一个判断,以便从第一节课时就大致确定自己的教学风格。如果你是一位严格型教师,就要告诉自己在坚持原则的同时不忘展露幽默、诙谐,尽可能使用风趣的语言来拉近学生和自己的距离。如果你是一位温柔的“暖男”型教师,就切忌讨好学生,忘记坚持基本规矩,否则就会造成学生对课堂不尊重,甚至肆意妄为,最终导致课堂失控,严重影响教学效果。如果你是一位学院型教师,就一定要注意,中学课堂的教学不是学术研究,而要以学生的成长为目标,课堂内容应接地气,符合学生的接受能力。[③]

---

① 博尔诺夫. 教育人类学[M]. 李其龙,译. 上海:华东师范大学出版社,1999:65.

② 周成海. 教师成长的非连续性:基于博尔诺夫“非连续性教育”思想的分析[J]. 教育理论与实践,2015,35(28):32-35.

③ 赵继红. 初职教师20个怎么办[M]. 北京:中国人民大学出版社,2017:16-17.

【拓展阅读8-4】

汤普森给初任教师的告诫:避免从教第一年易犯的错误

作为第一年从教的老师,你将会犯许多错误。虽然在你的学习过程中这是难免的,但仍有一些错误是能够通过些许的预见、常识和计划而避免的。将以下要点牢记于心,尽量避免这些第一年易犯的错误。

[拓展阅读]
给新老师的20条贴心建议

错误1:你发现自己很容易与学生过分熟悉。保持以一个友好成人的角色面对学生,不要尝试成为"他们中的一员"。虽然让学生认为你是一个容易接近的成人这点很重要,但你仍旧必须维护你身为教师的威严。

错误2:对于那些你没认真准备的材料,你努力用自己的方式虚张声势加以掩饰。留出充分的时间去研读教材、设计课堂、准备讲义并收集其他资料。

错误3:你没能坚持住你的风度,愤怒地惩罚一个学生。谨记,千万别犯此类错误,因为学生将会视你为粗鲁、好体罚的教师。保持冷静远比发脾气更容易驾驭你的学生。如果你发现当面对某个学生的某个事故时你的血压升高了,那就先退出冲突,让自己冷静下来,在行动之前仔细想想这个情形。你可以告诉学生:"我发现我们之间有分歧了,我们待会再讨论吧。"

错误4:你忽视小的行为问题直到它们妨碍了教学秩序的正常进行。在小问题尚能控制的时候采取一些必要的措施。

错误5:你觉得,如果让学生看见你真实的样子,他们与你的关系将会更好。没有人让你放弃自己的个性,但身为教师,你必须将你与你的学生区分开,努力维持一个专家的风范和角色。除此以外,如果你表现得像一个学生,而不是学生心目中教师应有的样子,并不是所有学生都认为你正确、得当地处理了师生关系。并且家长和监护人一定不会欣赏你不羁的生活方式。尽量使你的私人生活与专业生涯分开。

错误6:通过讲故事、笑话以及娱乐的方式教学,你感到很舒服。尽管偶尔的笑话和故事会活跃课堂气氛,但是千万别过分使用。你的学生不是你娱乐休闲的观众。他们坐在这里是为了学习,而你的职责就是教给他们知识。你可以通过有活力的课堂来使他们专注于学习,而不是肤浅的消遣。

错误7:在下课铃响之前你的课就讲完了。这在任何一位教师身上都很容易发生。你可以根据以往的经验,在一节课能讲完的内容基础上多准备一些。

错误8:你不大赞同学校的某些规章制度而且也不怎么遵守。当你忽视学校的某些规程,然后设法强加给别人的时候,你便向学生传达了一种十分消极、混乱的信息。请相信,当所有教师和学生都能遵守相同规章的时候,每一个人都会从中受益的。

错误9:你不想麻烦忙碌的教师,或者不想显得自己很愚蠢,因此你避免向别人寻求帮助和建议。不要这样孤立你自己。有经验的教师知道很多你需要的答案，并且他们也十分愿意帮助一位新教师。

错误10：你当着班里其他学生的面，与一个有行为问题的学生对抗。当你这么做的时候，你不仅令这位学生困窘，同时还增加了其他学生出于同情而与被罚学生连成一线的风险。①

（三）教学指导的注意事项

教学指导是促进初任教师专业发展的重要方式，教学指导对指导教师也提出较高的要求，理想的指导教师，应具备以下两个方面的条件：一是专业知能；二是人格特征。在专业知能方面，指导教师应该有高度的教学热情、足够的教学经验、优秀的教学表现和良好的教学效果，还要具有指导者和评价者的素质，即“即要会教又要会导”。在人格特征方面，要有指导初任教师的热情和意愿，有较强的责任感，要容易与人接近，能容忍质疑，要有自信，要关怀、信任初任教师等。②

另外需要注意的是，在教学指导过程中，初任教师需要进行积极活跃的认知活动，利用指导教师的影响来生成个人的实践性知识，因为“教育教学是高度复杂的行为，这种行为的获得不是一件容易的事。教育教学不是用某种公式或处方就能解决的，同时教育教学行为不可能不发生任何变化就从一个教师那里传递到另一个教师那里。”③初任教师还应注意，教学指导并不是要求初任教师放弃自我，完全模仿指导教师的一言一行，“你的任务不是在那里克隆他们（指导教师，师傅）的教学风格，或复制他们的工作。你的工作更应该是探索性的结合各种技巧形成自己的专业风格。”④

【拓展阅读8－5】

新教师要确定自己的教学风格

新教师，应提前对自己的教学风格有一个判断，最好从第一节课时就大致确定。如果你是一位严格型教师，就要告诉自己在坚持原则的同时不忘展露幽默、诙谐，尽可能使用风趣的语言来拉近学生和自己的距离。如果你是一位温柔的“暖男”型教师，就切忌讨好学生，忘记坚持基本规矩，否则就会造成学生对课堂不尊重，甚至肆意妄为，最终导致课堂失控，严重影响教学效果。如果你是一位学院型教师，就一定要注意，中学课堂的教学不是学术研究，而要以学生的成长为目标，课堂内容应接地气，符合学生的接受能力。⑤

---

① THOMPSON J. G. 从教第一年：新教师职场攻略[M]. 赵丽，卢元娟，译. 北京：中国轻工业出版社，2007：11－13.

② 任学印. 教师入职教育理论与实践的比较研究[D]. 东北师范大学，2004：105－110.

③ 饶从满，杨秀玉，邓涛. 教师专业发展[M]. 长春：东北师范大学出版社，2005：106.

④ GLASGOW N. A.，HICKS C. D. 成功教师全攻略：91条以研究为基础的课堂策略[M]. 梁丽娜，译. 北京：中国轻工业出版社，2008：151.

⑤ 赵继红. 初职教师20个怎么办[M]. 北京：中国人民大学出版社，2017：16－17.

四、初任教师的自主发展

除了接受外部的指导外，初任教师还要发挥主观能动性，通过积极地自主学习实现自身的专业发展。初任教师自主学习与发展的途径与方式有很多，以下只对其中的三个方面做进一步的说明。

（一）阅读

初任教师进行阅读，实际是与其他人进行思想对话的过程，这种对话能够扩充教师的视野，丰富教师的心智，拓展教师的思考空间，这对于亟待提升专业水平的初任教师来说非常重要。作为初任教师，在阅读内容的选择上应贴近自己的需求，着眼于解决眼前最迫切的课堂教学、学生管理难题。

（二）勤于观察、多多求教

初任教师要更快地提升自己的专业水平，还要多观察、多交流，虚心地向周围的教师学习。一位初任教师介绍了自己通过观察提升自己的班级管理技能的经验："在初入职的那几个星期里，我一直为上课铃响后，学生迟迟不肯安静下来而苦恼，直到在一位老教师的课堂上，我看到这位老师只是倒数五个数字，全班就立刻鸦雀无声。我在自己的班上使用了这一方法，结果非常有效。"①

初任教师还要善于向有经验的教师虚心求教。但是要注意的是，不懂就问固然是好习惯，但初任教师也应该警惕自己成为"伸手党"，因为凡事必问也会引起他人反感。网络为初任教师自主学习提供了很大便利，在求教之前，初任教师可尝试通过网络搜索、查阅文献自行解决问题。如果问题实在难以解决，初任教师在求教之前也要做好功课，这样不仅可以使交流更高效，让自己获得较大收获，还能赢得成熟教师的好感。这种提前做好功课的行为，也是尊重他人的表现。②

（三）把握成长中的"关键事件"

初任教师在学校工作中会遭遇很多能影响其专业成长与发展的关键事件，这些关键事件可能是一项上级布置的重要任务，一个难得的学习机会，一堂失败的课堂教学，一次针对"问题学生"的成功的教育实践，等等。关键事件的存在与否并不取决于事件本身，而是在于由其所引起的初任教师的自我澄清过程、个人思维的清晰化过程。初任教师如果能够以一种积极的心态面对时常发生的"关键事件"，在经历关键事件时做出选择和改变，并通过反思从"关键事件"中汲取经验和智慧，初任教师就有可能在专业成长的道路上走得更好，走得更远。

 教育实例 8－5

公开课促进我成长③

虽然任教才两年多，可是我抓住了很多机会去发展自己。譬如参加青年教师基

① 赵继红．初职教师20个怎么办［M］．北京：中国人民大学出版社，2017：3－4.

② 赵继红．初职教师20个怎么办［M］．北京：中国人民大学出版社，2017：166－167.

③ 傅建明．教师专业发展：途径与方法［M］．华东师范大学出版社，2007：103.

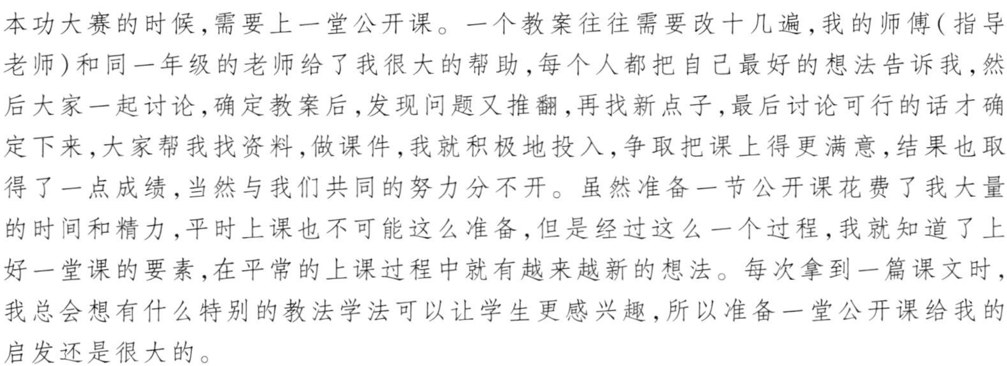
本功大赛的时候,需要上一堂公开课。一个教案往往需要改十几遍,我的师傅(指导老师)和同一年级的老师给了我很大的帮助,每个人都把自己最好的想法告诉我,然后大家一起讨论,确定教案后,发现问题又推翻,再找新点子,最后讨论可行的话才确定下来,大家帮我找资料,做课件,我就积极地投入,争取把课上得更满意,结果也取得了一点成绩,当然与我们共同的努力分不开。虽然准备一节公开课花费了我大量的时间和精力,平时上课也不可能这么准备,但是经过这么一个过程,我就知道了上好一堂课的要素,在平常的上课过程中就有越来越新的想法。每次拿到一篇课文时,我总会想有什么特别的教法学法可以让学生更感兴趣,所以准备一堂公开课给我的启发还是很大的。

五、初任教师的职业生涯规划

教师职业生涯规划,就是教师个人依据自身的实际情况以及周围环境的客观条件,规划出适合自己的发展目标、预期成就和行动方案,最大限度地发挥自身的潜力,以期体验教师职业生涯中应有的幸福和快乐。

凡事“预则立,不预则废”。教师职业生涯规划的意义在于,教师要走“自我认知和反思—制定生涯规划—理论学习和准备—实践和行动研究—总结提升”这一新型发展之路,就要对自己过去、现在和将来做什么、为什么做、怎么做有较清晰的认识,从而使自己的专业生涯更自觉,发展更快。[①]

撰写教师职业生涯规划有一定的格式和内容的要求,需要用文字回答“我是谁”(个人信息和状况评估)、“我在哪里”(环境状况评估)、“我将要去哪里”(目标设置)、“我怎么去”(措施制订)这四个问题。具体来说,初任教师可按照以下四个步骤完成自身职业生涯规划的制订。

(一)自我评估

只有真正了解自己,才能合理规划人生。自我评估的内容可以包括个人过往的表现、对教育的认识和期望(职业理想和价值观),个人人格特征,个人在知识结构、教学能力、管理能力等方面的优势和弱项。

(二)环境评估

对自身职业环境的评估和分析,能让初任教师了解自己所处环境的特点,找出对自己职业发展有利和不利的方面,帮助自己确定职业目标以及成长发展的路径。环境评估的重点是学校环境和学生状况。

学校是教师每天都要接触的小环境,它既影响着学生的成长,也直接影响着教师的发展。同样水平的教师在不同的学校里教学,若干年后可能会有很大的差别。学校环境评估的重点是学校的资源环境,处于资源丰富的学校环境中的教师,其专业成长与发展就有了更多的保障和支撑。

学生是教师每天需要面对和工作的对象,他们的学习基础怎么样?纪律好不好?

---

① 杨杰. 站稳讲台:新教师行动手册[M]. 上海:上海教育出版社,2019:3.

有没有特别拔尖或特别调皮的学生？对这些情况进行评估将直接影响到教师制订职业生涯规划时的倾向和重点。

（三）设定目标

教师职业生涯规划的目标是教师职业生涯规划内容、程序和方法的前提，它使教师工作有方向、前进有动力，是帮助教师到达成功彼岸的指路灯塔。

教师职业生涯规划目标的设定，要注意以下两点：第一，目标要适合教师自身，不同教师的起点、理想、环境各不相同，目标自然不同。第二，目标要具有一定的挑战性，是教师能够通过努力实现，也就是“跳一跳，够得着”的目标。

（四）拟定措施

拟定措施要注意以下两点：第一，措施要可行。措施应建立在实际可行的基础上才不至于落空，这个可行既指教师自身条件可行，也指外部环境允许，还指要具有可操作性。第二，措施要具体。每项措施应该至少包含这些要素：时间、内容、标准。也就是明确什么时候做什么事情，做到什么程度。历时比较久的措施，还应分出几个小的时间段。

以上介绍了初任教师职业生涯规划的设计方法和步骤，正如“教学有法，教无定法”一样，教师职业生涯规划的撰写也是形式多样，可以用表格形式呈现，也可以用纯文本形式呈现。随着对教育认识的增长和实践的磨炼，教师可以随时对自己的职业生涯规划进行修改和补充。每个人的情况不同，初任教师在制订职业规划时，能做到要素具备、重点突出、适合自己就是好的。

教师职业生涯规划模板如表 8－1 所示。

表 8－1　教师职业生涯规划模板①

<table>
<tr><td>姓名</td><td></td><td>性别</td><td></td><td>年龄</td><td></td><td>职称</td><td></td></tr>
<tr><td>学历</td><td></td><td>学科</td><td></td><td>岗位</td><td colspan="3"></td></tr>
<tr><td colspan="8">一、自我评价（自身的特点、优势和劣势等）</td></tr>
<tr><td colspan="8">二、环境评估（学校文化、学校资源、管理制度、人际关系等）</td></tr>
<tr><td colspan="8">三、个人发展目标（总目标＋分时段目标或分领域目标）
我的三年总目标（可从教育、教学、管理和自我成长等方面写）
我的分学年目标（可从教育、教学、管理和自我成长等方面写）</td></tr>
</table>

［拓展阅读］教师个人专业发展三年规划样本

① 杨杰．站稳讲台：新教师行动手册［M］．上海：上海教育出版社，2019：12－13.

续表

四、达成目标的具体措施或策略 例如： 学科教学方面 班主任工作方面 个人阅读、进修方面

第三节 教师专业发展过程中的职业倦怠

1974年，美国学者弗洛登伯格最早提出了“职业倦怠”（job burnout）这个概念。他用“burnout”一词来描述那些服务于助人行业的人们因工作时间过长、工作量过大、工作强度过高所导致的一种疲惫不堪与耗竭的状态。①

20世纪80年代后，研究者开始对职业倦怠进行集中的、结构化的实证研究，其中，由玛斯莱奇等人编制的职业倦怠的标准化测量问卷为后继研究者系统地探索该现象提供了更为精确的定义、方法和工具，因此被广泛接受。玛斯莱奇等人在编制该测量问卷之前对职业倦怠进行了操作性的界定，并发展出一个多维度的模型。② 职业倦怠的多维模型包括三种成分——个体压力成分、人际关系成分以及自我评价成分，更具体地说，教师职业倦怠被界定为包括情绪衰竭（个体压力成分）、人格解体（人际关系成分）和低成就感（自我评价成分）这三个维度的心理综合征。情绪衰竭指与服务对象（如学生）互动过程中一种情感资源被耗尽，疲惫不堪、精力丧失的体验。人格解体指用消极的、冷漠的、疏远的甚至不人道的态度对待服务对象，甚至视对方为无生命的物体。个人成就感降低指在工作中成功感和能力感降低，在工作中体会不到成就感。③

一、教师职业倦怠的表现

由于长期承受较大的精神压力、工作中持续的疲劳以及在与他人相处中的各种矛盾、冲突引发的挫折感，教师很容易陷入职业倦怠的状态。初任教师因为缺乏同时应对各项日常教学任务的能力、缺乏支持性的人际网络、没有足够的资源等原因，更容易发生职业倦怠。教师职业倦怠表现在情绪衰竭、人格解体和低成就感三个方面，表8－2提供了三个方面的具体实例：

① SCHWAB R. L. Teacher stress and burnout. SIKULA J. , BUTTERY T. J. ,GUYTON E. (Eds.). Handbook of research on teacher education[M]. 2nd ed. New York: Macmillan, 1996:53.

② MASLACH C. Burnout: A multidimensional perspective. In SCHAUTELI W. B. ,MASLACH C. ,MAREK,T. (Eds.). Professional burnout: recent developments in theory and research[M]. WashingtonDC: Taylor & Francis, 1993:18－32.

③ 俞国良，宋振韶．现代教师心理健康教育[M]．北京：教育科学出版社，2008:60.

表 8－2 教师职业倦怠的案例及分析①

成分	实例	分析
情绪衰竭	王老师，是一位中年数学教师，是一个班的班主任并同时负责教授3个班。一天，王老师提问前一天的课后作业题，连问5名学生，得到的答案都是“不知道”。王老师怒火中烧，大声训斥学生“笨”“不争气”“没出息”“不求上进”，甚至说全班同学没有一个能成才的。一通连珠炮似的训斥后，王老师还是怒气未消，说：“你们这个班我教不了，另请高人吧！”随即摔门而去，留下了惊魂未定的50多个学生	该教师对实际工作中经常会遇到的事情大发脾气，挖苦、斥责学生，这是情绪极度疲劳的表现
人格解体	张老师，是一位有20年教龄的老教师，但是在各项评奖中总与奖项擦肩而过。最初参加工作时领导说评奖要照顾老同志，自然没有她的份；好不容易熬成了“老同志”，领导将关注点转向“用奖项激励年轻教师努力工作”。所以，不是年龄问题就是学历原因，张老师总是阴差阳错地与评奖无缘。看着比自己资历深和比自己资历浅的同事都有荣誉在身，张老师很不服气，于是她将这怨气转移到了自己的教学工作和日常交往中，上课敷衍了事，不管学生是否听讲、是否完成作业；对待同事不理不睬，同事渐渐觉得难以相处，都尽量不与她打交道	多次评奖未果，这使张老师对待学生、对待教学、对待同事非常消极，丧失了工作积极性；使教师表现出非人性化，即以消极、否定的态度对待学生
低成就感	高老师，是一位年轻英语老师，他接手的班一直是年级组中成绩最差的。高老师想靠自己和学生的共同努力提高全班成绩。但是，一年半过去了，这个班的英语成绩还是没有长进，多次考试的打击使高老师渐渐灰心，期中考试又一次年级组成绩倒数第一，这使高老师彻底丧失信心。从此，他对自己极为失望，认为自己教学水平太差，对不起学生和家长，甚至不配作为一名教师，极度的自责和自卑使高老师十分痛苦	该教师属于低个人成就感，自我评价降低，一年半的努力换来全班成绩仍旧落后，毫无成就感后开始妄自菲薄

教师职业倦怠一旦形成，就会引发“三厌”综合征：一是“厌教”，表现为教师对教学工作丧失热情和积极性，工作中处处不满，表现马虎，出现悲观、冷漠、愤怒等消极情绪，教学效能感低下，难以发挥教学水平，最终导致自己的教学质量下降。二是“厌学”，表现为教师不思进取，不求上进，不注意吸收新的知识、学习新的教育技术、转变教育观念，而是虚度光阴，消磨时光，使得自身专业发展和个人生活质量都受到影响。三是“厌生”，表现为教师负向、消极的心境和态度以及不良的性格，如见了学生就心烦，教育态度简单粗暴，甚至出言不逊、体罚或变相体罚学生，由此导致学生产生师源性心理障碍。②

① 胡谊．成长的阶梯：成为专家教师之路［M］．上海：华东师范大学出版社，2008：215－216.

② 胡谊．成长的阶梯：成为专家教师之路［M］．上海：华东师范大学出版社，2008：214.

二、运用理性情绪疗法缓解职业倦怠

近年来,有关职业倦怠的干预研究成果颇丰,郭思等在《职业倦怠的干预研究述评》一文中对该领域的专家们提出的建议进行了归纳,这些建议可分为两类:一类是指向个体的干预,另一类是指向组织的干预。[①] 我们认为,“解铃还须系铃人”,在当前的情形之下,缓解或消除教师的职业倦怠更应强调教师个体的自我干预。目前,经常被采用的自我干预方法包括理性情绪疗法、注意力转移法、宣泄法和放松法等[②],其中理性情绪疗法或许可作为一种值得推广的方法。

理性情绪疗法由美国心理学家艾里斯提出,其注重认知、情绪、行为三者之间的交互作用及因果关系。该疗法认为,人不是为事情困扰着,而是被对这件事的看法困扰着。解决了人们的认知问题,也就解决了心理问题。理性情绪疗法的完整操作模式是“ABCDE”:A 指激发事件(activating event);B 指对该事件所持的信念(belief);C 指个人产生的情绪或行为的后果(consequence);D 指对不合理信念的自我辩解(disputing);E 指干预后产生的效果(effect)。

根据这一模式,事件(A)本身并非引起情绪反应或行为后果(C)的原因,而人们对事件的非理性信念(B)才是真正原因所在。因此,要改善人们的不良情绪及行为,就要通过劝导和干预来驳斥(D)非理性信念的发生与存在,而代之以理性的信念。等到劝导干预产生了效果(E),人们就会产生积极的情绪及行为,心理的困扰就会因此而消除或减弱,人也就会有愉悦充实的新感觉产生。根据理性情绪疗法,教师的职业倦怠并非是诱发事件直接导致的,而是通过教师对这一引发事件的认知和评价所引起的,要消除教师的职业倦怠,就必须驳斥、去除教师抱有的各种非理性信念。

关于非理性信念的内容,一些学者进行过探讨。艾里斯认为,非理性信念主要包括以下十条:每个人都应该得到自己生活环境中对自己重要的人的喜爱与赞许;每个人都必须能力十足、在各方面有所成就,这样的人才是有价值的;有些人是坏的、卑劣的;因为这些人的恶行,他们应该受到严厉的责备与惩罚;假如发生的事情是自己不喜欢或非期待的,那么它是糟糕的、很可怕的,事情应该是自己喜欢与期待的那样;人的不快乐是由外在因素引起的,一个人很少有或根本没有能力控制自己的忧伤和烦闷;一个人对于危险或可怕的事物应该非常挂心,而且应该随时考虑它发生的可能性;逃避困难、挑战与责任要比面对它们容易;一个人应该依靠别人,而且需要有一个比自己强的人做依靠;一个人过去的历史对他目前的行为是极重要的决定因素,因为某事曾影响一个人,它会继续,甚至永远具有同样的影响效果;一个人碰到种种问题,应该有一个正确、妥当及完善的解决途径,如果无法找到解决方法,那将是糟糕的事。[③]

按照理性情绪疗法,教师的不良情绪并非是诱发事件的原因,而是通过教师对这一引发事件的解释和评价所引起的,即并非是事件引起了情绪,而是教师对事件的认

---

① 郭思,钟建安. 职业倦怠的干预研究述评[J]. 心理科学,2004(4):931-933.

② 胡谊. 成长的阶梯:成为专家教师之路[M]. 上海:华东师范大学出版社,2008:231-232.

③ 俞国良,宋振韶. 现代教师心理健康教育[M]. 北京:教育科学出版社,2008:86-87.

识引起了情绪。因此,如果能够激发教师对自己持有的不合理的认知和信念的觉知和澄清,将会带来其情绪和行为上的改变。例如,一位教师面对一群学习不认真,作业拖欠,成绩拖后腿,注意力不集中,玩心严重的学生,并产生了苦恼、焦虑、无助、失眠等情绪以及对学生训斥恐吓、偶有体罚等行为,如果应用理性情绪疗法来分析或缓解教师的这一心理问题,其过程如表 8-3 所示。

表 8-3 运用理性情绪疗法来分析并治疗教师心理问题的过程①

步骤	理性情绪疗法	认知或表现
心理问题	C. 情绪和行为后果	教师自我感觉苦恼、焦虑、无助、失眠等;且对学生常有训斥、恐吓、偶有体罚
外部因素	A. 激发事件	学生学习不认真,作业拖欠,成绩拖后腿,注意力不集中,玩心严重
内部因素	B. 不合理信念	关于学生: ——每个学生都必须学好功课(绝对化) ——真是朽木不可雕(完美主义) ——不做作业,把我的话当耳边风(错误归因) 关于自己: ——怎么这么倒霉,这个班差生太多了(抱怨) ——真没本事,辛苦工作,成绩又不明显(自卑) ——付出那么多心血,他们不知道(自我价值低)
自我干预	D. 自我辩论	——十个指头有长有短,不能要求所有学生一样好 ——每个班都有好、差生,后进生多的班总得有人教 ——不做作业,如果是不懂则自己有责任,如果是贪玩则是孩子天性 ——现在学生负担重,玩耍和童趣实在太少 ——差生也有优点,如劳动积极、乐于助人、讲义气等——有几个孩子不是有明显进步了吗 ——我也曾受到领导、同事甚至是学生家长的夸奖 ——可以考虑适当降低对学生的作业要求
干预效果	E. 效果	能够宽容看待差生的违纪行为和成绩不良,缓解自身的焦虑、苦恼、愤怒、不平等情绪。同时,心平气和、心情舒畅,找到工作乐趣,并乐于与学生交往

概括而言,理性情绪疗法是通过对引起教师不良情绪和职业倦怠的非理性信念的驳斥,以达到使他们情绪改善、缓解职业倦怠的目的的。教师在应用这一疗法时,要将自己认为的能够引发不良情绪和职业倦怠的事件和认识一一列出,从中找出引发不良情绪和职业倦怠的非理性信念,通过对非理性信念的驳斥,寻找合理的替代观念,最后通过建立合理的信念,使自己摆脱不良情绪和职业倦怠的困扰。

---

① 胡谊. 成长的阶梯:成为专家教师之路[M]. 上海:华东师范大学出版社,2008:232.

思考与练习

1. 很多年前，我听过一个教育讲座，一个澳大利亚的中学物理教师讲：

我教了30年的物理课。第一个10年，我是"教物理"(teaching Physics)；第二个10年，我是"教探索"(teaching to explore)；第三个10年，我不再是"教"(teaching)学生如何探索，而是"支持学生自己去探索"(support students to explore themselves)。①

思考问题：

(1) 分析一下这位物理教师在专业发展的不同阶段对于教学的理解有何不同。

(2) 猜测一下是哪些因素导致教师的教学观念呈现出显著的阶段性特征。

2. 自2012年开始，上海市教委在全市中小学(幼儿园)实行针对师范院校或其他高等院校相关专业毕业、在中小学首次任教的新教师的有规范的、统一的、标准的见习期培训。表8-4即为见习教师(初任教师)培训的内容和要求，阅读此表后请回答下列问题：

(1) 根据表8-4所列出的内容，分析上海市初任教师培养的目标和思路。

(2) 你是否已经为完成培训任务8、9、10、11、15、16作好了准备？

(3) 参考此表的内容，构想一下自己应如何更充分地利用见习和实习机会来提高自身的专业水平。

表8-4 上海市中小学见习教师规范化培训内容与要求②

职业感悟与师德修养	1. 制订个人参加见习教师规范化培训的计划
	2. 读一本教师职业生涯或师德修养方面的书，写一份读书心得
	3. 完成6篇见习教师职业生活体验随笔
	4. 撰写见习教师规范化培训总结
课堂经历与教学实践	5. 通读本学段学科课程标准，撰写学科认识专题发言提纲
	6. 有重点有记录地观摩10节课，撰写观课报告
	7. 每学期观摩20节其他教师的课，做好观课记录
	8. 对一个指定单元进行教材分析，撰写教案、板书设计与说课提纲
	9. 设计一个单元的学生作业，并写出理由

① 谢小庆. 审辩式思维[M]. 上海：学林出版社，2016：27.

② 上海市教师专业发展工程领导小组办公室. 见习教师规范化培训的有效策略[M]. 上海：华东师范大学出版社，2017：7.

续表

课堂经历与教学实践	10. 设计单元测验卷或综合练习题，并于实测后对其作质量分析，并完成期中或期末考试质量分析报告
	11. 观摩并点评 3 节其他教师的课
	12. 在导师、基地团队、双方学校有关人员把关下，进行 3 次正式试教
	13. 观摩导师开设的拓展型选修课，设计一门拓展型选修课的课程概要
班级工作与育德体验	14. 就某个主题召开一次班干部会议和一次学生座谈会，就某位学生的某个问题进行一次家访
	15. 策划并主持一次主题班会和一次班级社会实践活动
	16. 写一份班级情况分析和 2 位学生的个案分析，学会写学生学期综合评价短语
教学研究与专业发展	17. 精读导师推荐的专业书，撰写读书笔记，并能自学有关书籍
	18. 参与基地学校教研活动，承担有关任务策划并主持一次备课组活动，并参加区级集中培训
	19. 写一份个人今后 3 年的专业发展计划
附录	20. 练习硬笔书法
	21. 学会教具和多媒体课件的使用、制作

3. 请尝试着运用理性情绪疗法来改变你对某件事的认知，修复自己的情绪和行为，并将你的经验分享给你的同学。

第九章　影响教师专业发展的外部因素

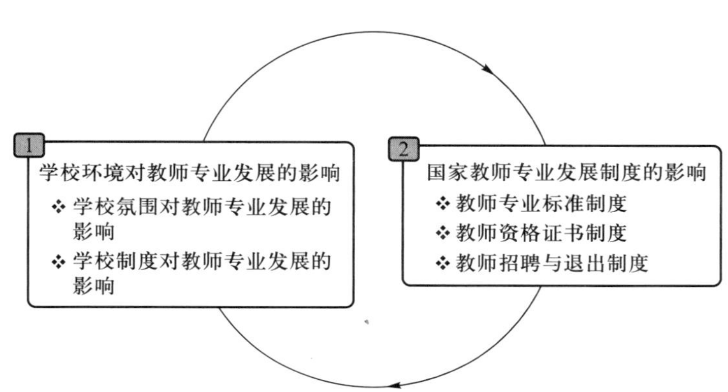

本章导入

2011 年，教育部颁布了《教师教育课程标准（试行）》，《标准》提出，要"适应基础教育改革发展，遵循教师成长规律，科学设置师范教育类专业公共基础课程、学科专业课程和教师教育课程，学科理论与教育实践紧密结合，教育实践课程不少于一个学期"。以中学职前教师教育为例，其教师教育课程设置如表 9－1 所示。

表 9－1　《教师教育课程标准（试行）》规定的中学职前教师教育课程

学习领域	建议模块	学分要求	
		专科	本科
1. 儿童发展与学习 2. 中学教育基础 3. 中学学科教育与活动指导 4. 心理健康与道德教育 5. 职业道德与专业发展	儿童发展；中学生认知与学习等 教育哲学；课程设计与评价；有效教学；学校教育发展；班级管理等 中学学科课程标准与教材研究；中学学科教学设计；中学综合实践活动课程等 中学生心理辅导；中学生品德发展与道德教育等 教师职业道德；教师专业发展；教育研究方法；教师语言；现代教育技术应用等	最低必修学分：8 学分	最低必修学分：10 学分
6. 教育实践	教育见习；教育实习	18 周	18 周
教师教育课程最低总学分数（含选修课程）		12 学分 +18 周	14 学分 +18 周

思考问题:

1. 请根据表9-1的内容,分析说明教师教育课程标准的规定对职前教师专业发展可能产生的影响。

2. 为了促进教师专业发展,国家一般会确立哪些教师专业发展制度?中小学校内部又会制订哪些教师专业发展制度?

3. 除制度因素外,还有哪些外部因素能够对教师专业发展产生影响?

“教师发展,内因是主要的,但如果没有外在环境提供的刺激,大多数教师不会主动发生改变。”①影响教师专业发展的内部因素,主要包括教师的反思意识、教师参与专业合作的主动性、教师的阅读与终身学习等方面,这些因素在前面几章已有论述。本章着重从学校环境和教育政策两个方面,分析影响教师专业发展的外部因素。

第一节　学校环境对教师专业发展的影响

生态心理学的研究表明,环境对于激发和形成人的行为方式有很大影响,其影响之大竟然可以使许多组织成员克服个体之间的差异,以至于在具体组织中,成员们往往表现出相互一致而又与一般人不同的行为方式,甚至人们一看便可以知道他们的行为属于哪些特定的组织。学校环境对教师专业发展的影响也是非常显著的,教师总是在一定的学校氛围和制度框架中进行工作和学习,并被其影响和塑造的。

一、学校氛围对教师专业发展的影响

学校氛围是学校内部形成的,能够对学校成员的价值观念、态度、信念、道德规范和行为产生潜移默化影响的心理环境。学校氛围中蕴含着一定的价值取向、思想信念、道德风尚、工作和学习作风、集体舆论等精神因素,它告诉教师什么是应该做的,什么是不应该做的;什么样的做法会受到支持,什么样的做法会受到冷遇,从而以一种潜移默化的方式对教师的专业发展产生影响。具体来说,学校氛围中对教师的教育观念、知识和行动产生影响的因素包括以下三个方面。

(一)占主流的教育价值观

学校这个“圈子”中包含着多种价值观,其中的主流价值观能够强烈地塑造教师的专业认知和行动。学校中占主流的教育价值观为教师提供了一套观念参照体系,如果一位教师自身的价值观与主流价值观相背离,他可能会感受到来自集体舆论的压力,觉得自己游离于集体之外,这是他所不希望的。举例来说,在一个教师群体中,如果大家都觉得使用诸如“你们班那个笨蛋”之类的话并没有什么不妥,这就必然会助长教师不恰当地使用羞辱、贬低学生言辞的行为,而刚进入学校的新教师,对此可能会觉得不自在,但随着时间的推移则可能会被同化,逐渐也心安理得地使用那些言辞。

---

① 傅建明. 教师专业发展:途径与方法[M]. 上海:华东师范大学出版社,2007:123.

（二）课堂教学习俗

一所有一定历史积淀的学校，会自然而然地形成一些课堂教学习俗，这种“群体习惯”一经形成，往往会长时间地沿袭下去且很少受到质疑。课堂教学习俗几乎会表现在教师所有的教学工作细节中，例如，教师如何处理教材内容、如何备课、如何布置和批改学生作业、用什么样的方式维系课堂纪律等。课堂教学习俗既有“良俗”，又有“陋俗”，前者对教师专业发展起促进作用，后者则对教师专业发展起阻碍作用。

（三）学校文化

从20世纪30年代开始，西方学者开始对教师文化进行研究。1932年，美国学者沃勒在其著作《教学社会学》中指出，在学校垂直控制的管理模式下，教师群体形成一种孤立而封闭的文化，教师之间由于利益竞争等原因，鲜有合作。20世纪70年代，美国学者劳蒂也确认“个人主义”是教师工作的典型特征之一。

【拓展阅读9－1】

劳蒂：个人主义的教师文化

在《学校教师的社会学研究》一书中，劳蒂揭示了教师文化的一些负面特征，如个人主义、保守主义、即时主义、分离、孤立以及“成败全靠自己”等。劳蒂指出：“从本书已经阐述的内容中，读者可能会得出教师之间的关系具有相互漠不关心的特点这样的结论。学校组织的细胞状形式以及伴随于此的时间和空间生态学，把教师之间的交流置于其日常工作的边缘。个人主义构成其社会化的主要特征，教师并不共享一种强有力的技术文化”；“教育方面的课程还没‘艰难’到可以在学生中产生集体策略和深厚的共同分享的程度，进入教师这个职业都是各人顾各人的，每个人大多数情况下都是与其他教师隔绝、独立工作的”。①

孤立的、个人主义的教师文化会限制教师的专业发展，因为教师无法从同事那里获得反馈，进而改进工作，孤立无援的状态也限制了教师的视野和经验。为了促进教师的专业发展，就必须把孤立、冷漠、疏离的学校文化转型为关怀、信任、分享的学校文化，把教师关系由“同事关系”升级为“伙伴关系”。支持教师专业发展的学校文化具有关心他人、互相尊重、信任、民主、平等、多元与差异共存等特征，信任和包容的学校文化对于教师专业发展尤其重要。在一个信任氛围浓厚的学校环境中，教师乐于分享自己成功的经验和失败的教训，赞扬彼此的成功，并在对方遇到困难时提供帮助。包容就是提倡教师间可以有不同的、个性化的认识和理解，这种看法的不同和差异，使教师间能取长补短、相得益彰。正如迈克·富兰所指出的：“有效合作的文化氛围并不是以观点相似为基础多元化才有价值，因为他们可以获得不同的观点，并凭借这些观点去认识问题的复杂性。”②

---

① 劳蒂．学校教师的社会学研究[M]．饶从满，等译．北京：人民教育出版社，2011：186.

② 富兰．变革的力量：透视教育改革[M]．中央教育科学研究所，加拿大多伦多国际学院，译．北京：教育科学出版社，2001：25.

二、学校制度对教师专业发展的影响

[拓展阅读]
批判反思的文化障碍

学校内的各种制度也是影响教师专业发展的环境因素，其中最值得注意的是校本研修制度和教师评价制度。

（一）校本研修制度

校本研修是指教师立足于学校，以解决教育教学中遇到的实际问题为主要目标而开展的各种研修形式，强调教师的参与、分享、反思、建构与行动。理解校本研修，要把握以下四个要点：第一，校本研修以学校为基本立足点，学校是校本研修的主要场域，即“为了学校”“在学校中”和“基于学校”，不管是开展教育教学理论研究、实践反思或行动研究均立足于学校本身。第二，“在校本研修中，包含了校本研究的成分、校本培训的要素以及教师进行自修的相关活动，是三者的结合体，是将研修一体作为主要特征的。”[①]第三，从日常教育教学中找到并提炼出值得研究、能够研究的真实问题是校本研修的起点，找到解决问题的策略、方法并运用到实践中去是校本研修的目的；第四，教师是校本研修的主体，校本研修突破传统的培训研修模式，将学校构筑为学习型组织，教师组成学习共同体，相互沟通、平等对话、共同成长，每个人都是发展的主体。

校本研修有多种模式，比较常用的校本研修模式包括以下六种。

1. 教研活动模式

教研活动是教师之间的交流与研讨，是教师立足学校开展教学研究的重要途径，可采取集体备课、研讨、同课异构、名师讲坛、教学沙龙等形式。

2. 主题研修模式

主题研修是围绕一定的主题开展的研修活动，具有更强的针对性与目的性。教师根据研究主题进行理论学习，展开主题研讨，实现对特定主题的深度理解。

3. 诊断分析模式

这种校本研修模式主要是针对初任教师或能力较弱的教师进行的，目的是对这些教师的教育教学情况进行诊断分析，帮助他们解决教育教学中出现的实际问题，提升他们的教育教学能力。

4. 个人反思模式

这种校本研修模式的要点是引导教师经常性地对自己的教育教学行为及其结果进行反思评价，通过写反思日记等形式，达成“实践 + 反思 = 成长”的目的。

5. 专题讲座模式

这是一种由资深教师或专家直接通过语言系统地向教师群体传授知识和技能的校本研修模式，也是一种比较传统的模式。

6. 网络交流模式

这种模式充分利用现代技术，通过建立个人博客、QQ 群、微信群、微信公众号、校园网等校本研修平台，为教师提供学习交流的机会。

---

① 刘义兵．教师专业发展[M]．北京：高等教育出版社，2017：219.

教育实例 9－1

高安路小学的校本研修活动①

2005年下半学期,高安路小学引进了一位特级教师。这位老师有着近二十年的教龄,小学语文学科出身,由于平时涉猎的领域广泛,所以眼界开阔,知识渊博。该老师不仅教学经验丰富,为人也相当热情、谦和,因此校长任命她为学校知识主管。

经验告诉我们,教师的一些隐性信念和价值观往往会通过其情绪状态反映出来。比如,我们发现部分教师缺乏正确的教育认识,认为教师对孩子不凶不行,不然没法控制学生,因此课堂上常会出现师生不和谐的一幕,事实上这折射出部分教师内隐的权威主义师生关系观。学校知识主管在做了充分调研的基础上,设计了一次全校性的"理性表达喜怒哀乐,构筑和谐师生关系"的知识分享活动。

<table>
<tr><td colspan="3">活动主题:理性表达喜怒哀乐,构筑和谐师生关系</td></tr>
<tr><td>活动目的</td><td colspan="2">1. 通过知识分享,总结经验,提升教职员解决棘手问题时的实际操作能力;
2. 通过专题的知识分享活动,提高师生缔造和谐师生关系的能力</td></tr>
<tr><td>活动形式</td><td colspan="2">分组座谈、专题沙龙、案例分析、网上交流</td></tr>
<tr><td>实施步骤</td><td>时间</td><td>备注</td></tr>
<tr><td>组织教职工座谈:回忆自己的经历,挖掘成功的经验,倾诉存在的烦恼</td><td>4月8日</td><td>梳理成功经验,提出"理性发怒"的学生教育</td></tr>
<tr><td>讲座:教师如何赢得学生(朱丽春)</td><td>4月15日</td><td>专家报告引领</td></tr>
<tr><td>讲座:表扬和惩戒(教科院:吴增强)</td><td>4月29日</td><td>专家报告引领</td></tr>
<tr><td>以年级组为单位、跨学科对"理性发怒"作初步的探讨</td><td>5月13日</td><td>知识的交流与分享</td></tr>
<tr><td>教师们上网交流,学校对各种做法进行梳理,形成《教师教育工作条例》</td><td>5月20日</td><td>知识的整理与创新,形成更高层次的知识成果</td></tr>
</table>

(二)教师评价

教师评价,是指通过教师素质以及教师在教育教学工作中的行为表现的测量,评价教师的素质和教育教学效果,为进一步提高教师的专业水平和教育教学效果提供切实可行的建议。②

1. 教师评价对教师专业发展的促进作用

首先,教师评价对教师专业发展具有导向作用。教师评价的标准向教师传达了评价者关注的重点,能引导教师根据评价标准来发展自身。教师评价的结果是每个

① 王洁,顾泠沅. 行动教育:教师在职学习的范式革新[M]. 上海:华东师范大学出版社,2007:149－150.

② 陈永明,等. 教师教育研究[M]. 上海:华东师范大学出版社,2003:346.

教师都十分关心的事情,教师通过分析自己的评价结果会确定自己哪些方面得到了认可和肯定,哪些方面没有达到标准,从而强化了教师对专业发展方向和目标的认识。①

其次,教师评价对教师专业发展具有诊断作用。在教师评价过程中,教师通过将自己的评价结果与评价标准作比较,就能找到自己的差距与不足,由此,教师必然追问一系列对其专业发展来说颇有意义的问题,如:自己的知识结构合理吗?自己的教学态度端正吗?自己的能力素质是否存在缺陷?等等。这些问题的发现过程其实就是教师借助教师评价进行自我诊断的过程。

当然,教师评价对于教师专业发展的积极作用不止这些,例如,教师评价对培养教师的反思能力、自我管理能力、合作能力等也有促进的功能。

2. 教师评价的分类

根据评价目的的不同,教师评价可以分为奖惩性教师评价和发展性教师评价。

奖惩性教师评价以加强教师绩效管理为目的,评价结果影响教师的解聘、晋级、增加奖金等。奖惩性教师评价主要面向教师过去的工作进行,重视结果,是终结性评价。

发展性教师评价以促进教师专业的可持续发展为核心目的,它在对教师过去的工作业绩进行考核、评定、鉴定的同时,要为教师提供关于教育教学的信息反馈,帮助教师反思和总结自身的不足,帮助教师确定未来的专业发展需求,制订未来的发展目标。这种评价方式在关注结果的同时,更重视教师教学工作的过程,是形成性评价。发展性教师评价有助于教师专业的发展、提升,是促进教师成长与发展的重要途径。

3. 发挥发展性教师评价的作用

20 世纪 80 年代中期以后,教师评价的理论和方法发生了深刻的变化,许多国家开始尝试、倡导和推行发展性教师评价制度,从而形成了奖惩性教师评价制度与发展性教师评价制度并存和交替的局面。② 但无论是奖惩性教师评价制度还是发展性教师评价制度,它们对于提高办学质量都是必要的。两种教师评价制度的关系见图 9-1。

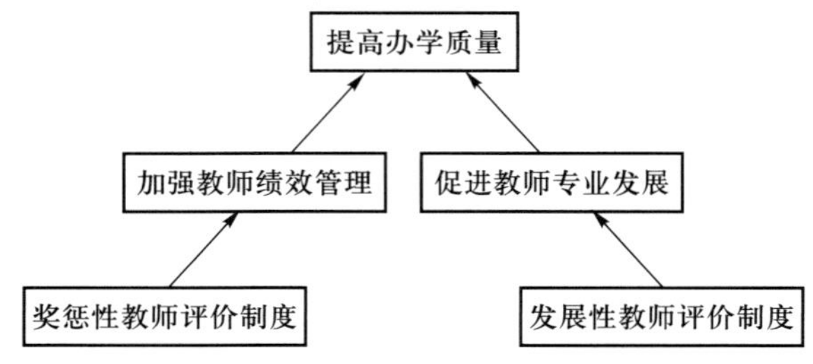

图 9-1 两种教师评价制度的关系

---

① 饶从满,杨秀玉,邓涛. 教师专业发展[M]. 长春:东北师范大学出版社,2005:219.

② 王斌华. 教师评价:绩效管理与专业发展[M]. 上海:上海教育出版社,2005:6-7.

对于教师专业发展而言，更应重视发挥发展性教师评价的功能。发展性教师评价着重对教师素质、教师的教育教学行为表现以及教育教学效果三个方面进行评价。教师素质包括思想素质、知识素质、能力素质等方面；教育教学行为表现包括工作量、工作质量、工作方法和工作态度等；教育教学效果包括学生的学习成绩、社会影响等。要实施发展性教师评价，在确定评价内容时应制订合理的评价指标体系，一般而言，评价指标可细化到二级或三级。例如，"尊重学生，热爱学生"作为一级评价指标较为笼统，可操作性不强，可以进一步将其细化为6项具有行为特征的二级评价指标：① 管教有方，但不是采用压制学生的方法。② 赏罚公平，表扬该表扬的学生，惩罚该惩罚的学生。③ 态度友好，但不过于亲近学生。④ 一视同仁，鼓励、帮助和辅导困难学生。⑤ 不体罚，不变相体罚；不挖苦，不嘲笑。⑥ 不会公开地或私下地损害学生的名誉。①

发展性教师评价的主体可以是学生、学校的领导、教师的同事等。学生评教一般集中在教学方面，其内容主要包括教师的教学态度、教学技巧、表达能力、教学组织能力、师生之间的交流等方面。领导评价是一种自上而下式的教师评价，评价者一般通过听课、调查学生、与教师谈话、检查教师的教案和作业批改情况、考察教师教学效果记录等方式进行评价。教师作为专业人员进行的教师评价可以归入两个向度：一种是教师自我评价，一种是合作的专业人员评价。在合作的、专业化的教师评价中，个体教师通过和身边的同事开展建设性的对话，一起开展行动研究并收集数据，促进教师走出狭隘的个人天地，高质量地反思自己的教学和专业发展活动。②

第二节　国家教师专业发展制度的影响

教师专业发展是贯穿终生的过程，具体可以分为职前、入职和职后三个阶段。不同阶段的教师专业发展所需要的制度支持以及要解决的核心问题都是不同的。不同阶段的教师专业发展制度可归纳为表9－2所列的七个方面。本章将着重对教师专业标准制度、教师资格认证制度等做一介绍。

表9－2　不同阶段教师专业发展制度的内容与目标③

维度	职前学习保障				入职资格确认	职后发展保障	
具体制度	教师专业标准	教师教育机构认证制度	教师教育课程设置制度	教师教育者队伍建设（职后也有所涉及）	教师资格认证制度	继续教育制度（培训制度）	专业发展评价制度

① 王斌华．教师评价：绩效管理与专业发展[M]．上海：上海教育出版社，2005：71.

② 饶从满，杨秀玉，邓涛．教师专业发展[M]．长春：东北师范大学出版社，2005：244－246.

③ 刘义兵．教师专业发展[M]．北京：高等教育出版社，2017：165.

续表

维度	职前学习保障				入职资格确认	职后发展保障	
制度目标	明确教师专业发展的目标	规定什么机构有资质培养教师	说明教师职前培养的过程应当怎样	规定教师培养者的组成结构问题	对教师职前学习结果的评价	为教师提升专业发展水平提供物质和智力资源支持	帮助教师确认自身专业发展的阶段

一、教师专业标准制度

20世纪80年代以来，世界各国纷纷研制并实施了一系列的教师专业标准。各国的教师专业标准虽然在具体内容上存在差异，但目的只有一个：为了促进教师的专业发展，提高教育教学质量。教师专业标准在一定高度上确认了教师专业素质的核心要素，阐明政府和公众希望中小学教师通过持续的专业学习与实践在什么方面变得更好，亦即"好的教师"应当包括的内容要素——教师应信、应知与应会的东西。[①] 教师专业标准是规范和指导教师专业发展的尺度，能为教师专业发展提供参照性指导，也是教师培养、准入、培训、考核等工作的重要依据。

教师专业标准具有以下重要特征：教师专业标准旨在清晰地说明教师在其教学实践中需要展现的核心教育价值观，指导专业标准开发者的是其对教学的理解，所以标准是对"什么最重要"的描述；知识、技能和情感态度是教师专业标准描述"什么最重要"时的重要方面；教师专业标准将不仅描述教师应知什么和应会什么的内容，从而将什么最重要的价值观融入实践，而且将描述如何获取那些应知应会，以及如何证明是否达到了标准；教师专业标准为教师专业发展设立长期目标，阐明教师在较长的一段时间里在哪些方面可以达到更好；教师专业标准可以为教师专业评价其自身实践、施行专业责任提供依据；教师专业标准并不是一成不变的，相反它需要根据教育实践和教育理论的发展进行经常的修正。[②]

各国教师专业标准的框架与范畴，体现了其对教师综合素养的理解与要求。各种教师专业标准的范畴大体一致，反映了国际上对教师职业所应具备的专业素养结构的认识具有某种程度的一致性——教师的专业素养结构由专业知识、专业技能/实践和专业品质等部分组成。[③] 各国和地区的教师专业标准在很多方面都达成了共识：以学生的成长与发展为核心、重视促进学生有效学习的实践技能、强调专业反思与终身学习的能力、注重专业合作能力的养成等。这些共识的达成也正说明了世界

① 崔允漷，柯政．学校本位教师专业发展[M]．上海：华东师范大学出版社，2013：21.

② 熊建辉．教师专业标准的国际经验[M]．北京：北京师范大学出版社，2014：26.

③ 崔允漷，柯政．学校本位教师专业发展[M]．上海：华东师范大学出版社，2013：30－31.

各国对教师专业属性和专业发展的一致认识。这些共识伴随着相关政策的实施，影响着千千万万的教师对专业的理解，帮助他们对专业发展范畴的把握，同时指引着他们的专业发展。①

2012 年 2 月，教育部颁布了幼儿园、小学、中学教师专业标准（试行），《专业标准》指出：《专业标准》是国家对合格幼儿园、小学、中学教师的基本专业要求，是幼儿园教师、小学教师和中学教师开展教育教学活动的基本规范，是引领幼儿园教师、小学教师和中学教师专业发展的基本准则，是幼儿园教师、小学教师和中学教师培养、准入、培训、考核等工作的重要依据。我国颁布的《中学教师专业标准（试行）》的主体包括“基本理念”“基本内容”和“实施建议”三部分。“基本理念”有四项，即“师德为先”“学生为本”“能力为重”和“终身学习”。“基本内容”包含“维度”“领域”和“基本要求”三个层次，即“三个维度、14 个领域、63 项基本要求”。“三个维度”是“专业理念与师德”“专业知识”和“专业能力”，在各个维度下，确立了 4 ~ 6 个不等的领域；在每个领域之下，又提出了 3 ~ 7 项不等的基本要求。

二、教师资格证书制度

教师资格证书是教师入职的资质证明，也是教师专业性的重要标志，为了保证教师的专业水平，各国普遍实行严格的教师证书制度或教师资格认证制度。获取教师资格证书的过程也是一个筛选过程，教师资格考试的科目、内容以及难度等能决定申请者学习哪些内容、投入多少时间和精力，对申请者的专业发展起到导向和激励的作用。在有的国家，申请教师资格者必须通过难度很高的考试，这也保证了只有那些具有较高的专业水准的申请者才能进入教师行业。

在西方国家中，最早实施教师资格制度的是法国。1808 年，法兰西第一帝国决定建立初等教育教师考核和证书制度。1833 年，《基佐法案》正式实施了这一制度。该法案明确规定：由国家在地方设立小学教育检定委员会，由国家直接掌握教师资格标准，废止 1830 年以前宗教团体和教会推荐教师、颁发教师证书的权力。1881 年法国颁布的《费里法案》重申教师任教必须获得国家证书。

［拓展阅读］严格的德国教师资格考试制度：两次国家考试

1986 年 4 月公布的《中华人民共和国义务教育法》第十三条明确规定：“国家建立教师资格考核制度，对合格教师颁发资格证书。”1995 年，国务院颁布了《教师资格条例》。2013 年 8 月，教育部颁布了《中小学教师资格考试暂行办法》和《中小学教师资格定期注册暂行办法》，进一步完善了我国的教师资格认证制度。

《中小学教师资格考试暂行办法》包括总则、报考条件、考试内容与形式、考试实施、考试安全与违规处罚、组织管理和附则七章，共三十六条。

［拓展阅读］教师资格条例及实施办法

第一章“总则”的第四条规定：“参加教师资格考试合格是教师职业准入的前提条件。申请幼儿园、小学、初级中学、普通高级中学、中等职业学校教师和中等职业学校实习指导教师资格的人员须分别参加相应类别的教师资格考试。”第五条规定：“教师资格考试实行全国统一考试。考试坚持育人导向、能力导向、实践导向和专业

① 崔允漷，柯政．学校本位教师专业发展［M］．上海：华东师范大学出版社，2013：45.

化导向,坚持科学、公平、安全、规范的原则。”

第二章“报考条件”的第六条规定:符合以下基本条件的人员,可以报名参加教师资格考试:(一)具有中华人民共和国国籍;(二)遵守宪法和法律,热爱教育事业,具有良好的思想品德;(三)符合申请认定教师资格的体检标准;(四)符合《教师法》规定的学历要求。普通高等学校在校三年级以上学生,可凭学校出具的在籍学习证明报考。

第三章“考试内容与形式”的第十条规定:教师资格考试包括笔试和面试两部分。第十一条规定:笔试主要考查申请人从事教师职业所应具备的教育理念、职业道德、法律法规知识、科学文化素养、阅读理解、语言表达、逻辑推理和信息处理等基本能力;教育教学、学生指导和班级管理的基本知识;拟任教学科领域的基本知识,教学设计实施评价的知识和方法,运用所学知识分析和解决教育教学实际问题的能力。第十三条规定:幼儿园教师资格考试笔试科目为《综合素质》《保教知识与能力》2科;小学教师资格考试笔试科目为《综合素质》《教育教学知识与能力》2 科;初级中学、普通高级中学教师和中等职业学校文化课教师资格考试笔试科目为《综合素质》《教育知识与能力》《学科知识与教学能力》3 科;中等职业学校专业课教师和实习指导教师资格考试笔试科目为《综合素质》《教育知识与能力》《专业知识与教学能力》3 科。第十四条规定:面试主要考查申请人的职业认知、心理素质、仪表仪态、言语表达、思维品质等教师基本素养和教学设计、教学实施、教学评价等教学基本技能。第十五条规定:面试采取结构化面试、情境模拟等方式,通过抽题、备课(活动设计)、回答规定问题、试讲(演示)、答辩(陈述)、评分等环节进行。第十六条规定:国家确定笔试成绩合格线,省级教育行政部门确定面试成绩合格线。

第四章“考试实施”第十九条规定:笔试一般在每年 3 月和 11 月各举行一次。面试一般在每年 5 月和 12 月各举行一次。

第六章“组织管理”第三十一条规定:教育部依据教师专业标准和教师教育课程标准,制订教师资格考试标准,组织审定教师资格考试大纲。教育部考试中心(教育部教师资格考试中心),负责教师资格考试的组织实施。第三十二条规定:省级教育行政部门全面负责本行政区域内教师资格考试工作。

[拓展阅读]中小学教师资格定期注册暂行办法

思考交流 9-1

我国 2013 年颁布的《中小学教师资格定期注册暂行办法》规定,“教师资格定期注册是对教师入职后从教资格的定期核查。中小学教师资格实行 5 年一周期的定期注册。定期注册不合格或逾期不注册的人员,不得从事教育教学工作”。

思考问题:

实行教师资格定期注册制度的目的是什么?能对教师专业发展产生怎样的影响?

三、教师招聘与退出制度

获得教师资格证书者，还必须参加教育行政部门或学校组织的招聘考试，才可能正式入职。而在职教师一旦达不到专业的教师应该表现出的水平，则需依据一定的制度退出教师队伍。

（一）教师招聘制度

教师招聘通常采取资格审查、笔试和面试并用的形式。

1. 笔试

笔试是以书面形式考察和评估应聘者的教育教学基本知识、综合知识、文化素质、心理素质以及分析与解决问题的能力。通过笔试，招聘单位可以了解并核实应聘者的真才实学，做到择优录取。目前常见的教师招聘考试主要有专业知识考试、综合能力测试和心理测试等。

专业知识考试主要考察应聘者是否达到担任教师职务所要求的知识水平和实际能力，其题目专业性很强，内容包括教育学、心理学、教育法律法规知识和学科专业知识。

综合能力测试的目的在于考察师范生的文字、口头表达能力，分析、解决问题和逻辑思维的能力、创新能力、悟性，是对其各方面综合素质的全方位测试。综合能力测试的题目比较灵活，如要求求职者运用所学知识处理和解决学生的实际问题。

心理测试是使用事先编制好的标准化量表或问卷，要求被试在一定时间内完成，根据完成的数量和质量来判断其心理水平或个体差异。教育系统招聘教师时，通常以此来测试应聘者的态度、兴趣、动机、智力、个性等心理素质是否符合教师的要求。

2. 面试

如果笔试成绩优异，应聘者即可获得进一步面试的资格，教师招聘中的面试，主要采取试讲和说课的形式。面试环节需要应聘者全面展示自身素质、能力和品质。

【拓展阅读9-2】

试讲注意事项[①]

试讲就是讲课人到教室里面去，面对听课和评课的老师，给指定班级的学生，实实在在地讲一节课。试讲时要注意以下五个方面。

（1）要有明确的教学目标，教学设计各个环节和要素尽可能完整、完善。试讲过程要重点突出，条理清晰，不可面面俱到。

（2）教态大方自然，善于跟学生进行眼神、表情的交流，能够启发学生。给学生足够的话语权，让他们发表自己的看法和认识。

① 杜秀芳．教师职业生涯规划与发展［M］．上海：华东师范大学出版社，2014：117－118.

(3) 讲课要有激情,掷地有声,语言流畅、精炼、准确、抑扬顿挫,声音洪亮,普通话标准,语速适中。

(4) 一定要有板书,板书就是你的教学大纲。板书要认真仔细、清晰漂亮、布局美观。

(5) 条件允许的情况下,最好能采用多媒体教学,充分体现新课程的教学理念。若试讲时条件不允许,可以通过自己的语言复述出来。

思考交流 9-2

假设你要参加一次试讲,试讲流程是:进入考场—抽签—候考—试讲,试讲时间为10分钟。

(1) 你将怎样设计自己的教学流程,每个环节的时间如何分配?

(2) 如果要求你针对自身情况写一个试讲注意事项,你会写下哪些内容?

(3) 有人指出:"课堂教学的形式是很容易学到的,但对教材的理解分析却不是那么容易的,这需要厚积薄发。仅凭技巧,没有对教材的深刻理解,你是很难征服那些专业评委的。"这一观点对你准备试讲有何启示?

(二) 教师退出制度

为了促进教师专业发展,造就高素质的教师队伍,除了要在教师"入口"把好关,还要畅通教师"出口",完善教师退出机制。这里的"教师退出"是指公立中小学不合格教师的强制性退出,不包括自然退休和自愿流动、流出等情况。[①] 完善的教师退出机制包括退出标准、退出方式和退出程序等方面,它是教师管理制度的重要内容。

在教师退出制度方面,许多国家都制定了比较完备、系统的法律章程,对不合格教师的认定标准、解聘的程序和救助措施等都做了明确规定。

【拓展阅读 9-3】

美国中小学不胜任教师退出的三个理由[②]

第一个理由是不道德(Immority),主要包括以下行为:与未成年学生发生性关系、教师校外不当的生活、使用猥亵或凌辱的语言、触犯刑事案件、服用禁药和酗酒、不诚实等。

第二个理由是不胜任(Incompetency),主要包括以下四种情形:学生管教方面,如无法维持教室秩序、体罚或管理学生方法不当、缺乏指导学生的能力、无法和学生和睦相处等;专业知识方面,如任教学科的专业知识贫乏、拙劣的教学

---

① 张彩云. 我国中小学不合格教师退出机制研究[J]. 教育科学研究,2017(3):93-96.

② 周成海. 美国有关中小学不胜任教师处理问题研究的若干主题[J]. 比较教育研究,2007(2):65-70.

方法或技巧、不能很好地设计教学和课程等;个人态度方面,如拒绝教学、无理由缺课、拒绝接受管理、无法与其他教师合作、不能控制自己的情绪等;教育效果方面,如造成学生道德低下或恐惧、学生学业成就低下等。

第三个理由是不服从(Insubordination),主要包括以下行为:拒绝遵守教育政策和程序、不愿与督导人员合作、拒绝学校合理的行政安排、执意在教室中传教等。

《中华人民共和国教师法》第三十七条规定:“教师有下列情形之一的,由所在学校、其他教育机构或者教育行政部门给予行政处分或者解聘。(一)故意不完成教育教学任务给教育教学工作造成损失的;(二)体罚学生,经教育不改的;(三)品行不良、侮辱学生,影响恶劣的。

从设定教师专业标准到建立教师资格认证制度,再到实施教师招聘,实际是建立一套多阶段筛选的体系,确保筛选出最具专业性的教师来承担教育工作,这一过程如图9-2所示:

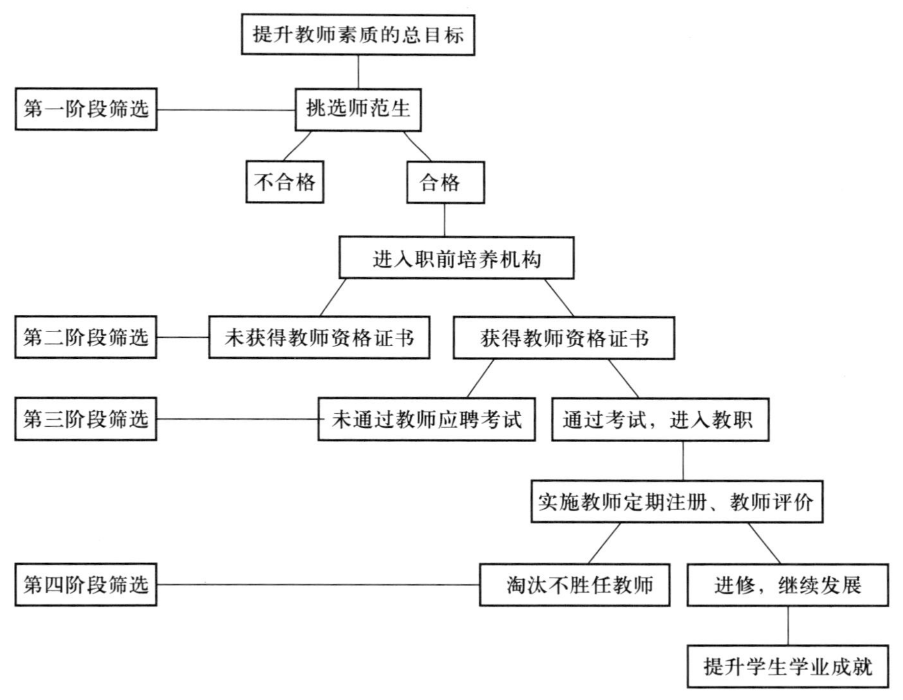

图9-2 多阶段筛选的教师政策

思考与练习

1. 某所学校在校本研修中创设了一个“百师讲坛”,效果不错。该校的“百师讲坛”,每月举行一次,分四个板块:理念有例、育人有道、读书有感、健康有方,由教师

轮流上台展示，从而使教师的知识得以丰富、能力得以加强、收获得以共享。“百师讲坛”给全体教师提供了挥洒才情的舞台，不少教师在教室讲台上站了一辈子，却一次也没有站到全校讲台上。一旦有机会站到全校这个大讲台上，面对的就是全校同事，所讲的不但要反映出自己的教育教学能力，还要具有一定的创意。如果能在这个讲台上获得成功，就会在无形中提高自信指数，从而拥有为师者的幸福感。同时，这也会给其他教师一定的启发，会让他们继续努力，也争取在这个讲台上取得成功。“百师讲坛”的四个板块很有特色。“理念有例”包括两个方面的内容，一是理念，二是例子。这就要求教师不能只进行一般意义上的汇报，而要讲得有理有据。“育人有道”不但要包括育人之事，还要说出个“道”来。为此，教师要选取最有意义的事来讲，并总结出规律和道理。“读书有感”则要求教师深入阅读，真有感想才行。“健康有方”对教师的好处最大。教师工作比较紧张，如果长时间得不到缓解就会影响身心健康。所以，在这个讲台上，需要讲出健康有效之“方”来，以促进大家的身心健康。①

思考问题：

（1）这种校本教研模式与本章介绍的六种校本教研模式相比，在基本理念方面有何一致性？

（2）学校作为教师专业发展最直接、最重要的外部环境，还可采取哪些措施为教师专业发展提供更好的支持？

2. 有研究者调查了中小学教师对学校进行的教师评价的看法，结果发现，在“评价应以促进教师发展为主要目的”这一选项上选择“完全同意”的教师占51.8%，选择“基本同意”的比例也占24.9%。但是，调查也发现，现行教师评价的目的主要是强化对教师的管理与考核，与教师的期待有不少距离。此外，教师评价中还存在着评价标准不合理、不清晰；评价内容偏向教学成绩；学校领导充当主要评价者；评价方法主要是量化考核、评价未能给教师提供实质性反馈等问题。请分析一下学校内的教师评价应如何改进，使之成为促动教师专业发展的重要因素。

① 林文智，等．让每位教师都成功："四环二维"校本研修模式的构建与实施[M]．重庆：西南师范大学出版社，2018：91－92.

郑重声明

读者意见反馈

为收集对教材的意见建议，进一步完善教材编写并做好服务工作，读者可将对本教材的意见建议通过如下渠道反馈至我社。

咨询电话 400-810-0598

反馈邮箱 gjdzfwb@pub. hep. cn

通信地址 北京市朝阳区惠新东街4号富盛大厦1座
高等教育出版社总编辑办公室

邮政编码 100029